중국의
판타지
백과사전

중국의 판타지 백과사전

초판 1쇄 발행 ㅣ 2018년 5월 31일
초판 2쇄 발행 ㅣ 2023년 4월 25일

지은이 도현신
책임편집 손성실
편집 조성우
디자인 권월화
일러스트 신병근
펴낸곳 생각비행
등록일 2010년 3월 29일 ㅣ 등록번호 제2010-000092호
주소 서울시 마포구 월드컵북로 132, 402호
전화 02) 3141-0485
팩스 02) 3141-0486
이메일 ideas0419@hanmail.net
블로그 ideas0419.com

ⓒ 도현신, 2018
ISBN 979-11-87708-85-8 03380

중국의
판타지
백과사전

도현신 지음

생각비행

옥황상제, 신선, 선녀, 도사, 불로장생, 관우, 서유기…. 모두 우리에게 친숙한 개념과 이름이다. 우리나라의 수많은 대중예술작품에서 옥황상제는 하늘의 궁전에 앉아서 실수를 저지르는 우스꽝스러운 노인으로 등장하고, 신선은 단약이라는 불로장생의 약을 만드느라 여념이 없으며, 선녀들은 인간 세상에 목욕을 하러 왔다가 그 아름다움에 반한 남자들의 아내가 된다.

관우가 등장하는 《삼국지》는 불변의 베스트셀러, 손오공이 주인공인 《서유기》도 그에 못지않은 스테디셀러이다. 하지만 이 모든 것이 사실 중국에서 들어왔다. 중국의 판타지 세계관은 마치 우리 것인 양 자연스럽다.

그 이유는 《산해경》과 《회남자》, 그리고 《수신기》나 《태평광기》 등 중국의 판타지 세계관을 다룬 문헌이 이미 오래전부터 이 땅에 전해졌기 때문이다. 비록 다른 나라 이야기라고 해도 오랫동안 우리 조상들이 즐겨 읽고 널리 말하다 보니, 어느새 우리 문화처럼 친숙하게 여겨지는 것이다.

중국은 말 그대로 '가깝고도 먼' 나라이다. 기원전 1600년까지 거슬러 올라가는 까마득한 역사, 한반도의 40배가 넘는 방대한 영토, 13억이 넘는 세계 1위의 인구를 지닌 큰 나라이다 보니 이해하기가 쉽지 않다.

한편, 역사적으로는 물론 현재도 다른 나라와 비교할 수 없을 정도로 깊고 중요한 관계를 맺고 있다. 중국은 우리에게 1위의 무역 상대국이다. 중국을 상대로 한 수출입액은 미국, 일본과의 수출입액을 합한 것보다 많다.

무역흑자의 절반 이상이 중국에서 나온다. 또 한반도 정세에 영향을 미치는 주요 강대국이자, 이른바 '한류'가 전 세계를 통틀어 가장 큰 인기를 얻는 나라이다.

2017년 개봉되어 1천 4백만 관객을 동원할 만큼 큰 인기를 끈 영화 〈신과 함께〉는 한국의 판타지 세계관을 토대로 주호민 작가가 그린 웹툰이 원작이다. 주호민 작가는 현재 네이버에 〈빙탕후루〉라는 새로운 웹툰을 연재하고 있는데, 이 작품은 중국의 판타지 세계관을 토대로 한 것으로, 주호민 작가가 중국과 정식으로 계약한 후 리메이크되어 연재가 한창이다. 중국의 판타지 세계관으로 한국인이 만든 만화를 중국인이 역수입하여 보고 즐기고 있는 것이다.

이는 또 다른 한류이자, 우리나라 창작자들에게 새로운 기회를 펼쳐 보이는 사례다. 중국의 판타지 세계관을 잘 활용하면, 중국이라는 13억의 거대한 시장이 활짝 열릴 수도 있는 것이다.

이 책은 전작 《한국의 판타지 백과사전》의 뒤를 잇는 것으로, 판타지 세계관을 통해 중국을 자세히 이해하도록 돕는다. 독자들은 중국의 판타지 세계관이 얼마나 크고 넓고 체계적인지 이해할 수 있을 것이다.

아무쪼록 이 책이 동양과 중국의 판타지 세계관을 다루는 창작자와 그런 창작물을 좋아하는 사람들에게 도움이 되기를 바란다.

1. 신비한 보물

2. 신비한 장소

3. 영웅

4. 악당

5. 신(神)

6. 괴물과 요괴

7. 귀신과 정령, 이매망량(魑魅魍魎)

8. 사후세계와 환생

9. UFO와 외계인

10. 신선과 도사 그리고 이인(異人)

1

신비한 보물

001 칼만 보고 적이 달아나다

중국 후한 시대에 조엽이 쓴 책 《오월춘추(吳越春秋)》와 원강이 쓴 《월절서(越絕書)》에는 각각 담로검과 어장검, 태아검이라는 신기한 보검에 대한 설명이 자세히 나온다.

먼저 《오월춘추》에 적힌 담로검을 보자. 월나라의 뛰어난 대장장이 구야자는 비의 신 우사(雨師), 번개의 신 뇌공(雷公), 하늘의 신 천제(天帝), 북극성의 신 태일(太一), 용의 신 교룡(蛟龍) 등 여러 신의 도움을 받아서 다섯 개의 보검을 만들었다. 앞서 말한 담로검과 어장검, 그리고 순균검, 승사검, 거궐검이다.

다섯 개의 보검 중에서 가장 훌륭한 칼은 담로검이다. 담로검은 다섯 가지 금속(금, 은, 구리, 철, 주석)에 태양의 힘을 합해 만든 것으로 신비롭고 영험한 기운이 깃들어 있어 아무리 많은 적이 몰려와도 무찌를 수 있다고 한다.

《오월춘추》에는 담로검이 1천 마리의 훌륭한 말이나 1만 가구가 사는 도시와도 바꿀 수 없다고 기록되어 있다. 담로검을 만든 구야자가 죽었고, 그를 도운 신들도 전부 하늘로 돌아가서 두 번 다시 만들 수 없기 때문이다.

담로검은 칼의 주인이 도덕에 어긋난 짓을 하면 다른 주인을 찾아서 떠난다고 한다. 요즘의 판타지 소설이나 만화에 나오는, '자아'를 가진 무기인 것이다.

《월절서》에 나오는 태아검은 초나라 왕이 월나라의 구야자와 오나라의 간장, 두 대장장이에게 만들도록 한 칼이다. 쇠로 만든 태아검의 칼날에는 날개 무늬가 새겨져 있었다. 현재까지 전해지는 월왕구천검과 비슷하게 생긴 듯하다.

초나라 왕이 태아검을 갖고 있다는 소식을 듣고 진나라 정왕이 그 칼을 자신에게 달라고 요구했지만 거절당했다. 정왕은 군대를 이끌고 초나라에 쳐들어와 3년이나 성을 포위했다. 마침내 성 안에 식량이 떨어지고 병사들의 사기가 바닥나 더 이상 싸우기 어려워지자, 초나라 왕이 직접 태아검을 들고 성 위에 올라가 칼을 뽑으며 "최후까지 싸워서 성을 지키자!"라고 명령했다.

그런데 그때 누구도 예상하지 못한 일이 벌어졌다. 태아검을 뽑아든 초나라 왕의 모습을 보더니 정왕과 진나라 군대가 갑자기 달아나기 시작한 것이다. 얼마나 겁을 먹었던지 무기와 장비마저 죄다 버린 채였다. 태아검에는 적에게 공포를 불러일으키는 능력이 있었던 모양이다.

어장검은 암살에 쓰인 칼이다. 오나라의 공자 광이 오나라 왕 요를 죽이고 왕위를 빼앗으려고 전저라는 자객을 포섭했다. 전저는 요왕이 경계심이 많으니 그가 좋아하는 생선구이 요리로 접근해야 한다며 석 달 동안 생선구이 요리를 배웠다. 그런 후에 전저는 잘 구운 생선의 뱃속에 칼을 넣고서 요왕이 베푼 연회에 참석했다.

연회에서 요왕은 암살에 대비해 쇠로 만든 갑옷을 세 벌이나 껴입고 있었다. 하지만 전저가 구운 생선의 입에서 어장검을 꺼내 찌르자, 칼날이 갑옷 세 벌을 그대로 뚫고 요왕의 등으로 나와 버렸다. 그렇게 해서 요왕이 죽고 공자 광이 오나라의 새로운 왕이 되었으니 그가 바로 합려이다.

이처럼 무시무시한 암살무기 어장검은 왕을 죽인 데 쓰여서인지 이 칼을 가지고 있으면 군주나 아버지가 신하와 아들에게 목숨을 빼앗기는 재앙을 당한다고 전해진다.

002 하늘의 신들이 만든 검

중국 후한 시대 학자 원강이 쓴 《월절서》에는 월나라 왕 구천이 호조검, 거궐검, 순균검 등 세 보검을 가지고 있었다는 기록이 있다.

구천은 자신이 가진 보검들이 대체 어떤 능력을 가지고 있는지 궁금해서, 칼을 잘 살펴보는 것으로 이름이 알려진 설촉을 불러들였다. 그리고 설촉에게 먼저 호조검을 보여주며 "선생께서는 이 칼을 잘 살펴보시고 말씀해주시오."라고 부탁했다.

호조검을 살펴본 설촉은 고개를 저으면서 "이 칼은 보검이라고 할 수 없습니다. 자고로 보검은 서로 다른 다섯 가지 색이 어우러져 있는데, 이 칼에는 그런 것이 보이지 않습니다."라고 혹평했다.

그러자 구천은 두 번째로 거궐검을 가져와 보여주면서 자랑했다. "내가 이 거궐검을 들고서 하얀 사슴 네 마리가 이끄는 수레를 가리키자, 수레가 저절로 두 쪽으로 갈라져버렸소. 또 구리나 쇠로 만든 단단한 솥도 이 칼로 내리치자 쌀처럼 쉽게 베어버릴 수 있었소. 이 정도면 충분히 보검이라 할 만하지 않소?"

하지만 설촉은 이번에도 고개를 저으며 "거궐검도 보검이라 부를 수는 없습니다. 자고로 보검은 쇠와 주석과 구리가 서로 어우러져야 하는데, 이 칼에는 그런 것이 안 보입니다."라고 말했다.

구천은 설촉이 계속 자신의 검을 부정적으로 말하자 은근히 부아가 치밀어서 순균검을 내밀며 말했다. "그러면 이 검도 봐주시오. 선생께서는 이 검도 정녕 보검이 아니라고 하겠소?"

그런데 놀라운 일이 벌어졌다. 앞서 두 검에 대해서는 별 것 아니라는 식으로 무시했던 설촉이 순균검을 보더니 크게 놀라며 물러난 것이다. 잠시 후 정신을 가다듬고 한참이나 순균검을 뚫어지게 쳐다보며 고민하던 설촉은 구천에게 "왕께서 저한테 주신 검이 정말로 순균검이 맞습니까?"라고 물었다.

구천이 말했다. "그렇소. 예전에 어떤 손님이 순균검의 값어치는 네 개의 마을과 훌륭한 말 1천 마리를 합한 것과 같다고 하던데 과연 그 말이 옳소이까?"

설촉은 고개를 저으며 말했다. "그 손님의 말은 틀렸습니다. 이 순균검은 적근산에서 채취한 주석과 약야계에서 길어온 물에 다섯 신의 도움을 받아 만든 칼입니다. 즉, 우사가 비를 내리고, 뇌공이 불을 때며, 교룡이 고로를 달구고, 천제가 불을 지핀 숯에, 태일의 감독을 받아서 구야자라는 대장장이가 만든 보검입니다. 구야자는 다섯 개의 검을 만들었는데, 이 순균검과 담로검, 승사검, 어장검, 거궐검입니다. 지금은 구야자가 죽었고 신들도 더 이상 하늘에서 내려오지 않으니, 이 순균검은 두 번 다시 만들 수 없는 매우 귀중한 보물이라서 네 개의 마을이나 1천 마리의 말로도 도저히 그 값어치를 매길 수가 없습니다."

여기서 천제는 중국 신화에서 하늘의 모든 신을 지배하는 황제를 가리킨다. 대개 중국 고전에서 천제는 옥황상제를 가리키지만 《월절서》가 나온 후한 시대에는 아직 옥황상제라는 개념이 없었으니 여기서는 옥황상제가 아닌 다른 신을 뜻한다. 태일은 북극성의 신을 가리킨다. 그러니 설촉에 따르면 순균검은 하늘의 신들이 살펴서 완성된 보검이다.

　아울러 설촉은 구야자가 만든 검 중에서 담로검이 최고이며, 그다음이 순균검이고, 셋째가 승사검, 넷째가 어장검, 그리고 가장 가치가 떨어지는 검이 거궐검이라고 했다. 그런 거궐검조차 그냥 겨누기만 해도 수레가 두 쪽으로 갈라지고 무쇠 솥을 쉽게 베어버릴 수 있었으니, 최고의 보검 담로검의 위력은 실로 어마어마할 것이고, 담로검에 버금가는 순균검도 무시무시한 힘을 지녔음이 틀림없다.

　순균검은 대체 어떻게 생겼을까? 《월절서》에 따르면 수많은 별이 그려진 것처럼 무늬가 들어 있고, 연못에서 흘러내리는 물처럼 빛이 난다고 한다.

003 사람의 피로
얻은 무기

　판타지 소설이나 영화에는 사람을 죽이고 그 시체에서 나온 피를 넣어서 만든 무기 이야기가 종종 나온다. 그렇게 만들어진 무기는 보통의 것보다 매우 강력한 힘을 발휘하지만, 사람의 원한이 서린 탓인지 무기를 가진 주인에게 해를 입히거나 저주를 내리는 부작용이 있다. '저주받은 무기' 전설의 원형은 《오월춘추》에 나온다. 간장검, 막야검, 금구검이라는 칼들이다.

　오나라 왕 합려는 월나라를 공격하기 위해 군사력 증강에 박차를 가했는데, 그중 하나가 우수한 무기를 만드는 일이었다. 합려는 뛰어난 대장장이 간장을 불러서 훌륭한 칼 두 자루를 만들라고 지시했다.

　아내 막야와 대장장이 일을 하던 간장은 왕의 명령을 받들어 보검을 만드는 일에 몰두하였다. 그런데 어찌된 일인지 작업에 들어간 지 석 달이 넘도록 좀처럼 보검이 만들어지지 않았다.

　왕의 명령을 지키지 못하는 두려움에 간장은 막야에게 말했다. "예전에 내 스승께서는 용광로에 넣은 쇠가 잘 녹지 않자 부인과 함께 용광로에 몸을 던지기까지 하셨소. 우리도 그렇게 해야 할 것 같소."

　막야는 전혀 놀라지 않고 태연하게 "저도 그렇게 하겠습니다."라고 답하고는 머리카락을 깎고 손톱을 잘라 몸을 깨끗이 하고서 용광로에 몸을 던져 목숨을 끊었다. 간장은 아직 성관계를 하지 않은 어린 남자아이와 여자아이 3백 명을 불러서 용광로에 풀무질을 하고 숯을 넣어 불을 때게 하였다. 그러자 비로소 쇠가 녹아서 훌륭한 칼 두 자루가 만들어졌다.

간장은 두 칼에 자신과 아내의 이름을 붙여 양(陽)과 음(陰)으로 한 쌍을 이루도록 하였다. 그러고는 자기 이름을 딴 검은 숨겨두고 아내의 이름을 딴 검만 합려에게 바쳤다. 합려는 명검이라며 무척 기뻐하였다.

얼마 후 북쪽 노나라에서 계손이라는 사람이 오나라에 사신으로 왔다. 합려는 그에게 오나라의 보검이라며 막야검을 보여주었다. 계손이 막야검을 받아들고 살펴보니 칼에 작은 곡식 크기의 흠이 있었다. 계손은 "이 칼은 참으로 훌륭하여, 다른 나라에서 만들지 못할 것입니다. 그러나 칼에 흠이 있으니 망하고 말 것입니다."라고 말하고는 노나라로 돌아갔다. 용광로 속에 몸을 던진 막야의 원한 때문에 칼에 흠이 생긴 것일까.

간장검과 막야검처럼 사람의 목숨을 바꿔 만든 무기가 또 있다. 합려는 막야검을 가진 후에도 그에 못지않게 훌륭한 무기를 얻고 싶었다. 그래서 만들도록 한 것이 금구(金鉤)이다. 금구는 쇠로 만든 갈고랑이다. 갈고랑이는 끝이 구부러진 뾰족한 물건으로, 기다란 나무 끝에 박으면 적을 붙잡아서 끌어당기는 무기가 된다.

합려는 금구를 만들어 바치는 사람에게 황금 1백 개의 상을 내린다고 하였다. 그래서 많은 오나라 백성이 앞 다투어 금구를 만들어 가져왔지만, 대부분 평범한 것이라서 합려의 눈길을 끌지 못했다.

그런데 어느 노인이 금구 두 개를 바치면서 말했다. "이 금구는 내 아들 둘을 죽여서 얻은 피를 넣어 만들었으니 매우 특별합니다." 합려는 노인에게 물었다. "이 금구가 다른 금구와 어떻게 다른가?" 노인은 두 아들의 이름 오홍과 호계를 부르며 "임금님께서 너희를 보고 싶어 하신다!" 하고 외쳤다.

그러자 놀랍게도 두 개의 금구가 허공을 가르며 날아와서는 노인의 가슴에 붙어버렸다. 죽어서도 아버지를 그리워하는 마음에 그런 신기한 능력이 생긴 모양이었다.

합려는 그 모습을 보고 "내가 그대에게 죄를 짓도록 하였구나!" 하며 탄식하고, 약속대로 노인에게 황금을 하사하였다. 그리고 자신의 몸에 그 금구를 항상 지니고 다녔다.

004 눈에 안 보이는
신비한 검

중국 철학자 열자가 쓴 《열자(列子)》에는 눈에 안 보이는 신비한 보검인 함광검, 승영검, 소련검이 소개되어 있다.

춘추전국시대에 위나라의 권세가 흑란이란 자가 구병장이라는 사람을 억울한 누명을 씌워 죽였다. 구병장에게는 내단이라는 아들이 있었는데, 아버지의 원수를 갚으려 하였으나 불어오는 바람조차 제대로 마주하지 못할 정도로 허약하였다. 반면 흑란은 혼자서 1백 명과 싸울 정도로 용맹스럽고 강인하였다.

내단은 수단과 방법을 가리지 않고 아버지의 원수를 갚을 생각에만 골몰하였다. 그런 내단에게 친구 신타가 찾아왔다. "내가 자네의 복수를 도와줄 수 있는데 한번 들어보겠는가? 우리 위나라에 공주라는 사람이 살고 있네. 그의 선조는 은나라 왕으로부터 신비한 보검 세 자루를 받았다고 하네. 그 보검들의 힘이 어찌나 강력한지, 어린아이도 한 자루만 가지고 있으면 수많은 대군과 싸워 이길 수 있다고 하더군. 자네의 힘은 약하지만 그 보검을 가지면 충분히 복수할 수 있을 걸세."

신타의 말을 듣고 내단은 기뻐하며 서둘러 공주를 찾아가서 자기의 사연을 말하고는 보검을 빌려달라고 말했다. 마음이 움직인 공주는 이렇게 답했다.

"당신이 말한 대로 내게는 세 가지 보검이 있습니다. 첫 번째는 함광검으로, 그 모습이 눈에 보이지 않고 손에 들어도 무게를 느낄 수 없습니다. 또 칼로 물체를 베어도 잘린 흔적이 남지 않습니다. 두 번째는 승영검으로, 해가 뜰 때나 저물 때 북쪽으로 들고 있으면 그 모습이 어렴풋이 보입니다. 이 검으로 누군가를 찌르거나 베면, 잘리기는 하되 어떠한 고통도 느끼지 않습니다. 세 번째는 소련검인데, 낮에만 그림자가 보이고 밤에는 보이지 않습니다. 이 검으로 누군가를 베면 즉시는 고통을 느끼지 못하는데 잠시 후 고통은 느끼지만 피가 나오지 않습니다."

그리고 나서 공주는 "명심하십시오. 세 보검 중 어느 것도 사람을 죽일 수는 없습니다. 다만 병에 걸리게 할 뿐입니다. 그래도 그대는 보검을 빌리고 싶습니까?"라고 덧붙였다.

원수를 죽일 수 없다는 말에 내단은 적잖이 실망했지만, 그런 감정을 드러내지 않고 세 번째 소련검을 빌려달라고 부탁했다. 공주는 허락하고 소련검을 빌려주었다. 내단은 공주에게 큰 절을 두 번 올리고 소련검을 받았다.

보검을 손에 넣은 내단은 곧장 원수 흑란을 찾아갔다. 마침 흑란은 집에서 잔뜩 술에 취해 드러누운 무방비 상태였다. 내단은 소련검을 뽑아서 흑란의 목과 허리 사이를 세 번이나 찌르고 베었다. 하지만 흑란은 어떠한 아픔도 느끼지 못하고 가만히 있었다. 내란이 이 정도면 충분하리라 판단하고 재빨리 자리를 뜨려는데 흑란의 아들을 마주쳤다. 그래서 그 역시 소련검으로 세 번을 찌르고 베어버린 다음 흑란의 집을 빠져 나왔다.

흑란의 아들은 '저 녀석이 왜 나를 향해 팔을 휘둘렀을까? 이상한 일이다.' 하고 고개를 갸웃거리며 아버지를 만나러 방으로 들어갔다. 흑란은 아내를 불러 "당신은 내가 술에 취했는데 왜 이불을 덮어주지 않았소? 찬바람을 맞으며 잔 탓에 목과 허리가 아프오. 아마 병에 걸린 모양이오."라고 불만을 털어놓고 있었다.

그제야 흑란의 아들도 고통을 느꼈는지 아버지를 보고 "조금 전에 내단이라는 녀석이 나를 보고는 팔을 세 번 휘둘렀는데, 지금 온 몸에 고통이 느껴지고 팔과 다리를 움직이기 어렵습니다. 저도 병에 걸린 모양입니다." 라고 말했다.

상대를 죽이지 않고 골병에 걸리게 하는 세 보검은, 어찌 보면 죽이는 것보다 더 오랫동안 고통을 느끼게 하는 잔인한 복수에 쓰일 수도 있겠다.

한편 《열자》에는 곤오검이라는 보검에 관한 이야기도 실려 있다. 곤오검은 중국 서쪽에 사는 민족 서융이 주나라 목왕에게 바친 선물이다. 단련한 철로 만든 1자 8치(54센티미터가량)짜리 붉은색 칼로, 단단한 옥을 마치 진흙처럼 손쉽게 베어버릴 만큼 예리했다고 한다.

005 수명이 늘어나는 구슬

땅속 깊숙이 뚫린 동굴은 옛날부터 신비한 장소로 여겨졌다. 중국 북송 시대에 편찬된 문헌 《태평광기(太平廣記)》에는 동굴에 얽힌 신비하고 재미있는 이야기가 실려 있다.

중국 허난성의 오래된 도시 낙양에 끝을 알 수 없을 정도로 깊은 동굴이 있었다. 어느 부인이 남편을 죽이려는 생각을 품고는 "동굴이 무척 신비하니, 당신이 한번 들어갔다 오지 않으시렵니까?" 하고 꼬드겼다. 남편은 아내의 말에 호기심이 들어 함께 동굴을 찾아갔다.

남편이 동굴 가까이 다가가자 기회를 엿보던 부인은 남편을 힘껏 밀어서 동굴 안으로 떨어뜨렸다. 그러고는 약간의 식량만 던져주고 곧장 달아났다.

동굴에 떨어진 남편은 한동안 의식을 잃고 쓰러져 있다가 정신을 차리고는 아내가 던져준 식량을 먹고 배고픔을 달랬다. 그러고 나서 동굴 이곳저곳을 살폈지만 도무지 밖으로 통하는 길을 찾을 수 없었다. 어쩔 수 없이 동굴의 깊은 곳으로 계속 기어서 갔다.

그렇게 수십 리쯤 가니 동굴이 점점 넓어지면서 희미한 빛이 보였고 이윽고 바깥세상처럼 널따란 곳에 도착했다. 그곳에는 멥쌀처럼 향기가 나는 흙이 있었는데 조심스럽게 먹어보니 맛이 꽤나 좋았고 배고픔을 전혀 느낄 수 없었다.

남편은 흙을 먹어가면서 계속 빛을 향해 걸어갔다. 그러자 어느새 크고 넓은 도성이 나타났다. 도성 안의 대궐과 관아는 화려했고 높이 솟은 전망대와 그 아래 집들은 모두 황금으로 장식되어 있었다. 그곳에는 해와 달이 없었지만 도시 전체에 밝은 빛이 가득했다.

더 신기한 광경은 따로 있었다. 도성 안의 사람들은 하나같이 키가 3장(9미터)이 넘는 크고 우람한 거인이었다. 또 그들은 신선들이 입는다는 전설의 옷 우의(羽衣)를 입고 다녔다. 음악을 연주하는 사람들도 있었는데, 모두 남편이 처음 들어보는 곡조였다.

그렇게 낯선 풍경을 실컷 구경하던 남편은 문득 '이대로 여기서 어정쩡한 불청객 신세로 지낼 수만은 없다. 누구라도 좋으니, 나를 도와줄 사람을 찾아야겠다.'라고 생각하고는 자기와 가장 가까운 곳에 있던 거인에게 다가갔다. 그러고는 자신이 겪은 일을 전부 털어놓고 도와달라고 간절히 부탁했다.

거인은 남편의 말을 듣고는 "도와줄 테니 걱정하지 마시오."라고 대답했다. 그 말에 남편은 안도의 한숨을 내쉬었는데, 그만 배에서 꼬르륵 소리가 났다. 그래서 거인에게 "부끄럽지만 배가 몹시 고프오. 나한테 먹을 것을 좀 가져다줄 수 없겠소?" 하고 부탁했다.

그러자 거인은 자신을 따라오라면서 1백 명의 사람이 끌어안아야 할 정도로 크고 굵은 잣나무로 데려갔다. 잣나무 아래에는 양이 한 마리 있었는데, 거인은 남편한테 양의 수염을 세 번 쓰다듬으라고 말했다. 남편이 그대로 하자 양은 구슬 세 개를 차례로 토해냈다. 첫 번째와 두 번째 구슬은 거인이 챙겼고, 세 번째 구슬은 남편이 먹었는데 신기하게도 배고픔이 말끔히 사라졌다.

기운을 차린 남편이 말했다. "비록 아내가 나를 죽이려 했지만, 나는 바깥세상이 그리우니 돌아가고 싶소." 거인이 답했다. "당신은 여기서 살 수 없소. 내가 길을 가르쳐주겠소. 돌아가면 장화라는 사람을 찾아가시오." 그러고는 남편을 바깥으로 통하는 동굴 입구까지 데려다주었다.

남편이 동굴 밖으로 나오자, 세월이 7년이나 지나 있었다. 장화라는 사람을 찾아가 자신이 겪은 일을 말하자 그는 이렇게 설명했다.

"당신이 먹은 흙은 황하에 사는 용이 흘린 침이고, 당신이 본 동굴 속은 땅의 신선들이 구관(九館)이라 부르는 곳이며, 당신이 본 양은 치룡(癡龍)이었소. 치룡이 첫 번째로 토해낸 구슬을 먹으면 하늘과 땅처럼 오래 살 수 있고, 두 번째 구슬을 먹으면 목숨이 늘어나고, 세 번째 구슬은 허기만 채워주는 것이오."

거인은 수명을 늘려주는 신비한 구슬은 자기가 다 챙기고, 남편에게는 가장 효력이 뒤떨어지는 구슬만 주었던 것이다.

006 그림을 현실로 만드는 붓

화룡점정(畵龍點睛)이라는 고사성어가 있다. 양나라 화가 장승요가 금릉에 있는 절 안락사에 두 마리 용을 그리면서 눈동자를 남겨두었다. 장승요는 사람들이 "왜 눈은 그리지 않았소?" 하고 따지자 "눈을 그리면 용이 그림에서 뛰쳐나와 버립니다."라고 대답했는데 믿지 않았다. 그래서 장승요가 용에 눈동자를 그리자 놀랍게도 용이 정말로 살아 움직이더니 그림에서 뛰쳐나와 하늘로 날아가 버렸다.

용이 살아서 움직인 것은 화가의 솜씨 때문일까, 아니면 화가가 그림을 그릴 때 쓴 붓 때문일까. 북송 시대에 편찬된 《태평광기》에 따르면 그림을 현실로 바꾸는 신비한 붓이 있었다.

지금의 산둥성 지닝시는 옛날 노나라가 자리한 지역이다. 이곳에 염광이라는 뛰어난 화가가 살았다. 어느 날 염광은 약초를 캐러 태산에 올라갔는데 거센 비바람이 휘몰아쳐 큰 나무 아래로 몸을 숨겼다. 밤이 되어서야 비바람이 그쳤고, 염광은 밤길을 조심스럽게 걷다가 한 사람을 만났다. 그는 염광과 이런저런 이야기를 나누다가 염광이 화가라고 밝히자 자신의 품속에서 붓 한 자루를 꺼내더니 이렇게 말했다.

"당신이 화가라니 무척 잘된 일이오. 나도 그림 그리기를 좋아하는 사람이오. 내 붓을 줄 테니, 당신 마음껏 그리시오. 그러나 결코 남에게 함부로 솜씨를 자랑하지 마시오."

그가 염광에게 내민 붓은 파란색, 하얀색, 붉은색, 노란색, 녹색 등 다섯 가지 영롱한 빛으로 번쩍였고 시장에서 흔히 파는 붓 같지가 않았다. 염광이 고맙다고 인사하며 붓을 받자 그는 어디론가 사라져 모습을 감춰버렸다. 염광은 그를 사람이 아니라 신선이라고 여기고는 붓을 품속에 넣고 소중히 여기며 태산을 내려왔다.

그로부터 얼마 후, 중도현의 현령이 염광을 불러 "여기 관아의 벽에 귀신 군사 1백 명을 그려주시오."라고 부탁했다. 거절할 도리가 없던 염광은 현령이 원하는 대로 그려주었는데, 정말로 귀신 군사들의 싸우려는 듯한 기세가 느껴졌다. 이 소식을 듣고 중도현의 현위가 "다른 귀신 군사 1백 명도 그려주시오."라고 부탁하여 염광은 그대로 그려주었다.

염광이 중도현의 관아 두 곳에다 그린 귀신 군사 2백 명은 밤중에 그림에서 뛰쳐나와 서로 치열한 전쟁을 벌였다. 현령과 현위는 그 모습을 보고는 겁을 집어먹고 "이대로 가만히 내버려두었다가는 저 귀신 군사들이 죄 없는 사람들까지 마구 해칠지도 모른다!"라면서 그림을 지워버렸다. 염광은 "내가 그린 그림이 정말로 살아서 움직이다니! 이 일로 무슨 처벌이나 불이익을 당할지 모르겠다."라면서 이웃한 하비현으로 달아났다.

하지만 그곳에서도 염광은 편히 쉬지 못했다. 하비현의 현령이 염광에 대한 소문을 듣고 찾아와서는 "그대가 그린 그림이 살아서 움직인다고 하니, 내가 머무는 관아의 벽에 용을 한 마리 그려주시오. 용은 최소한 싸움을 벌이거나 해서 백성들을 불안하게는 하지 않을 것 아니오?"라고 부탁했다. 현령의 말을 거부할 수 없었던 염광은 관아의 벽에 용을 한 마리 그렸다.

그러자 맑았던 하늘에 갑자기 구름이 잔뜩 끼더니 그림을 그린 벽 주위에 자욱한 안개가 일었고, 곧이어 회오리바람이 불어오자 벽에 그려진 용이 살아 꿈틀거리면서 그림 밖으로 뛰쳐나왔다. 잠시 후 용이 구름을 타고 하늘 높이 올라가버리자 하늘에서 비가 내리기 시작했는데 며칠이 지나도록 멈추지 않아 마을이 물에 잠길 위기에 처했다. 화가 난 현령은 염광에게 책임을 묻고 감옥에 가두었다.

죄수가 된 염광은 슬피 울다 삼이 들었다가 꿈속에서 자신한테 붓을 준 사람을 만났다. 그는 염광에게 "큰 새를 한 마리 그리시오. 그러면 그 새가 당신을 태우고 감옥을 빠져나갈 것이오." 하고 일러주었다. 염광이 몰래 품속에 숨겨둔 붓으로 새를 그리자, 정말로 살아서 그림 밖으로 뛰쳐나오더니 염광을 등에 태우고 감옥을 벗어나 태산으로 향했다.

태산에 도착한 염광은 붓을 준 사람을 만났다. 그는 염광에게 "당신이 그림을 함부로 그려서 안 좋은 일들이 일어났소. 그러니 내가 준 붓을 다시 돌려주시오."라고 요구했다. 염광은 붓을 돌려주었고 그 이후로는 그림을 그리지 못했다.

007 독약을 바른 화살과 창

판타지 만화나 영화에는 화살이나 창 같은 무기의 끝에 독을 발라서 적에게 치명상을 입히는 장면이 등장한다. 이러한 독성 무기는 현실세계에서도 존재했다. 중국의 문헌 《박물지(博物志)》,《태평광기》,《신당서(新唐書)》,《남만전(南蠻傳)》 등을 보면 독화살과 독약, 독창에 대한 기록이 많이 나온다.

먼저 《박물지》에 묘사된 독화살을 살펴보자. 지금의 광둥성 광저우시는 옛날에 교주라고 불렸다. 이곳에는 중국 서남부의 소수민족 이자족이 살고 있었는데, 현재 중국 남부의 소수민족 리족의 선조이다.

이자족은 길이가 몇 척이나 되는 활을 사용했으며, 활에 메기는 화살촉의 길이도 한 척은 넘었다. 한 척은 30센티미터 정도이니, 이들의 활은 길이가 사람 키 정도는 되었을 것이다.

또 이자족은 화살촉을 초동이라는 구리로 만들었고 거기에 독약을 발랐다. 독약 묻은 화살을 맞은 사람은 즉사했으며, 시신을 빨리 묻지 않으면 썩어 문드러지다가 살점이 모두 떨어져나가고 앙상한 뼈다귀만 남는다고 한다.

이자족은 초동에 바르는 독약을 매우 귀중하게 여겨서, 자기 부족이 아니면 절대 독약 만드는 방법을 가르쳐주지 않았다. 초동에 묻히는 독이 어떤 것이었는지는 정확히 알 수 없지만,《태평광기》에 언급된 야갈과 비슷한 성분으로 추정된다. 야갈은 단장초(斷腸草)라고도 불리는데, 현재 중국 남부 난링 산맥의 남쪽 링난 지역에서 자라는 풀로 독성을 지니고 있다. 사람이 먹으면 창자가 끊어지는 고통을 겪다가 죽는다고 하여 그런 이름이 붙었다.

《태평광기》에 따르면 야갈의 독성을 더 강화시킨 독약도 사용되었다. 매우 고약한 누군가가 자기가 부리는 늙은 하인한테 야갈을 먹여 죽이고는 그 시체를 흙으로 덮었다. 얼마 후에 하인의 시체와 그 주변에서 버섯이 자라나 흙을 뚫고 나왔다. 야갈을 먹고 죽은 사람의 시체에서 자란 매우 강력한 독버섯이었다. 시체의 배 부분에 자라난 독버섯을 먹으면 즉사했고, 손과 발과 이마에 자란 버섯을 먹으면 그날 안에 죽었으며, 하인의 몸 바로 곁에서 자라난 독버섯을 먹으면 며칠 후에 죽었다. 또 약간 떨어진 곳에서 자라난 독버섯을 먹으면 한 달에서 두 달 사이에 죽었고, 멀리 떨어진 곳에서 자라난 독버섯을 먹으면 2년에서 3년 사이에 죽었다. 그리고 독버섯의 독을 말채찍과 말고삐에 묻혀 놓으면 손을 스쳐도 중독이 되었고, 그 손으로 입을 닦으면 곧바로 죽었다. 다만 진회경이라는 사람의 집에 그 독을 해독할 수 있는 약이 있었다. 그 약은 아마 백등화라는 꽃으로 만드는 듯하다.《태평광기》에 백등화가 야갈의 독을 없앨 수 있다는 설명이 나온다.

독화살과 독약 이외에 독을 창날에 묻힌 독창도 있었다. 당나라 시대에 지금의 윈난성에 있었던 남조 왕국은 울인이라는 독창을 무기로 사용했다.《신당서》와《남만전》에 따르면 울인은 창날을 주조할 때 독약을 함께 섞어서 단련하였다. 창날은 만들어질 때 마치 별처럼 빛이 났는데, 완성되기까지 무려 10년이나 걸렸다. 울인은 말의 피로 담금질하고 단단한 무소뿔로 창 머리를 장식했는데, 이것으로 사람을 찌르면 곧바로 죽었다.

《태평광기》에도 이와 비슷한 설명이 있다. 남만(남조)에 독을 묻힌 창이 있는데, 창에는 날이 없고 마치 썩은 쇠처럼 생겼다. 이 창은 남만 사람들이 탁인이라고 부르는데, 탁인에 찔린 사람은 피를 흘리지 않고 죽어버렸다. 원래 탁인은 하늘에 있던 무기였다. 그런데 어느 날 땅에 떨어지더니 1장(3미터)이 넘게 박혔고, 이를 본 남만 사람들이 그 자리에서 탁인을 향해 제사를 올리고는 파내어 무기로 사용했다.

008 당나라에 들어온 세상의 보물

북송 시대에 편찬된 《태평광기》에는 외국에서 당나라로 들어온 보물인 오색옥, 영광두, 용각채, 만불산에 얽힌 이야기가 실려 있다.

먼저 소개할 보물은 오색옥이다. 원래 오색옥은 먼 서역(지금의 중앙아시아)에서 당나라로 보낸 선물이었다. 그런데 당나라 현종 때, 지금 파키스탄의 동북부 길기트 발티스탄 지역에 있던 소발률국이 서역과 당나라의 교통로를 차단하고 오색옥을 빼앗았다.

이에 당나라 현종은 왕천운이란 장군에게 4만 명의 군대를 주어 소발률국을 정벌하라고 명령했다. 왕천운이 이끄는 군대가 소발률국의 도성까지 쳐들어오자, 소발률국의 왕은 겁에 질려 "모든 보물을 바치겠으니 부디 용서해주십시오." 하고 빌었다. 그러나 왕천운은 보물에 욕심이 났던지, 도성을 공격하여 살육을 저지르고 2천 명의 소발률국 백성과 진주 구슬을 빼앗았다.

왕천운이 벌인 살육에 분노한 소발률국의 마법사는 "저자가 저지른 죄악에 분노한 하늘이 큰 바람을 일으켜 벌하리라!"라고 예언했다. 당나라로 돌아가던 왕천운과 병사들은 수백 리쯤 가다가 갑자기 사방에 불어 닥친 큰 바람과 거세게 쏟아지는 눈에 휩싸였다. 커다란 호수의 물이 넘쳐 당나라 군대를 덮치고 미친 듯이 퍼붓는 눈보라에 얼음 기둥이 생겨나면서 군사 4만 명이 순식간에 얼어 죽었다. 병사 두 명만 겨우 살아남아 수도 장안으로 돌아가 이 사실을 알렸다.

현종 황제는 신하를 보내 사실을 확인하도록 했다. 그들이 현장에 도착해보니 얼음 기둥이 산처럼 솟아 있고 얼음 바다 너머로 얼어 죽은 병사들의 시체가 즐비했는데, 신하가 돌아가려고 하자 얼음이 녹아내리더니 시체들도 모습을 감춰버렸다.

두 번째로 소개할 보물은 일림국의 영광두와 용각채이다. 일림국은 중국에서 동북쪽으로 4만 리나 멀리 떨어진 나라인데, 당나라 대종 때 영광두와 용각채를 선물로 보냈다.

영광두는 녹두와 크기나 모습이 비슷한 콩으로 진홍색을 띠었는데, 환한 빛이 주변에까지 일어났다. 영광두를 창포 잎과 함께 끓이면 크기가 거위 알처럼 커졌고 색깔이 자주색으로 변했으며 무게가 한 근이나 나갔다. 대종 황제가 영광두를 먹어 보고는, "맛과 향기가 다른 음식들보다 낫구나!"라고 감탄했으며 며칠 동안 갈증과 배고픔을 잊었다고 한다.

용각채는 용의 뿔로 만든 비녀였다. 검푸른 색을 띠었고 머리에 세밀하고 아름다운 교룡의 모습이 조각되어 있었다. 용각채에 물을 뿌리자 두 마리 용으로 변하여 하늘로 올라가버렸다.

이 밖에도 일림국에는 괴석이 수백 리에 걸쳐 널려 있었다. 이 괴석에서는 투명한 빛이 나와서 사람 몸속의 창자를 훤히 비출 수 있었고, 병이 든 사람이 괴석에 몸을 비추면 몸속 어느 부위에 병이 있는지 다 보였으며, 환자 본인이 직접 신초(神草)를 캐서 먹으면 모든 병이 나았다.

마지막으로 만불산은 신라에서 당나라로 보낸 선물이다. 만불산은 단향목과 주옥에다 수없이 많은 부처와 승려를 조각해서 만든 일종의 대형 조각상이었다. 전체 높이는 1장(3미터)이었고, 만불산 안에 조각된 불상은 큰 것이 1촌(3센티미터), 작은 것은 8~9푼(2.4~2.7센티미터) 크기였다. 크기는 작았으나 모든 불상에는 눈과 입과 귀, 심지어 이마 사이에 난 털까지 아주 세밀하게 표현되어 있었다. 게다가 만불산에는 수많은 보석으로 누각과 궁전까지 조각되어 있었다. 만불산을 본 당나라 황제와 승려들은 모두 깜짝 놀라 "이것은 사람이 만든 작품이 아니다!"라며 감탄했다. 신라의 뛰어난 세공 기술을 엿볼 수 있는 대목이라고 하겠다.

2
신비한 장소

009 배를 타고 우주를 여행한 사나이

　중국 서진 시대에 장화라는 사람이 지은 책 《박물지》를 보면 사람이 우주를 여행한 것처럼 여겨지는 신비한 이야기가 실려 있다. 옛날에 한 사내가 바닷가에 살고 있었다. 그는 지루한 일상에서 벗어나 새로운 세계로 떠나고 싶어 했다. 어디로 떠날지 곰곰이 생각해보다가 문득 이런 소문을 떠올리고 깊은 고민에 잠겼다.

　"하늘의 은하수는 바다와 하나로 이어져 있다. 바다를 지나 한참을 가면 은하수까지 갈 수 있고, 은하수를 지나면 견우와 직녀가 사는 별나라에 이른다."

　그는 자신의 주변에 하늘을 넘어 은하수까지 다녀왔다는 사람이 없었기에, 별들의 강에 가보기로 결심했다. 뗏목을 준비하고 마실 물과 쌀은 물론 오랫동안 보관할 수 있도록 말린 고기, 생선, 채소, 과일 등을 배에 실었다.

　마침내 모든 준비를 마치고 사내는 뗏목을 바다에 띄웠다. 항로는 동쪽으로 정했다. 은하수로 가려면 해가 뜨는 방향으로 가야 한다는 막연한 판단에서였다.

　그렇게 열흘 동안 뗏목을 타고 바다 동쪽으로 항해를 했는데, 전혀 뜻하지 않은 일이 벌어졌다. 어느새 그가 탄 뗏목이 바다 위에 떠 있지 않았던 것이다. 뗏목은 사방이 끝없이 펼쳐져 있고, 어둡기도 하고 밝기도 한, 그래서 낮과 밤도 구분할 수 없는 곳에 도달했다. 대체 어쩌다 바다에서 다른 공간으로 오게 된 것인지 전혀 가늠하지 못했다. 사내는 그 공간에서 정신이 아득해졌다.

다시 열흘 정도 시간이 흘렀다. 뗏목은 강물에 접어들었고 성벽으로 둘러싸인 어느 마을에 도착했다. 사내는 혹시 이곳이 자신이 그토록 오고 싶었던 은하수일까 생각하면서 뗏목에서 내려 사람들을 찾았다. 마을에는 사람들이 있었는데, 여인들은 길쌈을 하고 있었고 남자는 강가에 소를 메어 두고 물을 먹이고 있었다. 특이하게도 소 치는 남자를 제외하면 주민 전체가 여자였다.

마을 이곳저곳을 기웃거리는 사내를 보고 소를 치던 남자가 무척 놀라워하며 말했다. "당신은 여기에 어떻게 들어왔소?" 사내는 은하수를 찾아 열흘 동안 바다를 건너왔는데 자신이 당도한 곳이 어디냐고 물었다. 소 치던 남자는 사내에게 대답했다. "당신의 고향으로 가서 점쟁이 엄군평에게 말하면 알 것이오."

사내는 그 남자의 말대로 고향으로 돌아와 엄군평이라는 점쟁이를 찾아가서 자신이 겪은 일을 말하고 대체 거기가 어디냐고 물었다. 점쟁이 엄군평은 "아, 그날 어느 떠돌이별이 견우성에 가까이 갔었소!" 하고 알려주었다. 사내가 소 치던 남자를 만난 날이었다.

이 이야기는 옛사람들의 생각을 은유적으로 표현하고 있다. 먼저 사내가 뗏목을 타고 무작정 바다로 열흘 동안 나아가서 만난 "사방이 끝없이 펼쳐져 있고, 어둡기도 하고 밝기도 한, 그래서 낮과 밤도 구분할 수 없는 곳"은 우주 공간을 말하는 듯하다.

사내가 20일 걸려 도착한 곳에서는 "여인들은 길쌈을 하고 있었고, 남자는 강가에 소를 메어두고 물을 먹이고 있었다."라고 했는데, 이는 동화로 잘 알려진 견우와 직녀 설화이다. 이름 그대로 옷을 짜는 직녀와 소를 치는 견우는 서로 사랑하는 연인이었다가 하늘로 올라가 별이 되었다고 전해진다. 알타이르라고 불리는 견우성과 베가라고 하는 직녀성이다. 견우성은 지구로부터 16광년, 직녀성은 26광년 떨어졌다.

엄군평이 "아, 그날 어느 떠돌이별이 견우성에 가까이 갔었소!"라고 한 말에서 떠돌이별은 탐험가가 타고 간 뗏목이겠다. 즉, 사내는 자기도 모르는 사이에 지구를 벗어나 우주를 여행하여 견우성과 직녀성을 다녀온 것이다.

010 《산해경》의 나라들

　고대 중국의 문헌 《산해경(山海經)》을 보면 중국 바깥에 있는 신기한 나라들이 나온다.

　《산해경》의 〈해외남경〉은 먼저 중국 서남쪽에 있는 우민국을 소개한다. 우민국 사람들은 머리가 길고 입에 새처럼 부리가 나 있고, 등에 날개가 달렸다. 그래서 날개 우(羽) 자를 써서 우민국이라고 부른다.

　우민국 남쪽은 환두국이다. 환두국 사람들은 새와 비슷하게 생긴 머리를 하고 마찬가지로 등에 날개가 달렸다. 그들은 물고기를 잡아먹고 산다. 환두국의 남쪽에는 염화국이 있다. 염화국 사람들은 몸이 검은 털로 뒤덮인 원숭이처럼 생겼고, 입에서 불을 토해낸다.

　염화국의 동쪽에는 관흉국이 있다. 관흉국 사람들은 가슴에 구멍이 뚫려 있어서, 세 사람이 길을 갈 때는 두 명이 한 명의 가슴에 긴 장대를 끼워 앞뒤에서 들고 간다.

　관흉국 동쪽은 교경국이다. 교경국 사람들은 항상 다리를 서로 엇갈린 상태로 지낸다. 교경국의 동쪽에는 불사민이라는 종족이 사는데, 몸이 검은색이고 이름대로 죽지 않고 영원히 산다.

　불사민의 동쪽에는 반설국이 있는데, 이곳 사람들은 나라 이름대로 혀가

거꾸로 되어 있다. 반설국의 동쪽은 삼수국이다. 삼수국 사람들은 머리가 셋이다. 삼수국 동쪽에는 장비국이 있다. 장비국 사람들은 두 손이 땅에 끌릴 만큼 매우 길며, 물속에 들어가 물고기를 잡는 데 뛰어나다.

《산해경》의 〈해외서경〉에는 삼신국이 나온다. 삼신국 사람들은 머리 하나에 몸이 셋이다. 삼신국의 북쪽에는 일비국이 있다. 일비국 사람들은 팔과 눈과 코가 하나밖에 없다.

일비국 북쪽에는 기굉국이 있는데, 기굉국 사람들은 팔 하나에 눈이 셋이다. 《박물지》에 따르면 기굉국 사람들이 하늘을 나는 수레를 타고서 탕 임금이 다스리던 은나라를 방문했다. 그런데 탕 임금은 기굉국 사람들이 타고온 수레를 부숴버렸다. 기굉국 사람들은 10년 뒤에 수레를 고쳐서 고향으로 돌아갔다.

기굉국의 북쪽에는 여자국이 있다. 여자국의 여자들은 노란 연못 황지에 들어가 목욕을 하면 저절로 임신을 한다. 여자아이를 낳으면 계속 살지만, 남자아이를 낳으면 3년 후에 죽어서 여자국에는 여자들만 산다.

여자국 북쪽에는 헌원국이 있는데, 글자 그대로 고대 중국의 황제 헌원의 후손들이 사는 나라다. 헌원국 사람들은 사람 머리에 뱀의 몸을 지녔으며, 8백 살이 넘는 수명을 누린다.

헌원국의 북쪽에는 백민국이 있다. 백민국 사람들은 몸과 머리카락이 온통 하얀색이다. 백민국 북쪽은 장고국인데, 이 나라 사람들은 다리가 몸보다 두 배나 길다.

《산해경》의 〈해외북경〉은 일목국을 소개하고 있다. 일목국 사람들은 글자 그대로 눈이 하나밖에 없다. 일목국 동쪽에는 유리국이 있다. 유리국 사람들은 팔과 발이 하나다. 유리국 동쪽에는 무장국이 있는데, 무장국 사람들은 창자가 없다. 무장국의 동쪽에는 섭이국이 있다. 이곳 사람들은 귀가 배에까지 늘어져 있어 귀를 두 손으로 잡고 있다.

《산해경》의 〈해외동경〉에는 대인국이 나온다. 대인국 사람들은 말 그대로 키가 크다. 대인국의 북쪽에는 군자국이 있다. 군자국 사람들은 호랑이 두 마리를 데리고 다니며, 서로 양보하고 싸우지 않는다.

《산해경》의 〈해내남경〉에는 효양국(梟陽國)이 소개되어 있다. 효양국 사람들은 온 몸이 검은 털로 뒤덮여 있으며, 입술이 길고 손톱이 날카롭다. 다른 나라 사람을 만났을 때 상대가 웃으면 같이 웃는다. 효양국의 서쪽에는 저인국이 있다. 저인국 사람들은 사람 머리에 물고기 몸을 가졌다. 여러 나라 전설에 나오는 인어처럼 생겼다.

《산해경》의 〈해내북경〉에는 견봉국이 나온다. 견봉국 사람들은 개처럼 생겼다. 견봉국 북쪽에는 귀국(鬼國)이 있는데, 귀국 사람들은 눈 하나 달린 사람 머리에 뱀의 몸을 가지고 산다.

011 《습유기》의 나라들

중국 5호16국 시대에 살았던 왕가는 《습유기(拾遺記)》라는 책을 썼다. 이 책은 신화와 전설 같은 공상적인 내용을 담고 있어서 황당무계하고 믿기 어렵다는 평가도 받지만 그만큼 흥미진진한 판타지 세계를 열어준다.

《습유기》는 중국 주변 나라들을 신비롭게 묘사하고 있다. 첫 번째로 소개할 나라는 발제국이다. 발제국은 명해라는 바다의 북쪽에 있다. 명해의 위치가 정확히 어디인지는 알 수 없지만, 아마도 지금의 만주 지역에 있는 송화강이나 흑룡강 정도를 가리키는 듯하다.

발제국 사람들은 깃털로 옷을 만들어 입고 다니며, 불어오는 바람을 타고 하늘을 날아다닌다. 또 파도에 따라 바다를 누비는 능력을 지녔고, 햇빛에 그림자가 비치지 않는다. 수명은 1천 년이나 된다. 이들은 바다의 풀과 월계수에서 짠 기름을 먹는다. 발제국 사람들이 중국에 왔다가 따뜻한 날씨에 옷의 깃털이 떨어져 나가자, 중국 북쪽의 수호신 전욱고양씨가 불쌍히 여겨 표범 가죽으로 옷에 장식을 해주었다고 한다.

암하라는 강의 북쪽에는 자주색 월계수 숲이 우거졌는데, 그 월계수에는 대추 같은 열매가 열린다. 이 열매를 먹으면 지금의 세상이 끝날 때까지 수명이 늘어난다고 하니 가히 신선들의 음식이라 할 수 있겠다.

고대 중국의 성군 순임금이 왕위에 오른 지 10년이 되었을 때, 북쪽 멀리 대빈국에서 노인 다섯 명이 찾아왔다. 이들은 자기 나라를 이렇게 소개했다. "북극 바깥쪽에 동해(潼海)가 있고, 동해의 물은 하늘 높이 솟아올라서 태양 속으로 숨습니다. 동해에는 크기를 잴 수 없을 만큼 아주 큰 물고기와 교룡이 사는데, 숨을 쉬면 세상이 어두워지고 몸을 움직이면 산이 흔들립니다. 억만년이 지나 동해의 물이 말라붙어 큰 물고기와 교룡은 땅에서 살게 되었는데, 그들이 하늘에 대고 비가 오기를 원하자, 태양은 빛을 잃고 많은 별이 땅으로 떨어졌습니다."

지금의 허베이성에 있던 기주의 서쪽 2만 리에는 효양국(孝養國)이 있다. 효양국 사람들은 3백 살까지 살며, 띠풀로 옷을 만들어 입는다. 사람이 죽어 장례를 치를 때면, 짐승들이 구덩이를 파주고 새들이 흙을 물어 와서 무덤을 만든다. 효양국 사람들은 쇠와 돌을 이빨로 씹어 먹고, 1천 균(약 70톤)의 무게를 들어 올릴 수 있으며, 손톱으로 땅을 긁어서 샘물을 솟아나게 할 수 있다. 이들은 새와 짐승을 잘 키우며, 바닷속에 들어가 교룡을 잡아서 우리에 넣고 키우다가 제사 때 제물로 바친다.

연구국은 지금의 시안시에서 1백 개의 나라를 거쳐야 할 만큼 멀리 떨어져 있다. 이 나라는 쇠로 만들어진 험한 산과 끓어오르는 바다 범비해로 둘러싸여 있다. 쇠의 산을 지나면 수레바퀴가 모두 닳아버리고, 범비해를 지나려면 구리로 배를 감싸야 한다. 연구국 사람이 다른 나라로 가면 늙어버리지만, 자기 나라로 돌아가면 다시 젊어진다.

주나라 남쪽에는 부루국이 있다. 부루국 사람들은 몸을 키우거나 작아지게 하는 변신술에 능숙한데, 몸이 커지면 머리가 구름을 뚫고 나올 수 있으며, 몸이 작아지면 가느다란 털 속으로 들어갈 수 있다. 아울러 이들은 사람이 아닌 물소, 코끼리, 사자, 호랑이, 용 같은 동물로 변신하거나 심지어 입속에서 다른 사람을 꺼내는 도술을 부릴 수도 있다.

중국을 최초로 통일한 진시황 때는 완거국 사람이 소라처럼 생긴 일종의 잠수함을 타고 중국을 찾아왔다. 완거국은 중국으로부터 9만 리나 떨어져 있으며, 언제나 짙은 안개에 감싸여 있다. 중국의 1만 년이 완거국의 하루이다. 완거국 사람은 진시황을 직접 만났는데, 10장(약 30미터)이나 되는 큰 키에 새와 동물들의 털로 엮은 옷을 입고 있었다. 그는 진시황을 만난 자리에서 "내가 젊었을 때는 하늘을 날면서 하루에 1만 리를 돌아다닐 수 있었는데, 나이가 들어서는 앉아서 하늘과 땅에서 일어나는 일들을 볼 수 있습니다."라고 자기소개를 했다.

이 밖의 나라들을 살펴보자면, 중국에서 7만 리 떨어진 함도국은 새와 짐승들이 사람처럼 말하고, 닭이나 개가 죽어서 땅에 묻어도 시체가 썩지 않고 살아 있는 것처럼 울부짖는다. 수명국에는 사계절과 낮밤이 없고, 백성들은 끝없이 살다가 사는 게 귀찮아지면 스스로의 힘으로 하늘로 올라가 버린다. 기륜국의 나무 밑에서 쉬면 죽음과 병을 피해 영원히 살 수 있다.

012 둘레가 40리에 달하는 인공호수

중국 전한의 황제 한무제는 크고 호화로운 각종 건물을 짓기 좋아했는데, 그가 짓게 한 건축물 중에는 곤명지라는 인공 호수도 있었다.

곤명지는 기원전 120년 지금의 산시성 시안시의 서남쪽에 만들어졌는데, 윈난성의 원주민 곤명이족과 싸우는 데 필요한 군사 훈련장으로 쓰기 위해서였다.

곤명지는 둘레가 40리, 그러니까 무려 16킬로미터나 될 만큼 거대한 인공 호수였다. 이 호수에 한무제는 전투용 배 과선과 누선을 수백 척이나 띄우고, 여기에 병사들을 태워서 전투훈련을 하도록 하였다. 과선은 글자 그대로 창과 비슷한 무기 과(戈)로 무장한 배라는 뜻인데, 아마 뱃전에 과를 빽빽하게 설치하여 적이 배 안으로 넘어오지 못하도록 막은 듯하다. 누선은 배의 갑판 위에 누각을 세운 배인데, 크기가 과선보다 크고 병사 수백 명이 탑승할 수 있었다. 한무제는 과선과 누선의 귀퉁이마다 아름답고 화려한 깃발과 휘장을 늘어뜨리도록 하였다.

곤명지가 항상 군사 훈련장으로만 쓰인 것은 아니었다. 한무제는 유흥을 좋아하고 과시욕이 강한 인물이어서, 전쟁이 없을 때는 곤명지를 유흥지로 쓰기도 했다.

《묘기(廟記)》와 《삼보구사(三輔舊事)》라는 책에 따르면 한무제는 뱃머리 부분이 용머리처럼 생긴 커다란 배를 만들어 곤명지에 띄웠다. 이런 형태의 배를 중국에서는 용수선 혹은 용주라고 불렀는데, 황제들이 연못이나 강에 띄우고 음주가무를 즐기는 일종의 초호화 유람선이었다.

한무제가 곤명지에 띄운 용수선은 무려 1만 명의 사람이 탈 수 있을 만큼 크기가 어마어마했다. 타이타닉 같은 초대형 유람선을 떠올리면 쉽게 이해할 수 있을 것이다. 그런 배를 만들 수 있을 만큼 한나라의 경제력이 실로 풍요로웠음을 알 수 있다. 용수선에는 신비의 새 봉황과 온갖 아름다운 꽃들이 그려진 깃발이 펄럭였고, 황제가 들어가 자거나 쉴 수 있는 궁궐이 설치되었다. 궁녀들이 노를 젓는 가운데 북을 치고 노래를 부르는 악공과 가수들이 풍류를 한껏 돋우었다.

또 한무제는 곤명지에 여러 종류의 물고기를 기르면서 요리를 시키거나 제사의 제물로 쓰거나 장안의 여러 식당에 나누어주기도 했다. 그러니까 곤명지는 군사 훈련장이자 초호화 유람선이 뜨는 유흥지에 양어장 역할까지 했던 것이다.

하지만 곤명지의 놀라운 점은 따로 있었다. 한무제는 석공들을 시켜 옥과 돌로 길이가 3장(9미터)이나 되는 고래를 깎아 만들도록 하여 곤명지의 누각에 가져다 놓았다. 《삼보구사》에 따르면 이 돌로 만든 고래는 신기하게도 번개가 치고 비가 내리면 마치 진짜로 살아 있는 고래처럼 울면서 지느러미와 꼬리를 움직였다. 또 전한 시대에 유흠이 쓴 《서경잡기(西京雜記)》에는 가뭄이 심할 때 그 고래를 향해 비를 내려달라고 기우제를 지내면 곧바로 비가 내려 가뭄이 해결되었다는 내용도 있다.

013 거란 북쪽의
신비로운 나라들

거란족은 본래 몽골 계통의 유목민으로 지금의 내몽골 동쪽에서 살아왔다. 이들은 수나라와 당나라 시대에는 중원 왕조들의 용병 노릇을 했지만 당나라 말기로 접어들면서 점차 힘을 키워 독자적인 세력으로 등장한다. 그리고 872년 야율아보기라는 걸출한 영웅이 태어나면서 중원의 왕조에 맞설 강대국으로 급속히 성장한다.

야율아보기는 926년에 죽지만 그의 아들 야율덕광이 아버지의 뒤를 이어 두 번째 군주로 등극하고 나서, 거란은 946년 중원의 나라 후진을 무너뜨리고 중원 깊숙이까지 쳐들어갈 만큼 위세를 떨쳤다.

비록 거란은 일 년 후에 한족의 대규모 반란에 부딪쳐 본거지인 북쪽으로 철수하지만, 그 후에도 여전히 강력한 힘을 지녀서 한족이 가장 두려워하던 나라였다. 그래서 《신오대사(新五代史)》 등의 역사서는 거란과 그 주변 나라를 매우 신비하고 무서운 모습으로 묘사하고 있다.

《신오대사》를 보면 거란의 서북쪽에 구궐률이라는 나라가 있는데, 그곳 사람들은 키가 크며 머리카락이 길고 찰랑거리는데 정수리 부분에만 머리카락을 남겨두고 나머지 머리카락은 전부 잘라서 주머니에 모아둔다고 한다. 유목민의 변발 풍습을 묘사한 듯하다. 만주족이 다스리던 청나라 시대에 중국인들의 머리 모습을 떠올리면 되겠다. 구궐률 사람들은 굉장히 용감해서 주변의 다른 나라들이 쳐들어올 엄두를 내지 못했다고 한다.

구궐률은 날씨가 굉장히 추웠다. 거란족은 강과 호수에서 큰 물고기를 잡아 식량으로 삼았다고 한다. 유목민인 거란족이 생선을 먹었다는 말이 이상하게 들릴 수도 있지만, 거란족은 황제가 직접 얼음낚시를 해서 잡은 고기로 잔치를 베푸는 어두연 풍습이 있을 만큼 생선을 좋아했다. 거란이 내몽골과 만주 남부에 위치했던 것으로 짐작하자면, 북쪽의 구궐률은 아마도 만주 북부 흑룡강 지역으로 보이고, 거기서 잡혔다는 큰 물고기는 철갑상어를 말하는 듯하다.

거란의 북쪽에는 우체돌궐이라는 나라가 있다. 이 나라 사람들은 특이하게도 몸은 사람인데 발만 소처럼 생겼다고 한다. 그리스 신화에 소의 머리에 사람의 몸을 한 괴물 미노타우루스는 있지만, 사람의 몸에 소의 발을 가진 생명체는 중국 고전에서 처음 언급되는 존재일 것이다. 북쪽에 위치한 우체돌궐은 여름에도 강물에 얼음이 2척(60센티미터) 두께로 얼 정도로 춥다고 한다.

거란의 동북쪽에는 말겁자라는 나라가 있다. 말겁자 사람들은 삼베로 옷을 지어 입었다고 한다. 이들은 안장 없이 말을 타고 큰 활과 긴 화살을 들고 사냥을 했는데, 인육을 날것으로 먹어서 주변 나라 사람들이 전부 무서워했다고 한다. 용맹하기로 이름난 거란족 기마병 다섯 명이 말겁자 사람 한 명을 두려워하여 도망칠 정도였다. 말겁자가 어느 부족인지는 확실치 않으나, 위치로 추정하자면 말갈족 중에서 흑룡강 부근에 살았던 흑수말갈족을 가리키는 듯하다.

《신오대사》에 나오는 거란 북쪽 나라들은 이 밖에도 더 있는데, 지금의 대흥안령산맥 북쪽 지역에는 구국이라는 나라가 있었다. 구국은 '개의 나라'라는 뜻인데, 개의 머리에 사람의 몸을 가진 사람들이 살고 있어서 그렇게 불렀다. 구국 사람들은 몸이 털로 뒤덮여 있어서 옷을 안 입었고, 손으로 사나운 짐승을 잡을 만큼 용감했다.

그런데 특이하게도 구국의 여자들은 사람처럼 생겼고, 구국 남자들과의 사이에서 낳은 아이들은 아들이면 개의 머리를 달고 태어났고 딸이면 완전히 사람의 모습으로 나왔다고 한다. 구국 사람들은 집을 짓지 않고 동굴을 집으로 사용했으며, 불에 익히지 않은 날고기를 먹었는데, 종종 다른 나라에서 온 사람들도 잡아먹었다.

구국의 북쪽에는 용이나 뱀, 사나운 짐승과 이매들이 들끓어서 사람들이 못 가는 지역이라고 《신오대사》에 언급되어 있다. 이매는 괴물 혹은 도깨비이다. 대흥안령산맥의 북쪽이면 지금의 시베리아인데, 아마 당시 중국인들이 시베리아에 가보지 못해서 무서운 괴물이 들끓는 곳으로 묘사한 듯하다.

014 황금으로 만들어진 산

아득히 먼 옛날부터 황금은 최고의 가치를 지닌 보물이었다. 눈부시게 노란빛을 내면서 영원히 썩지 않는 황금은 누구에게나 사랑받는 신비한 광물이다. 그래서 상업 거래를 해온 고대로부터 지금까지 황금은 화폐가 없어져도 살아남을 수 있는 실물 자산으로 평가받는다.

황금이 이렇게 귀중한 재물로 인식된 탓에 오래전부터 수많은 모험가와 탐험가들은 황금이 가득한 신비의 장소를 찾아서 세상을 누벼왔다. 16세기 스페인의 정복자들은 그러한 도시 엘도라도가 신대륙 어딘가에 있다고 굳게 믿어서 죽음을 무릅쓰고 울창한 아마존 정글 속으로 들어가기도 했다.

고대 중국에서도 엘도라도와 비슷한 장소가 저 먼 곳 어딘가에 있다는 믿음이 퍼져 있었다. 《태평광기》에는 황금으로 만들어진 산에 대한 재미있는 이야기가 실려 있다.

중국 서쪽에는 일궁, 즉 '태양의 궁전'이라는 지역이 있다. 일궁의 바깥에는 산이 하나 있는데, 길이가 10여 리(약 4킬로미터)이고 폭은 2~3리(8백 ~1천 2백 미터)이며 높이는 약 1백 장(약 3백 미터)이다. 그 산은 겉으로 보이는 모든 부분이 황금으로 이루어져 있고, 뿜어져 나오는 빛이 매우 눈부시고 황홀하며, 다른 산과는 달리 돌이나 흙이 전혀 없기에 나무와 풀도 없다. 이 정도면 말이 산이지, 사실상 아주 커다란 황금 덩어리라고 보아야 옳을 듯하다.

이 황금산 위에는 몸이 온통 황금으로 된 사람이 있는데, 키는 5장(15미터)이고 이름은 금서라고 한다. 금서는 '황금 물소'라는 뜻인데, 아마 물소처럼 생겨서 그런 이름이 붙은 듯하다. 좀 더 과감하게 추측한다면, 소의 머리에 사람의 몸을 한 그리스 신화 속 괴물 미노타우루스와 비슷하게 생기지 않았을까? 금서가 왜 황금산에 사는지는 《태평광기》에 밝혀져 있지 않다. 다만 상상의 나래를 펼치자면, 황금으로 만들어진 존재이니 계속 살아가기 위해서는 황금을 먹어야 하기 때문이 아닐지.

그런데 황금산이 온통 황금으로만 이루어진 것은 아닌 듯하다. 《태평광기》에는 황금산 아래로 1장(3미터)을 파면 은이 나오고, 그 아래로 또 1장을 파면 주석이 나온다고 적혀 있다. 이것이 끝이 아니다. 주석 아래로 1장을 더 파면 납이 나오며, 그 아래로 또 1장을 파면 적금이 나온다고 한다.

이러한 묘사는 아마 고대 중국에서 인기가 있었던 연단술과 관련이 있는 듯하다. 연단술은 서양 판타지 세계에서 말하는 연금술과 비슷한 마술인데, 사람이 수은을 마시고 신선이 되거나 은이나 납 같은 금속을 황금으로 바꿀 수 있다는 내용을 담고 있다. 그중에서도 수은을 마시고 신선이 될 수 있다는 주장은 중국에서 큰 인기를 끌었는데, 진시황이나 당 태종 같은 유명한 제왕들도 그런 식으로 수은을 즐겨 마셨다고 전한다.

조선 중엽의 학자 이희가 쓴 《송와잡설(松窩雜說)》도 황금산과 비슷한 장소를 다루었다. 지금의 전라남도 광양에 예로부터 쇠무덤이라 부르는 곳이 있는데, 그 무덤을 파헤치면 쇠붙이는 없고 다만 글씨를 새긴 돌이 하나 나온다. 다음과 같은 내용이다.

"쇠무덤에서 동쪽으로 15리쯤 되는 곳에 황금총이 있는데, 이를 발견하면 엄청난 이익을 얻을 수 있다. 다만 자식이 아비를 업신여기고, 종이 주인을 업신여기고, 아랫사람이 윗사람을 업신여기고, 중도 삿갓을 쓴다. 중이 속인의 일을 하고 속인이 중의 일을 하며, 선비는 붓과 벼루를 버리고, 베 짜는 계집은 베틀과 북을 버리고, 농부는 쟁기와 보습을 버린다."

황금총은 황금이 묻힌 무덤이란 뜻이다. 황금총에는 엄청난 양의 황금이 묻혀 있을 테니, 위의 글은 황금을 발견한 사람이 사치를 부리고 게을러지며 오만해질 것을 경계하라는 뜻이겠다.

015 바다 멀리 떨어진 신비한 나라

일본은 7세기 이전에 왜국이라고 불렸다. 근대 이전까지만 해도 일본은 동북아 변방의 가난한 섬나라였다. 그래서 중국인들은 일본 열도와 그 부근 지역을 멀리 떨어진 신비한 곳으로 여겼다. 중국 역사서 《남사(南史)》 〈이맥전(夷貊傳)〉에는 고대 일본과 그 인근 지역에 신기한 나라들이 있다고 언급했다.

먼저 왜국의 남쪽에는 주유국이 있는데, 주유국 사람들은 키가 4척(120센티미터)에 불과하다. 한마디로 주유국은 난쟁이들의 나라이다. 주유국은 왜국에서 4천 리나 떨어져 있어서 배를 타고 바다를 일 년이나 건너야 도착할 수 있다.

주유국의 서남쪽으로 1만 리 떨어진 곳에는 해인이라 불리는 종족이 산다. 해인은 검은 몸에 하얀 눈을 지녔는데, 옷을 입지 않으며 얼굴이 못생겼다. 해인이 구체적으로 어떤 종족인지, 또 실제로 있는 종족인지는 알 수 없으나 아마 파푸아뉴기니 같은 멜라네시아 지역의 종족으로 추측된다.

왜국의 동북쪽으로 7천 리를 가면 문신국이라는 나라가 있다. 이 나라는 글자 그대로 몸에 문신을 그리는 사람들이 산다. 문신이 클수록 신분이 높고, 문신이 작을수록 신분이 낮다. 집은 짓고 살지만, 성이나 요새는 없다.

문신국 왕이 사는 곳은 황금과 은으로 장식을 하고, 집 주위에 넓이가 1장(3미터)인 둥근 구덩이를 파서 수은을 채워둔다. 작은 죄를 지은 사람은 채찍이나 매로 때리고, 무거운 죄를 지은 사람은 사나운 짐승들이 잡아먹도록 내버려둔다. 단, 짐승들이 죄수를 먹지 않고 가만히 있으면 죄가 없다고 판단하여 하루 뒤에 풀어준다. 위치로 짐작하자면, 문신국은 고대 일본 동북 지역의 토착 민족 에미시를 가리키는 듯하다.

문신국에서 동쪽으로 5천 리를 가면 대한국이 나온다. 대한국에는 전쟁 무기가 없어서 사람들이 싸움을 벌이지 않는다. 풍속은 문신국과 같지만 말이 다르다. 대한국에서 동쪽으로 2만 리를 가면 부상국이 있다. 글자 그대로 '부상'이라는 나무가 많은 나라이다. 부상국 사람들은 어린 부상을 죽순처럼 요리해 먹고, 부상의 껍질로 종이를 만들어 사용한다. 부상국에는 군대가 없어서 전쟁이나 다툼이 없다. 감옥을 두 개 두어 죄를 다스리는데, 작은 죄를 지은 사람은 남쪽 감옥에 들어가고 큰 죄를 지은 사람은 북쪽 감옥에 들어간다. 남쪽 감옥에 갇힌 죄수들은 때때로 사면을 받아 풀려나기도 하지만, 북쪽 감옥에 갇힌 죄수들은 결코 사면되지 못한다.

부상국에서 동쪽으로 1천 리를 가면 여국이 나온다. 글자 그대로 여자들만 사는 나라다. 여국의 여자들은 얼굴이 아름다우며 하얗고 깨끗한 피부를 가졌다. 몸에 털이 있는데 매우 길어 땅에 닿는다. 여국의 여자들도 임신을 할 수 있다. 2월과 3월 사이에 여국의 주민들은 강이나 시냇물에 들어가서 저절로 임신을 하는데, 6월이나 7월 중으로 아이를 낳는다.

여국 여자들은 아기에게 젖을 먹여 키운다. 그러나 이들은 젖가슴이 없고 젖가슴 대신 목 뒤에 난 털에서 즙이 나와 아이를 먹인다. 아기는 백일이면 스스로 걸을 수 있고 서너 해가 지나면 어른이 된다. 남자가 없어서인지 여국 주민들은 바깥세상에서 온 사람을 보면 놀라서 달아나는데, 특히 남자를 매우 무서워한다.

나가 떠내려 왔다. 심지어 잔 속에는 깨가 있었다. 이를 보고서 두 친구는 "이 산속에 사람들이 사나 보다. 아무래도 우리 힘만으로 이 산에서 내려 가기는 어려우니 사람들을 찾아서 도움을 청해보자."라고 결론을 내리고 는 시냇물을 따라서 정신없이 걸어갔다.

그렇게 걸어 산을 하나 넘고 더 넓은 시냇물이 흐르는 곳에 도착했다. 시 냇가에는 여자 두 명이 서 있었다. 그들은 이제까지 두 친구가 보았던 어 떤 여자들보다 젊고 아름다웠다. 여자들은 손에 잔을 들고는 얼굴에 미소 를 지으면서 "유신 선생과 완조 선생께서는 저희가 떠내려 보낸 잔을 어서 돌려주세요."라고 말했다. 생전 처음 보는 낯선 여자들이 자기들의 이름을 알고 있다는 사실에 두 친구는 놀라지 않을 수 없었다. 여자들은 이어 "저 희는 두 분께서 오시기만을 기다리고 있었습니다. 어서 저희를 따라오세 요."라고 말하면서 두 친구를 자신들의 집으로 안내했다.

산속 여자들의 집은 방울이 달린 붉은 비단으로 싸여 있고, 지붕은 황금 과 은으로 만든 각종 장식물로 치장되어 있는 등 무척 호화로웠다. 또 여러 명의 시녀가 두 여자를 시중들고 두 친구를 대접했다. 두 여자는 두 친구에 게 산양 고기로 만든 육포와 쇠고기, 깨가 들어간 밥을 식사로 내놓았고 두 친구는 대접받은 음식을 배불리 먹어치운 후 술과 복숭아까지 맛보았다.

식사가 끝나자 두 여자는 "여기서 저희와 같이 사세요."라고 말하면서 각자 한 명씩 잠자리로 데려가 함께 잠을 자며 즐거움을 누렸다. 그녀들과 의 잠자리는 이제껏 어느 곳에서도 느끼지 못한 쾌락을 주었다.

그렇게 두 친구는 산속에서 맛있는 음식, 아름다운 여자와 함께 여섯 달 동안 즐거운 시간을 보냈다. 하지만 어느덧 그들은 두고 온 고향이 그리워 졌다. 여자들은 "우리와 함께 이곳에서 계속 사세요."라고 말하면서 두 친 구를 붙잡아두려고 했지만, 두 친구는 "고향에 두고 온 가족 생각에 괴롭 습니다."라고 간절히 부탁하였다. 결국 여자들은 두 친구의 부탁을 이기지 못하고 그들에게 돌아가는 길을 알려주었다.

산을 떠난 두 친구는 마침내 고향 마을로 돌아왔다. 그러나 막상 돌아와 보니, 마을은 그들이 떠나올 때보다 훨씬 쇠락하였고, 가족들을 어디에서도 볼 수 없었다. 가족뿐만 아니라 그들이 알고 지내던 사람들은 이미 모두 죽어버렸다. 기가 막힌 두 친구가 지나가는 사람을 붙잡고 물어보니 "옛날에 유신과 완조라는 사람들이 천태산에 들어갔다가 사라졌는데, 지금은 그들로부터 열 번째 세대가 지난 이후입니다."라고 대답했다.

천태산의 두 여자가 사는 곳은 바깥세상보다 시간이 훨씬 천천히 가는 일종의 별세계였던 모양이다.

017 《열자》의 나라들

중국 전국 시대에 쓰인 《열자》에도 신기한 나라에 대한 이야기가 나온다.

지금의 보하이만, 즉 발해만의 동쪽으로 억만 리를 가면 그 밑을 알 수 없을 정도로 깊은 귀허라는 골짜기가 나온다. 귀허에는 세상의 물이 전부 흘러가는데, 그 물의 양은 늘어나거나 줄어들지 않고 항상 그대로이다.

귀허의 중심에는 다섯 개의 산이 있다. 그 산들의 이름은 대여, 원교, 방호, 영주, 봉래이다. 다섯 산의 높이와 넓이는 모두 3만 리에 달하며, 산들의 정상은 넓이가 9천 리나 될 정도로 평평하다. 다섯 산은 7만 리 간격으로 떨어져 있다.

다섯 산에는 황금과 옥으로 만들어진 궁궐과 전망대가 세워져 있다. 산에 사는 새와 동물들은 하얀색을 띠고 있으며, 옥으로 만들어진 나무들이 숲을 이루고 있는데, 그 나무들에서 자라나는 꽃과 열매는 맛이 아주 좋을 뿐만 아니라 늙음과 죽음에서 벗어나 영원히 젊고 건강하게 살 수 있다. 그래서 다섯 산에서 사는 이들은 전부 불로불사의 신선들이다. 이들은 자유롭게 하늘을 날아다닐 수 있으며, 서로 다른 산으로 날아가서 다른 신선들과 만나고 대화를 나누며 즐겁게 지낸다.

원래 이 다섯 산은 바다 위에 떠다니며 불안정했는데, 신선들이 이 일을 우려하여 천제에게 "저희가 사는 다섯 산이 흔들리거나 떠다니지 않게 단단히 붙잡아주십시오."라고 하소연했다. 이에 천제는 거대한 거북이 열다섯 마리의 머리로 다섯 산을 지탱하도록 지시하면서, 거북이들이 지치지 않도록 다섯 마리가 6만 년에 한 번씩 번갈아가면서 산을 떠받들고 나머지는 쉬고 있으라고 배려해주었다. 그 후에야 다섯 산은 기반이 흔들리지 않고 탄탄해져서 신선들이 안심할 수 있었다.

이 소식을 듣고 멀리 용백국이라는 나라에 사는 사람이 낚싯대를 가지고 다섯 산을 떠받치는 거북이들한테 다가가서는 거북이 여섯 마리를 낚아서 용백국으로 가져갔다. 그리고 거북이들의 뼈를 불태워서 점을 쳤다. 이 사건으로 대여산과 원교산은 중심을 잃고 북쪽 큰 바다를 떠돌다가 그만 바닷속으로 빠져버렸다. 두 산에 살던 1억 명의 신선은 졸지에 살 곳을 잃고 헤매게 되었는데, 이 사실을 안 천제는 화가 나서 잘못을 저지른 용백국 사람들에게 키가 매우 작아지는 저주를 내렸다.

그런데도 용백국 사람들은 보통 사람들보다 여전히 키가 컸다. 염제신농 시대까지 그들의 키는 무려 수십 장에 달했다고 한다. 적어도 30미터는 넘었던 셈이니 그들의 원래 키는 실로 어마어마하게 컸던 모양이다.

한편 중국에서 40만 리 동쪽에는 초요국이 있다. 그곳 사람들은 무척 키가 작아서 평균 키가 1자 5치(약 45센티미터)밖에 되지 않는다. 중국 동북쪽 끝에도 키 작은 사람들이 산다. 쟁인이라 불리는 이들의 키는 9치(27센티미터)에 불과하다.

그런가 하면 고대 중국의 신이자 성군인 황제 헌원은 꿈에서 화서씨국이라는 나라에 찾아갔다. 그곳은 중국에서 무려 1천만 리나 떨어진 아주 먼 나라였다. 그러니 어떤 교통수단으로도 찾아갈 수 없고, 그저 몸에서 정신이 빠져 나왔을 때만 갈 수 있었다.

화서씨국 사람들은 고통이나 미움, 분노와 사랑도 모르고 하늘을 날아다니며 공중에서 잠이 들었다. 또 구름과 안개가 짙어도 사물을 볼 수 있었으며, 천둥과 번개가 치는데도 먼 곳의 소리를 다 들을 수 있었다. 화서씨국은 지배자도 노예도 없는, 모두가 평등한 나라였고 사람들은 어떤 경우에도 평정심을 잃지 않고 그저 편안하게 살 뿐이었다.

화서씨국을 보고 나서 황세 헌원은 "내가 오늘에야 도(道)를 깨달았구나!" 하고 탄식했다고 한다. 화서씨국 사람들이야말로 도교에서 말하는 깨달음을 얻어 편안한 몸과 마음을 지니고 살았던 도인들이었던 것이다.

3

영웅

018 이무기를 죽인
용감한 소녀

중국 동진 시대의 학자 간보가 쓴 《수신기》에는 사람을 잡아먹는 사악한 뱀과 싸워 이긴 용감한 여자 영웅 이야기가 실려 있다.

중국의 동남쪽 절강성 지역은 춘추전국시대부터 동월이라고 불렸다. 예로부터 동월은 날씨가 따뜻하고 습도가 높아 뱀이 많이 사는 지역으로 유명했고, 현지 주민들도 그런 환경에 익숙했다.

그렇지만 간혹 사람이 도저히 손대기 어려운 크고 무시무시한 뱀도 있기 마련이다. 동월의 서북쪽에는 습지가 있었는데, 거기에 길이가 무려 7~8장(21~24미터)에 달하는 거대한 뱀이 살았다. 이 뱀은 처음에 주민들이 기르는 소와 양을 잡아먹었는데, 온갖 잡다한 신을 섬기는 무당의 꿈에 나타나 열두세 살 정도의 어린 소녀들을 바치라고 요구하였다. 만약 거부하면 마을 주민을 모두 잡아먹겠다는 위협도 서슴지 않았다.

주민들은 뱀이 너무나 크고 힘이 세어 도저히 이길 수 없다며 무서워했고, 어쩔 수 없이 뱀이 요구하는 대로 소녀들을 제물로 바쳤다. 뱀이 사는 습지의 동굴 입구에 뱀을 섬기는 사당을 세우고, 매년 8월에 뱀에게 인간 제물을 바치는 의식을 행했다. 아홉 명의 소녀가 뱀에게 잡아먹혔고, 사람들은 행여 자신의 딸이 뱀의 먹이가 될까 봐 전전긍긍했다.

드디어 열 번째 소녀가 제물로 바쳐질 차례가 왔다. 하지만 아무도 나서지 않아 주민들은 불안에 휩싸였다. 이대로 가만히 있다가 행여 분노한 뱀이 주민 전체를 잡아먹으려 들지나 않을지 불안했던 것이다.

동월의 장락현에 이기라는 소녀가 있었다. 그녀는 이탄이라는 사람의 막내딸이있는데, 평소 마을 주민들이 뱀에게 자기 또래 소녀들을 제물로 바쳐 살아남는 일을 무척 못마땅하게 여겼다. 그런 와중에 제물로 바칠 소녀가 나서지 않자, 자신이 뱀을 죽여 마을의 근심을 없애겠다고 결심하였다. 소녀는 아버지에게 자신을 뱀의 제물로 바치라고 부탁하였고, 딸을 아낀 아버지는 완강하게 반대하다가 결국 이기가 하자는 대로 따랐다.

이기는 열 번째 제물이 되어 뱀을 섬기는 사당으로 갔다. 물론 이기가 빈손으로 맥없이 뱀의 먹이가 되기를 기다린 것은 아니었다. 그녀는 뱀을 죽이려고 튼튼하고 날카로운 칼을 지니는 한편 사나운 개를 데려갔다. 뱀을 유인하기 위한 꿀떡 수십 개도 챙겼다.

사당에 도착한 이기는 동굴 입구에 꿀떡 보따리를 풀어놓았다. 그러자 잠시 후 뱀이 모습을 드러냈다. 과연 소문대로 머리가 곳간처럼 컸고 눈도 두 척(60센티미터) 정도로 거울같이 큼직했다. 뱀은 꿀떡을 보자 정신없이 삼키기 시작했고, 그 틈을 타서 이기는 사나운 개를 보냈다. 개가 뱀을 물어뜯으며 공격하는 사이에 이기는 재빨리 칼을 뽑아 뱀을 수십 번이나 계속 베었다. 몸이 갈기갈기 찢어진 뱀은 고통스러워하다가 죽었다.

이기가 동굴 안으로 들어가니 뱀이 잡아먹고 토해낸 소녀들의 뼈가 잔뜩 쌓여 있었다. 이기는 소녀들을 불쌍히 여기고 무사히 집으로 돌아가서 뱀이 죽었다고 알렸다. 이기의 가족과 주민들이 동굴로 달려가서 보니, 과연 이기의 말대로 뱀이 죽어 있었다.

용감한 소녀가 뱀을 죽였다는 소식은 인근 마을에 널리 퍼졌고 마침내 동월왕의 귀에까지 들어갔다. 동월왕은 이기를 불러 일의 자초지종을 듣고는 크게 감동하여 자신의 왕비로 맞았으며, 아버지 이탄에게는 장락령이라는 벼슬을 내리고 남은 가족에게도 큰 상을 주었다.

이기가 뱀을 죽인 뒤로 동월 지방에는 뱀이 사람을 해치는 일이 사라졌으며 주민들은 이기의 업적을 기려 찬양하는 시와 노래를 지었다고 한다.

019 아홉 개의 태양을 떨어뜨린 예(羿)

그리스 신화의 영웅 헤라클레스는 인류를 괴롭히던 수많은 괴물을 화살을 쏘아 물리쳤다. 중국 신화에도 비슷한 영웅이 있는데, 바로 예(羿)이다.

아득히 먼 옛날, 중국은 크나큰 위기에 휩싸였다. 하늘에 열 개의 태양이 함께 떠올라서 지상이 온통 뜨거운 열기로 들끓어 사람들이 고통을 받았다. 여기에 더해 여섯 마리 흉악한 괴물, 즉 착치와 알유, 파사, 구영, 봉희, 그리고 대풍이 마구 활개를 치며 사람들을 잡아먹었다.

폭염과 괴물들의 횡포에서 간신히 살아남은 사람들은 고통을 견디다 못해 하늘에 대고 "제발 저희를 불쌍히 여기시고 구해주십시오!"라고 울부짖었다.

인간들의 호소를 듣고 하늘의 최고신 천제 준(俊)은 자신의 부하 예에게 붉은색 활과 하얀색 끈이 달린 화살을 주고, "이 무기로 지상을 어지럽히는 괴물들을 물리치고 인류를 구하라."라고 명령을 내렸다.

예는 먼저 태양들을 정리했다. 이에 대해서는 여러 문헌마다 내용이 조금씩 다른데, 대체로 결말은 예가 태양들을 향해 화살을 쏘아 아홉 개를 떨어뜨리고 나머지 하나만 남겨두었다는 식이다. 그리스 신화의 헤라클레스에게도 비슷한 이야기가 있다. 헤라클레스가 화살로 태양을 겨누자, 태양

신 헬리오스가 겁을 먹고 달아났다는 내용이다. 예는 아예 화살로 태양을 쏘아 떨어뜨렸으니, 예의 신화가 헤라클레스보다 더 호쾌한 인상을 준다.

예가 다음에 할 일은 인간을 잡아먹는 여섯 마리 괴물을 퇴치하는 것이었다. 예가 괴물들을 무찌른 일은 《산해경》과 《회남자(淮南子)》 같은 고대 중국 문헌에도 언급되어 있다.

예가 물리친 첫 번째 괴물은 착치다. 주둥이 아래로 튀어나온 이빨이 끌처럼 생겨서 착치라고 불렸다. 길이는 6척(138센티미터)가량 되었다고 한다. 아마 선사시대 동물 검치호와 비슷한 모습이었던 듯하다. 또 착치는 사람과 짐승의 모습을 겸하고 있어서, 창과 방패를 들고 다녔다. 착치는 예의 화살을 방패로 막아내며 버티다가 곤륜산까지 쫓겨서 죽임을 당했다.

두 번째 괴물은 알유다. 알유의 모습이 어떠한지는 전해지는 말이 엇갈린다. 용의 머리에 호랑이 몸을 가졌다거나, 사람 머리에 붉은 소의 몸과 말의 발을 가졌다고 한다. 길이는 자그마치 80미터에 이르렀다. 알유는 무시무시한 속도로 달리면서 사람을 잡아먹었다. 예가 어떻게 이 거대한 괴물을 물리쳤는지는 기록이 없다.

세 번째 괴물은 파사다. 파사는 코끼리를 한입에 집어삼킬 정도로 커다란 뱀이다. 코끼리를 먹으면 3년이 지나서 그 뼈를 토해낸다. 중국 신화에 왜 코끼리가 등장하는지 의문을 품을 수도 있겠지만, 고대 중국은 지금보다 날씨가 훨씬 따뜻하고 습도가 높아서 밀림이 우거지고 코끼리와 코뿔소들이 많이 살았다.

파사의 몸 길이는 1천 심이라고 하는데, 1심이 8척이니 무려 2400미터에 이른다. 파사의 머리는 파란색, 몸은 노란색과 붉은색, 검은색 등 세 가지 색깔을 지녔다. 예는 파사를 현재 중국 남부 후난성의 호수 동정호에서 만나 싸웠는데, 화살을 날려 부상을 입힌 후 두 동강을 내었다.

이 밖에도 예는 아홉 개의 머리로 물을 토해내어 홍수를 일으키는 뱀 구영, 논밭을 파헤치고 집을 부수는 커다란 멧돼지 봉희, 거센 바람을 일으키는 새 대풍을 모조리 화살로 쏘아 죽였다. 이로써 인류를 위협하던 여섯 마리 흉악한 괴물은 모조리 예의 손에 퇴치되었다.

이처럼 예는 영웅적인 업적을 세웠지만 최후는 좋지 못했다. 천제 준이 그에게 화를 내어 신의 신분을 빼앗고 인간으로 만들어 두 번 다시 하늘로 올라오지 못하게 막아버린 것이다. 그 이유는 정확하지 않은데, 다만 천제가 자신의 아들들인 태양을 아홉이나 죽인 예를 미워하여 그렇게 했을 것이라는 추측이 있다.

그 뒤로 예가 어떻게 되었는지는 여러 주장이 엇갈린다. 가장 믿을 만한 이야기는 예가 봉몽이라는 사람을 제자로 두어 활쏘기를 가르쳤는데, 예만 죽이면 자기가 세상에서 으뜸가는 활잡이가 된다고 믿었던 봉몽이 복숭아나무로 만든 몽둥이로 예를 때려죽였다는 것이다. 참으로 비참한 최후라고 할 수 있다.

020 늙은 여우 요괴를 죽인 송대현

중국 동진 시대에 간보가 쓴 《수신기》에는 사람이 귀신으로 위장한 여우 요괴와 싸워서 이겼다는 재미있는 이야기가 실려 있다.

남양군 서쪽 들판에 정자가 하나 있었다. 그런데 남양군 사람들은 언제부터인지 그 정자에 가까이 가거나 거기서 하룻밤 자고 가는 일을 무척이나 두려워하였다. 정자에 다가가거나 자고 가는 사람들한테 재앙이 닥친다는 소문이 널리 퍼졌기 때문이었다. 소문 중에는 정자에 사악한 귀신이 살아서 사람들을 죽인다는 내용도 있었다.

그러자 송대현이라는 사람이 자기가 직접 정자에서 하룻밤을 보내겠다고 나섰다. 그는 귀신이나 요괴를 상대하는 데 능숙한 도사로 널리 알려진 터라 남양군 사람들은 그에게 박수를 보냈다.

정자에 머물던 송대현은 밤이 되자 미리 가져온 거문고를 연주했다. 거문고 소리로 귀신을 끌어내리는 것이었다. 거문고를 연주한 지 얼마 지나지 않아 정말로 귀신이 정자에 모습을 드러냈다. 정자에 올라온 귀신은 눈을 크게 뜨고 이빨을 북북 갈면서 송대현을 위협했지만, 송대현은 전혀 겁을 먹지 않고 "어서 오시오! 나와 함께 이야기를 나누며 밤을 보냅시다."라고 태연하게 귀신을 맞았다. 그러자 침착한 송대현의 태도에 귀신도 다소 놀라 기세가 꺾였던지, 그를 마주보고 앉아서 이런저런 이야기를 주고받았다.

평화로운 시간도 잠시, 귀신은 송대현과 이야기를 나누다가 "내가 볼 일이 있어서 어디를 좀 다녀와야겠소."라고 말하고는 정자에서 내려가 사라졌다가 잠시 후에 다시 정자로 올라왔는데, 손에 죽은 사람의 머리가 들려 있었다.

마음이 나약하거나 겁이 많은 사람이라면 그 모습만으로도 무서워서 정신을 잃어버렸을 테지만, 용감하고 의지가 강한 송대현은 귀신이 가져온 머리를 보고도 여전히 침착한 모습을 보였다. 심지어 귀신이 송대현을 향해 사람 머리를 내던지면서 "내가 보기 좋은 걸 가지고 왔으니, 편안히 잠이나 자시오!"라고 희롱했지만, 송대현은 그 머리를 손으로 들어 올리고는 "그렇지 않아도 잠이 오던 차에, 머리를 받칠 베개가 없어서 곤란했는데, 이렇게 베개를 가져다주어서 고맙소!"라고 맞받아쳤다.

겁에 질리게 할 참으로 사람 머리까지 가져왔는데 송대현이 태연하게 굴자, 귀신은 어이가 없었는지 잠시 정자 밖으로 내려갔다가 다시 돌아왔다. 그러고는 송대현에게 새로운 수작을 걸었다.

"밤에 심심하고 딱히 할 일도 없으니, 우리 사내답게 수박 놀이나 합시다."

수박은 손으로 상대방을 잡거나 때리는 무술이다. 한마디로 귀신은 송대현에게 싸움을 건 것이다. 귀신과 싸우게 되었는데도 송대현은 겁을 먹지 않고, "좋소!"라고 대답하면서 귀신의 허리를 붙잡았다. 그런데 송대현이 붙잡은 손의 힘이 굉장히 강했던지, 귀신은 계속 아프다고 하다가 급기야는 "죽겠다! 죽겠어!" 하고 크게 소리쳤다. 이미 죽은 사람의 영혼인 귀신이 어떻게 죽을 수 있다는 것인지 송대현은 마음속으로 이상하게 여겼지만, 계속 귀신의 허리를 붙잡은 손에 힘을 강하게 주었다. 그러자 놀랍게도 귀신은 정말로 허리가 부러져 땅바닥에 쓰러지더니 죽어버리고 말았다.

그러는 사이 시간은 훌쩍 지나 어느새 해가 뜨고 아침이 밝았다. 송대현이 죽어버린 귀신을 자세히 살펴보니, 그것은 귀신이 아니라 늙은 여우였다. 늙은 여우 요괴가 귀신인 것처럼 둔갑을 하고서 정자에 나타나 수많은 사람을 놀라게 하고 해쳤던 것이다.

만약 송대현이 여우 요괴가 둔갑한 가짜 귀신을 보고 겁을 먹고 허둥댔다면, 분명히 그도 죽거나 크게 다쳤을 것이다. 하지만 강한 마음을 지닌 사람은 귀신도 해를 끼칠 수 없듯이, 여우 요괴 또한 굳건한 마음을 품은 송대현은 해치지 못했던 것이다.

송대현이 여우 요괴를 죽이고 나자, 정자에서는 괴상한 변고가 더 이상 나타나지 않았다.

021 전설의 자객 섭은낭

중국의 북송 시대에 편찬된 《태평광기》를 보면, 용감한 여자 검객 섭은낭의 이야기가 나온다.

섭은낭은 당나라 덕종 때 고위 관직인 위박절도사를 지낸 섭봉의 딸로 태어났다. 열 살 무렵, 어느 비구니가 섭봉의 집에 음식을 구걸하러 왔다가 섭은낭을 보고는 섭봉에게 "나리께서는 따님을 저한테 보내주시지 않겠습니까? 제가 검술을 가르쳐 훌륭한 검객으로 만들겠습니다."라고 물어보았다.

하지만 섭봉은 신원도 확실히 알 수 없는 사람에게 딸을 보내고 싶지 않아 거절했다. 그러자 비구니는 "나리가 거절해도, 저는 따님을 데려가겠습니다."라고 말하고는 집을 떠났다. 그리고 그날 밤, 섭은낭은 어디론가 사라져버렸다. 놀란 섭봉과 아내가 하인들을 시켜서 집 주변을 샅샅이 찾았으나, 어느 곳에서도 섭은낭은 보이지 않았다. 졸지에 딸을 잃어버린 섭봉 부부는 그저 슬퍼하며 눈물을 흘렸다.

그러다가 5년이 지나, 섭은낭이 집으로 돌아왔다. 섭은낭은 부모에게 자기가 비구니한테 끌려가서 보고 겪은 일을 자세히 털어놓았다.

"비구니한테 몇 리를 끌려가다가 넓이가 수십 걸음이나 되는 커다란 동굴에 이르렀습니다. 그곳에는 원숭이와 소나무가 많았고, 아름답고 지혜로운 열 살짜리 소녀 두 명이 살았습니다. 소녀들은 원숭이가 나무에 올라가는 것처럼 높은 동굴 벽을 날듯이 빨리 달렸습니다.

비구니는 저한테 환약 한 개와 길이 2척(60센티미터)짜리 보검을 하나 주었습니다. 보검은 칼끝이 무척 날카로워 가느다란 털도 자를 수 있을 정도였습니다. 비구니는 저한테 소녀 두 명을 쫓아다니도록 했는데, 그러면서 제 몸은 바람처럼 날렵해졌습니다.

일 년이 지나자 재빨리 움직이는 원숭이를 칼로 백 번 찔러서 모두 맞추었고, 3년이 지나자 하늘을 날아 매를 칼로 찔러 떨어뜨릴 지경이 되었습니다. 4년이 지나 비구니는 두 소녀를 데리고 동굴을 떠났고, 5년이 되는 해에는 저더러 어느 높은 관리를 죽이라고 하여서 밤중에 몰래 그의 집으로 들어가 목을 잘라서 동굴로 돌아갔습니다. 그러자 비구니가 이제 집으로 돌아가도 좋다고 해서 왔습니다."

사랑하는 딸이 살인을 주저하지 않는 잔혹한 검객이 되었다는 말에 섭봉은 무척이나 놀랐고 무서웠다. 집으로 돌아온 섭은낭은 거울을 가는 청년과 결혼했다. 몇 년 후에 섭봉이 죽자 다른 사람이 위박절도사의 자리에 올라 섭은낭에게 많은 황금과 비단을 내려 자신의 부하로 삼았다.

당나라 헌종 때 위박절도사는 섭은낭에게 자기가 미워하는 진허절도사 유창예를 죽이라고 지시했다. 그러나 막상 유창예를 만난 섭은낭은 그가 위박절도사보다 훌륭한 인물임을 보고는 명령을 거부하고 그를 죽이지 않았다. 유창예가 자신을 살려준 섭은낭에게 감사하자 섭은낭은 그 대가로 "매일 저한테 2백 문(文)의 돈을 주십시오."라고 말하고, 분노한 위박절도사가 자신과 유창예를 죽이러 보낸 자객 정정아의 목을 유창예에게 보여주었다.

위박절도사가 유창예를 죽이기 위해 두 번째 자객 공공아를 보내자, 섭은낭은 유창예에게 "옥을 목에 걸고 이불을 덮고 누워 계시면 제가 모기로 변해서 당신의 장 속에 들어가서 보호해드리겠습니다."라고 말했다. 그리고 그날 밤, 유창예가 섭은낭의 말대로 하고 누워 있는데 그의 목 위에서 뭔가가 부딪치는 날카로운 소리가 울려 퍼지더니, 곧바로 모기로 변신한 섭은낭이 유창예의 입속에서 튀어나와 다시 사람으로 변하고는 이렇게 말했다.

"공공아는 자존심이 매우 강해서 단번에 사람을 죽이지 못하면 멀리 달아나버립니다. 지금 공공아는 1천 리 밖으로 도망쳤으니 걱정 마십시오."

유창예가 자신의 목에 건 옥을 살펴보니, 섭은낭의 말대로 날카로운 비수로 그은 흔적이 뚜렷이 보였다. 자신의 목숨을 살려준 보답으로 유창예는 섭은낭의 남편을 아무런 일도 하지 않고 월급만 타먹는 벼슬인 허급에 임명했다.

세월이 흘러 유창예가 당나라의 수도 장안에서 대장군인 통군으로 있다가 죽었다. 그 소식을 듣고 섭은낭은 하얀 나귀를 타고 달려와서 유창예의 관 앞에서 슬피 울다가 떠났다.

훗날 유창예의 아들 유종이 능주자사의 직책을 받고 촉 지방으로 떠났다가 섭은낭과 만났다. 섭은낭은 유종에게 "내년에 벼슬을 버리고 낙양으로 돌아가야 무사하실 것입니다."라고 말했으나, 유종은 그 말을 듣지 않다가 일 년 후에 죽었다. 그 후로 섭은낭은 자취를 감췄고 누구도 보지 못했다고 한다.

022 명나라의 마지막 장군 이정국

명나라 숭정 황제는 1644년 이자성의 반란군이 북경에 들이닥치자 스스로 목을 매어 죽었다. 흔히 이 사건을 가리켜 명의 멸망이라고 말하지만, 명이 완전히 망한 것은 아니었다. 양자강 남쪽에는 명나라의 잔존 세력 남명(南明)이 아직 있었다. 남명 정권에서 청나라에 맞서 싸워 용맹을 떨친 충신으로 이정국이 있다.

이정국은 지금의 산시성 출신으로, 열 살 때 반란군 지도자 장헌충의 부하가 되었다. 장헌충의 휘하에서 이정국은 용맹스러운 재능을 발휘하여 열일곱이 되던 해에 2만 명의 병사를 거느렸으며, 주위로부터 '1만 명과 맞서 싸울 용감한 장군'이라는 뜻인 만인적(万人敵)이라는 별명을 얻을 정도였다.

1647년, 사천에서 활동하던 장헌충이 청나라 군대와의 전투에서 전사하자 이정국은 장헌충의 다른 부하 손가망과 함께 병사들을 이끌었다.

남명 정권은 여러 군벌이 이름뿐인 지도자로 명나라 황족을 데려다놓은 상태에서 불안하게 돌아가는 형식적인 연합체였고, 자기들끼리 권력을 놓고 다투다가 불리하면 청나라에 항복해버리는 일이 자주 있었다. 게다가 남명의 군벌들은 백성들을 상대로 착취와 약탈을 마구 일삼아서, 백성들의 지지도 그리 높지 않았다.

이정국은 이들과는 달랐다. 그는 휘하 병사들에게 "어떠한 일이 있어도 결코 백성들의 식량과 재산을 빼앗지 마라!" 하고 엄격히 명령하였고, 병사들도 그 명령을 잘 지켰다. 그래서 백성들도 이정국을 믿고 따랐다. 이정국의 부대는 군기가 확립되고 병사들의 사기가 높아 전투력이 강력했다. 사실상 남명 정권에서 거의 유일하게 청나라와 맞서 싸워 이길 수 있는 부대였다.

1652년, 지금의 광시 좡족 자치구의 구이린시에 해당하는 계림에서 이정국은 8만 군대를 이끌고 청나라 장수 공유덕이 지휘하는 군대와 싸웠다. 이때 이정국은 중국 남부 운남성에서 데려온 코끼리 스무 마리를 군대 앞에 내세워 청군을 향해 돌격시켰다. 이 작전은 꽤나 효과가 있었는데, 코끼리들의 큰 덩치와 요란하게 우는 소리에 겁을 먹은 청나라 군사들이 달아나버리는 바람에 이정국은 손쉽게 이길 수 있었다. 패배한 공유덕은 계림성 안으로 도망쳤으나, 이번에도 코끼리를 앞세운 이정국의 군대가 성문을 부수고 들어오자 더는 승산이 없다고 판단하여 스스로 목숨을 끊었다.

계림 전투에서 승리한 이정국은 북쪽으로 올라가서 형양과 장사와 악주 지역을 공격해 손에 넣으며 큰 위세를 떨쳤다. 그러자 청나라 조정에서는 황족 니칸에게 10만 대군을 주어 이정국을 토벌하도록 했다. 니칸의 대군이 내려오자, 이정국은 "적의 기세가 왕성하니 깊숙이 끌어들인 다음, 교만해져 군기가 느슨해지면 그때 들이치는 것이 좋다."라고 판단하여 싸우지도 않고 계속 후퇴하였다.

1652년 11월, 니칸은 거짓으로 후퇴하는 이정국을 바싹 쫓아 형양성까지 쳐들어갔다. 그는 이정국의 군대가 도망만 가자 "적들은 형편없는 오합지졸이니, 금방 형양성을 손에 넣을 수 있다!"라고 마음이 느슨해졌다.

하지만 니칸의 군대가 형양성에 다가오자, 숲속에 숨어 있던 이정국의 군대가 갑자기 기습공격을 단행했다. 이번에도 이정국은 코끼리 부대를 선봉에 내세워 적군을 뒤흔들어놓았고, 청나라 군대가 우왕좌왕하는 사이에 이정국의 군사들이 니칸의 목숨을 앗았다. 총사령관이 전사하자 청나라 군대는 사기를 잃고 달아났으며, 그렇게 해서 이정국은 또 한 번의 승리를 거두었다.

이토록 용감한 장군이었던 이정국은 뜻밖에 청나라가 아니라 그가 섬기던 황제 영력제와 동료 장수 손가망에 의해 몰락하고 만다. 영력제는 의심이 많고 속이 좁아 이정국이 혹시 반란을 일으키지나 않을지 두려워했으며, 손가망도 이정국의 공훈을 질투하여 그를 돕지 않고 권력 다툼을 벌였다.

이정국과의 권력 다툼에서 밀려난 손가망은 1655년 청나라에 항복해버렸고, 1657년 청나라가 영력제의 본거지 운남에 쳐들어와서 이정국이 "대만으로 도망친 정성공과 합류해야 합니다."라고 건의했지만 영력제는 그 말을 무시하고 미얀마로 도망쳐 현지인들에 의해 억류되었다가 1662년 6월 1일 청나라 군대에 넘겨져 죽임을 당했다.

미얀마에 머물던 이정국은 1662년 7월 11일 끝내 숨을 거두었는데 병으로 죽었다는 추측이 유력하다. 남명을 마지막으로 떠받치던 기둥 이정국이 죽고서 2년이 지나 남명은 멸망하고 말았다.

023 거란족의 뛰어난 지략가 이진충

오늘날 거란족을 머릿속에 떠올리기는 쉽지 않다. 지금은 완전히 사라져 버린 민족이니 당연한 일이다. 하지만 동북아 역사에서 거란족은 8백 년이나 존속하면서 중원의 왕조들에게 두려움을 준 강력한 전사 집단이었다.

거란족이 역사에서 맹활약을 시작한 시점은 서기 695년이다. 그전까지 거란족은 수나라와 당나라 등 중원 왕조에 봉사하는 충실한 용병 집단이었는데, 그해에 거란족 추장 이진충이 당나라 관리 조홰를 죽이고 반란을 일으켰다. 이미 거란족 사이에서 "언제까지 당나라의 노예 노릇이나 하고 살 수는 없다. 우리도 이제 힘을 어느 정도 길렀으니, 당나라와 동등한 강대국이 되어야 한다!"라는 의식이 퍼져 있었던 것이다.

이진충은 스스로 '더 높은 곳이 없는 최고의 왕'이라는 뜻인 무상가한이라 부르면서 거란의 왕에 올랐다. 그리고 당나라에 맞서 싸워 거란의 독립을 쟁취하겠다고 선언하며 수많은 거란인의 열렬한 지지를 받았다. 이진충에게는 처남 손만영과 부하 이해고 같은 뛰어난 장수들이 있었다. 이들 거란족 전사들은 스무 날 동안 수만의 병력으로 거란과 가까운 당나라 영토를 습격하여 약탈과 살육을 저질렀고, 이진충은 숭주를 공격하여 당나라 관리 허흠적을 사로잡아 기세를 떨쳤다.

이 소식을 들은 당나라의 실권자 측천무후는 분노하여 이진충을 이진멸(李盡滅)로, 즉 '멸망시키겠다'는 뜻으로 바꿔 부르고는 마인절, 장현우 등 스물여덟 명의 장군에게 대군을 주어 거란족의 반란을 진압하라고 명령했다.

한편 당나라의 대군이 몰려온다는 소식을 들은 이진충은 자신들보다 수적으로 훨씬 많은 당나라 군대와 정면으로 맞서 싸워서는 승산이 없다고 보고 속임수를 쓰기로 했다. 그는 포로로 붙잡은 당나라 군사들에게 이런 말을 들려주었다.

"지금 우리 거란족은 춥고 배고파서 더 이상 싸우기가 어렵다. 그래서 너희에게 줄 식량도 모자란다. 하지만 그렇다고 너희를 모조리 죽이자니 그건 너무 잔인해서 도저히 못하겠구나. 그러니 모두 풀어주겠다. 우리는 당나라 대군이 도착하면 곧바로 항복할 테니 그때 우리를 해치지 말라."

그렇게 풀려난 당나라 포로들은 마인절이 이끄는 당나라 군대로 달아났다. 그리고 이진충에게 들은 말을 마인절에게 전했다. 마인절은 크게 기뻐하며 말했다.

"거란족 오랑캐들은 지금 지치고 굶주렸으니, 우리가 손쉽게 이길 수 있겠구나! 승리가 머지않았다."

이진충의 말을 곧이곧대로 믿은 마인절은 자신감에 부풀어 행군을 서둘렀다. 총사령관이 이런 행동을 보이니 군사들도 거란족을 깔보고 업신여기면서 군기와 태도가 느슨해졌다.

마인절이 이끄는 당나라 대군이 황장곡이라는 골짜기에 이르자, 이진충은 또다시 계략을 썼다. 거란족 전사들 중에서 늙은이들만 모아서 당나라 군대에 거짓으로 항복하게 한 것이다. 그리고 거란족이 가진 소와 말 중에서 늙고 말라빠진 허약한 것만 모아서 일부러 당나라 군대의 눈에 띄게 했다. 이 모든 것이 당나라 군대로 하여금 "거란족은 사람과 가축이 모두 늙고 쇠약하니 걱정할 필요가 없구나!"라고 방심하도록 유도한 이진충의 속임수였다.

이진충의 계략은 정확히 맞아 떨어졌다. 마인절은 거란족을 약하다고 깔보며 기병부대로 하여금 먼저 거란족이 기다리는 골짜기 안으로 들어가 공격하도록 지시를 내렸다.

하지만 이 명령은 당군 기병을 거란족의 먹이로 던져주는 꼴이었다. 당군 기병은 미리 황장곡에 매복하고 있던 거란족의 포위망에 걸려 전멸당하고 말았다. 심지어 기병의 뒤를 이어 골짜기 안으로 들어간 당군의 나머지 부대까지 거란족의 매복과 포위망에 걸려 모조리 죽고 말았다.

황장곡 전투를 기록한 《조야첨재(朝野僉載)》에 따르면, 마인절과 장현우는 모두 이진충의 부하 이해고가 던진 올가미에 묶여 붙잡혔고, 나머지 당나라 군사들은 단 한 명도 빠짐없이 모조리 거란족에게 죽임을 당했는데, 그 시체가 산골짜기를 가득 메웠다. 황장곡 전투의 패전 소식을 들은 측천무후는 당나라 각지의 노비를 돈을 주고 사들여 병사로 삼을 만큼 크나큰 위기감을 느꼈다.

물론 거란족이 계속 승승장구한 것은 아니다. 이진충은 황장곡 전투 이후에 병으로 죽고, 그의 처남 손만영이 이끄는 거란군은 돌궐과 해족의 공격에 무릎을 꿇고 만다. 하지만 당시 세계 최강대국 당나라를 공포에 떨게 한 거란족의 용맹은 결코 얕잡아 볼 수 없을 것이다.

024 부여국의 왕이 된 규염객

중국 당나라 시대의 고전소설 《규염전(虯髥傳)》을 보면, 규염객이라는 신기한 인물이 나온다. 규염객은 이 소설에서 당나라를 세운 개국공신이자 명장인 이정과도 매우 친밀한 사이로 그려지는데, 다음과 같은 내용이다.

이정이 아직 출세하기 전, 태원으로 가다가 영석 지역의 여관에 머물렀는데, 키는 중간쯤 되고 붉고 구불구불한 구레나룻을 한 남자가 당나귀를 타고 와서는 자신의 이름을 규염객이라 밝혔다.

이정은 규염객의 외모를 보고 "저 사람은 분명히 범상치 않은 인물일 테니, 사귀어두는 편이 좋겠다."라고 생각하고 그에게 다가가 술과 식사를 함께하며 친구가 되었다.

두 사람은 세상 돌아가는 일에 대해 이런저런 대화를 나누었는데, 이정은 "지금의 황제 수양제는 사치와 횡포가 심하여 오래가지 못할 것이고, 천하는 혼란스러워질 테니 나는 일단 태원으로 몸을 피하러 갈 생각입니다."라고 말했다.

그러자 규염객은 "태원 땅에 장차 세상을 구할 진인(眞人)이 있다는데, 당신은 알고 계시오?"라고 물었고, 이에 이정이 "내 친구 유문정이 그 사람과 친구이니 형씨도 한번 만나러 가지 않겠습니까?"라고 제안하자 규염객은 이렇게 대답했다.

"내가 이곳에 오기 전에 하늘의 운세를 살피는 사람에게서 태원에 신기한 기운이 있다고 하여 그 기운을 가진 사람을 만나고 싶었소. 내가 어느 날 새벽 분양교에서 당신을 기다릴 테니, 나를 만나러 오시오."

말을 마친 규염객은 당나귀를 타고 마치 나는 것처럼 빠르게 달려갔다. 이정은 그의 뒷모습을 보며 놀랐고, 약속한 날 규염객을 만나서 함께 유문정의 집에 찾아갔다. 그리고 둘은 유문정이 차려놓은 술자리에서 술을 서로 주거니 받거니 하며 규염객이 말한 진인이 오기를 기다렸는데, 마침내 그가 도착했으니 바로 훗날 당나라의 태종 황제가 되는 이세민이었다.

이세민을 보자 규염객은 아무런 말도 하지 않고 그저 조용히 술만 마시다가, 몰래 이정한테 "당신이 말한 진인이 저 사람이오? 과연 황제가 될 관상을 지녔소."라고 말한 다음, 유문정의 집에서 떠났다.

시간이 흘러 다시 이정과 만난 규염객은 그를 자신의 집으로 불러서 보물과 돈을 보여주면서 이렇게 말했다.

"나는 큰일을 하기 위해 30년 동안 노력해왔는데, 얼마 전 당신과 함께 진인을 직접 만나고 보니 내가 더 이상 중원에서 할 일이 없다는 사실을 깨달았소. 그 진인이야말로 진정 천하의 주인이 될 영웅호걸이오. 그러니 그동안 내가 모은 보물과 돈을 모두 당신에게 주겠소. 당신은 이걸로 진인을 도와서 천하를 안정시키시오. 나는 중원을 떠나 수천 리 바깥의 동남쪽으로 가겠소. 거기서 10년 후 큰일을 할 것이니 그 소식을 들으면 술이나 뿌려서 나를 축하해주시오."

말을 마친 규염객은 재빨리 집을 나가 사라졌고, 이정은 규염객이 선물한 보물과 돈으로 이세민을 도와 당나라를 세우고 혼란스러운 중원을 안정시키는 큰 공을 세웠다. 세월이 흘러 아직 당 태종 때, 이정에게 중국 동남부의 토착민 만족(蠻族) 사람이 이런 말을 전했다.

"어느 해적 한 명이 배 1천 척에 10만 명의 갑옷 입은 병사를 싣고는 부여국으로 쳐들어가서 그 나라 왕을 죽이고 자기가 직접 왕이 되었고, 지금 부여국은 안정을 찾았다고 합니다."

그 말을 들은 이정은 그 해적이 규염객인 줄 알아채고는 아내 장 씨와 함께 예복으로 갈아입고 동남쪽을 향해 술을 뿌리며 규염객의 성공을 축하하는 의식을 치렀다.

부여국 왕을 죽이고 자기가 왕이 되었다는 규염객은 도대체 누구일까? 확실한 증거는 없으나 어떤 주장에 따르면 규염객은 고구려의 연개소문이다. 이정이 살아 있던 시절에는 부여국은 이미 사라졌고, 그 영토는 고구려가 고스란히 차지했다. 그리고 연개소문은 자신을 제거하려던 영류왕을 죽이고 영류왕의 조카를 왕으로 내세운 뒤 나라의 실권을 장악했다. 규염객의 행보와 제법 앞뒤가 맞아떨어지는 이야기이다.

025 교룡을 물리친
신선 허진군

중국의 신화와 전설에서 용은 신령한 동물이다. 하지만 용의 일종인 교룡은 사람을 잡아먹고 홍수를 일으키는 포악한 괴물로 그려지기도 한다. 중국 북송 시대에 편찬된 《태평광기》를 보면 사악한 교룡을 물리친 허진군이라는 신선의 이야기가 전한다.

허진군의 원래 이름은 허손으로, 지금의 허난성 루난현 출신이다. 그는 스무 살에 오맹이라는 사람을 스승으로 섬기면서 삼청법요라는 도술을 배웠다.

허진군은 자신이 터득한 도술을 시험하고자 지금의 장시성에 있는 여강으로 가서는 뱃사공에게 자신을 종릉까지 태워달라고 부탁했다. 뱃사공이 "종릉은 육지인데, 배를 타고 어떻게 그곳까지 갑니까?" 하며 거절하자 허진군은 "배는 내가 몰 테니, 당신은 나를 태워주기만 하시오."라고 말했다. 뱃사공이 어이가 없어서 그러라고 하자, 허진군은 얼른 배에 올라탔다. 그러자 배는 강물 위로 떠오르더니 곧바로 하늘을 날아올라 구름 위를 누비고 다녔다. 허진군의 도술이 배를 하늘로 띄운 것이었다.

허진군과 뱃사공을 태운 배는 여산의 꼭대기 자소봉에 올랐는데, 허진군은 뱃사공에게 신비한 풀을 먹으면서 신선이 되는 도술을 알려주고는 헤어졌다.

그런 후에 허진군은 세상을 어지럽히는 사악한 요괴들을 없애려고 장시성 난창의 예장시로 가서 신랑이라는 이름의 젊은이를 만났다. 허진군은 그와 잠깐 이야기를 나누고서 신랑이 다른 곳으로 떠난 후 주위 사람들에게 "저 젊은이는 사람으로 둔갑한 교룡인데, 장시성에서 홍수를 일으켜 사람들을 해친 원흉이다. 그러니 반드시 없애야 한다."라고 말했다.

허진군과 만나기 전, 교룡은 가옥이라는 사람의 딸과 결혼하여 아들 둘을 낳았다. 가옥은 담주를 다스리는 지방 관리였는데, 교룡은 그런 장인에게 매년 봄과 여름에 여행을 다녀오면서 얻은 보물을 바쳤다. 그래서 가옥의 가족은 물론 그의 친척과 하인까지 모두 부유했다.

그런데 허진군이 자신을 교룡이라고 폭로하자, 교룡은 겁이 나서 노란 소로 둔갑해 우물 속으로 달아났다. 이에 허진군은 검은 소로 둔갑해 쫓아갔는데, 교룡은 다시 담주로 돌아가서는 사람의 모습으로 둔갑하고 처갓집에 "어느 도적이 내가 가져온 보물을 모두 빼앗았습니다!"라고 거짓말을 했다. 그 말을 들은 처가 식구들이 모두 걱정을 하던 중에 허진군이 가옥의 집에 도착해서는 "이 집의 사위와 한번 만나보고 싶소."라고 알렸다.

교룡은 허진군을 두려워하여 병이 났다고 거짓말을 하고는 방 안에 틀어박혀 나오지 않았는데, 허진군이 화를 내며 "사악한 요괴 교룡은 왜 숨어 있느냐!"라고 고함을 지르니 교룡은 벌벌 떨면서 방 밖으로 나와 원래의 모습으로 돌아왔다.

허진군은 미리 데려온 병사들을 불러 교룡을 죽였고, 교룡이 가옥의 딸 사이에서 낳은 두 아들도 물을 뿜어 교룡으로 변하게 한 다음 죽였다. 교룡의 아내 가 씨도 교룡과 살을 섞고 살았던 탓인지 교룡으로 변하려고 했는데, 그 모습을 본 부모가 허진군에게 제발 딸을 살려달라고 부탁하자 허진군은 부적을 가 씨에게 주어 교룡으로 변하지 않게 하고 살려주었다.

그런 후 허진군은 가옥에게 "당신 집 아래를 깊이 파시오."라고 일러주었다. 가옥이 하인들을 시켜 집 아래를 파자 깊고 넓은 물길이 끝없이 이어져 있었다. 이를 본 허진군은 "당신의 사위였던 교룡은 저 물길을 열어서 자신의 부하 물고기와 자라를 불러 당신 집안 식구를 모조리 잡아먹으려 했소. 비록 교룡은 죽었으나 그 부하들이 나타날지 모르니 어서 다른 곳으로 이사를 가시오."라고 말했다. 허진군의 말을 듣고 가옥이 서둘러 이사를 가자, 곧바로 집이 무너지고 하얀 물기둥이 높이 치솟았다.

교룡을 물리치고 나서 허진군은 동진 효무제 때인 282년 8월 1일, 홍주의 서산에서 마흔두 명의 집안 식구와 함께 살던 집을 하늘로 들어 올려 그대로 사라졌다. 그러는 중에 절구 두 개와 수레바퀴가 땅으로 떨어졌는데, 마을 사람들은 허진군이 식구들과 함께 하늘로 올라가 신선이 되었다고 생각해서 그 집터에 유유관이라는 건물을 짓고 허진군을 신선으로 모시는 제사를 지냈다.

4

악당

026 9만 명을 죽인 식인마 군대

중국에서 가장 큰 죄악은 사람을 죽여 그 살점을 먹는 식인 행위였다. 하지만 중국 역사에는 식인에 관련된 기록이 꽤나 많이 나온다. 단순히 형벌로서 식인이 사용되기도 했지만, 잔인하고 포악한 성격 때문에 식인을 저지른 경우도 있다. 식인으로 악명을 떨친 악당 중에 조사관이라는 사람이 있다.

조사관은 당나라가 망하고 들어선 5대10국 시대 후한 사람으로, 어린 시절에 여기저기를 떠돌아다니며 구걸을 하고 지냈다. 한번은 상장군 직위를 지낸 이숙이라는 사람을 찾아가서 "저는 조사관이라고 합니다. 제가 가난해서 그러니, 하인으로 고용해주십시오."라고 부탁한 일도 있었다.

하지만 이숙은 조사관을 하인으로 받아들이지 않았다. 얼굴이 너무 험악하고 사나워서, 어쩐지 불길한 예감이 들었기 때문이었다. 그렇다고 나쁜 말로 내쫓았다가는 앙심을 품을 것 같아서 아내 장 씨와 상의하여 조사관에게 넉넉한 돈과 값비싼 물건을 가져다주고 "내 집은 이미 하인이 충분히 많아서 굳이 자네를 거둬들일 필요가 없네. 다만 자네 처지가 딱하니, 내가 주는 이 돈과 물건을 가지고 다른 곳으로 가서 생계 문제를 해결해보게." 라고 타일렀다.

이숙의 집을 떠난 조사관은 군대에 들어갔는데, 여러 전쟁터에서 용맹을 떨친 공을 인정받아 영흥절도사라는 관직에까지 올랐다. 하지만 조사관은 잔인하고 사나운 성격이라서 평소에도 주위 사람들로부터 두려움의 대상이었다.

그나마 조사관이 호의적으로 대하는 사람은 자신이 어려운 시절 도움을 베푼 이숙이었다. 실제로 조사관은 군대를 이끌고 옛 당나라의 수도 장안성을 차지했을 당시에 이숙을 찾아와 절을 하면서 "장군님은 저를 도와주신 분이십니다!"라고 감사의 인사를 올렸고, 이숙과 그 가족은 결코 해치지 않았다. 장안의 다른 백성들은 모조리 조사관이 저지른 학살과 약탈의 피해를 입었다.

하지만 이숙은 여전히 본능적으로 조사관이 잔인하고 난폭한 인물이라고 여겼기에, 그를 진심으로 친하게 여기지는 않았다. 다만 섣불리 분노를 사지 않기 위해 조사관 앞에서는 친절한 척 굴었다.

그러다가 장안성이 후한의 관군에게 포위당하자, 조사관의 군대는 차츰 식량이 떨어졌다. 관군들은 "이대로 있으면 머지않아 조사관의 군대는 먹을 것이 없어서 더 이상 싸우지 못하고 항복할 것이다."라고 예상했으나, 조사관과 부하들은 몇 달이 넘도록 끄떡없이 버텼다. 그 비결은 참으로 끔찍한 데 있었다. 조사관과 부하들은 장안의 백성들을 죽이고 시체의 살점을 도려내어 먹었던 것이다.

특히 조사관은 인육 먹기를 매우 즐겼다. 그는 끼니마다 수백 명의 백성들을 끌고 와서 가축을 도축하듯이 죽여 먹어치우는 잔치를 베풀었다. 조사관은 시체에서 빼낸 간을 날것 그대로 씹어 먹으면서 태연한 표정으로 "살아 있는 사람의 간을 1천 개 먹으면, 세상에서 가장 용감해진다!"라고 외쳤다. 이 말로 짐작하건대, 조사관은 이미 굶주려서 어쩔 수 없이 인육을 먹은 것이 아니라 온전한 정신상태를 유지하지 못했던 것으로 보인다.

하지만 조사관과 부하들이 아무리 사람을 죽이고 그 살점을 먹으면서까지 저항을 해도, 장안성을 포위한 관군의 대열은 전혀 흐트러지지 않았다. 결국 조사관은 이숙이 "더 이상 버텨봐야 소용이 없으니, 차라리 조정에 항복하고 생명과 재산을 보존하는 편이 낫네."라고 권유하자 관군에게 항복했다.

조사관이 인육을 먹기 위해 죽인 백성이 얼마나 많았던지, 처음에 10만 명이던 장안성의 백성은 1만 명으로 줄어 있었다. 조사관과 부하들이 9만 명이나 되는 백성을 죽여서 먹어치운 것이다.

수만 명의 백성을 죽이고 먹은 일로 워낙 민심을 잃은 탓에 조사관은 물론 가족, 부하들은 모조리 관군에 의해 죽임을 당했다.

027 거란족에게 빌붙은
여장군 백항아

거란족은 한때 중원의 한족이 가장 두려워하던 적수였다. 일찍이 중국의 최전성기였던 당나라 측천무후 때, 거란족이 대대적으로 중국의 북쪽 국경 지역을 침략하여 살육과 약탈을 일삼았는데, 이를 막으러 출동한 당나라 정규군 18만 명이 전멸하고 총사령관 왕효걸이 전사할 만큼 거란족은 매우 강력한 전사들이었다.

궁지에 몰린 당나라는 거란 서쪽에 사는 돌궐족과 해족을 포섭하여 거란의 배후를 들이치는 수법으로 간신히 위기에서 벗어났지만, 그로부터 251년 후인 946년에 거란족은 또다시 대규모로 중원을 침략했다.

이때의 거란 침공은 한족에게 크나큰 재앙이었다. 본래 황량한 북쪽에서 살아가던 거란족은 사납고 잔인한 부족으로 한족을 상대로 포악한 행동을 일삼았던 것이다. 거란 황제 야율덕광은 한족을 사로잡으면 얼굴을 칼로 찌르고 "살려준다."라는 글자를 새겨서 풀어주었다. 야율덕광의 사촌동생 마답은 더 악랄했다. 그는 한족을 붙잡으면 얼굴 가죽을 벗기고 눈을 뽑고 팔을 부러뜨리는 잔인한 방법으로 죽였고, 그렇게 죽인 한족의 손과 발을 잘라서 집에 장신구처럼 걸어두었다.

거란족 군대는 잔인할 뿐만 아니라 한족 백성을 상대로 약탈을 일삼았다. 원래 거란족에는 타초곡이라는 풍습이 있었다. 날마다 기마병을 사방으로 내보내 주변 지역에 사는 백성에게서 식량과 물자를 빼앗아 군수품으로 쓰는 것이다. 강도질이나 다름없는 타초곡으로 한족 백성이 당하는 피해는 매우 컸다. 거란족 군대가 주둔한 반경 3천 리 부근은 온통 타초곡으로 재산을 빼앗긴 한족 백성의 원망으로 가득했다.

또 거란족 군대는 지나가는 길가의 집을 모조리 불태워 폐허로 만들었으며, 전투를 벌일 때마다 강제로 끌고 온 주변 백성을 선봉에 내세워 적의 공격을 맨몸으로 받아내어 죽게 했다. 그렇게 적들의 기운을 뺀 후에야 비로소 자신들의 군대가 나가서 싸웠다.

이처럼 잔혹한 거란족의 압제에 시달린 한족 백성은 급기야 분노가 폭발하여 각자 무기를 들고 거란족에 맞서 치열하게 싸웠다. 그러나 모든 한족이 거란족과 대적한 것은 아니었던 모양이다. 개중에는 거란족의 막강한 힘을 빌려 출세를 해보려는 교활한 한족도 있었는데, 대표적인 인물이 백항아다.

백항아는 거란족 군대가 후진의 수도 개봉에 쳐들어왔을 때 처음 모습을 드러냈다. 당시 개봉 주위에는 잔혹한 거란족에 저항하는 한족 민병대가 잇달아 활동하여 거란족이 매우 두려워했는데, 이와는 달리 거란족을 도와 한족 민병대에 맞서 싸우는 무장집단이 나타났으니 바로 백항아가 이끄는 군대였다.

그 무렵 백항아는 나이 마흔이었다. 여자였지만 옷과 행동을 남자처럼 꾸며서 그가 여자인 줄은 누구도 눈치 채지 못했다. 백항아는 스스로 야율덕광을 찾아가서 무릎 꿇고 절을 하며 거란에 복종하겠다고 약속했다. 야율덕광은 매우 기뻐하여 백항아에게 은으로 장식한 허리띠와 수를 놓은 도포를 선물로 주고 그에게 회화장군이라는 직책까지 내려주었다.

야율덕광은 백항아에게 지금의 산둥성 지역에서 활동하는 한족 무장 집단이 거란족에 협조하게 만드는 역할을 맡겼다. 백항아가 이 일을 성공적으로 마치자 야율덕광은 그에게 더 많은 선물을 주었다.

당시에 야율덕광의 힘을 빌려 중원의 황제가 되려는 한족 장군 조연수가 있었다. 조연수는 백항아를 보고 신기하게 여겨 "당신은 무슨 재능이 있소?"라고 물었는데, 백항아는 이렇게 대답했다.

"나는 왼쪽과 오른쪽으로 말을 달리면서 활을 쏘고, 하루에 2백 리 길을 갈 수 있으며, 창과 칼을 쓰는 데 모두 능숙합니다. 또 수천 명의 남자를 부하로 거느리고 있습니다."

누군가가 그에게 "당신은 결혼을 하였소?"라고 물으면, 백항아는 "수십 명의 남자를 남편으로 맞았으나, 모두 마음에 들지 않아 칼로 찔러 죽여버렸습니다."라고 대답하여 큰 충격과 분노를 안겨주기도 하였다.

《태평광기》에 따르면, 승승장구하던 야율덕광은 한족 민병대의 끝없는 저항을 견뎌내지 못하고 947년 3월 17일 거란으로 철수하다가 4월 21일 병이 들어 죽어버렸다. 그러자 후원자를 잃은 백항아의 세력도 크게 약화되었고, 급기야 그녀는 부언경이라는 장군에게 죽임을 당했다.

028 고문으로 악명을 떨친 내준신

1980년대 우리나라 민주화 운동가들이 가장 두려워한 인물은 이근안이 었다. 이른바 고문 기술자인 이근안은 그를 모티브로 한 인물이 영화 〈남영동 1985〉나 〈변호인〉에 등장할 정도로 악명을 떨쳤다. 옛날 중국에도 이근안처럼 고문 기술자, 즉 혹리로 유명한 인물이 많았다. 대표적인 인물이 내준신이다.

내준신은 당나라 황제 측천무후 때 사람이다. 본래 저잣거리의 건달이던 내준신은 강도죄를 저지르고 감옥에 갇혔는데, 죄를 벗기 위해 자기를 가둔 왕속을 모반죄로 고발했다. 물론 거짓 모함이었지만, 내준신의 글을 읽은 측천무후가 마음에 들어 하여 그를 감옥에서 빼내 종5품 관직 시어사에 임명했다. 그리고 내준신은 측천무후의 명령에 따라 모반죄를 전문적으로 담당하여 심문하고 처벌하는 업무를 맡았다.

그때부터 내준신은 무수한 관리를 모반죄로 고발하여 붙잡아 들였고, 그들에게 끔찍한 고문을 가하여 "내가 모반을 저지르려고 했습니다."라고 자백을 받아내는 일로 악명을 떨쳤다. 내준신은 새로운 고문 도구도 만들어 냈는데, 그중에서 철권농두가 가장 잔인했다. 철권농두는 쇠로 만든 틀로, 사람의 머리에 씌우고는 계속 찌르거나 긁으면서 죄를 자백하라고 강요했다. 죄를 인정하지 않고 버티다가는 피를 흘리거나 머리가 심하게 다쳐 죽을 수 있었다.

내준신은 철권농두뿐만 아니라 뜨거운 물을 이용한 물고문이나 죄수를 감옥에 가둬놓고 굶기는 고문도 즐겨 사용했다. 내준신의 악명이 점점 퍼지면서, 잡혀온 사람 중에는 내준신이 고문 도구를 보이기만 해도 겁을 먹고는 지은 죄는 물론 없는 죄까지 몽땅 자백하기도 했다.

이 시대에 내준신과 함께 고문으로 악명을 떨친 관리로 주흥이라는 사람도 있었다. 그러나 악랄하기로는 주흥이 내준신을 따라갈 수 없었다. 내준신은 주흥을 제거하여 자신이 더 많은 권력을 누리고 싶었고, 어느 날 주흥을 불러 술과 음식을 대접하다가 이렇게 물어보았다.

"내가 요즘 어느 죄인을 심문하는데, 이 자가 도무지 자기 죄를 인정하지 않아서 골치가 아픕니다. 이럴 때는 어떻게 해야 쉽게 자백을 받아낼 수 있겠습니까?"

그러자 주흥은 태연하게 웃으며 말했다. "뭘 그런 걸 가지고 고민합니까? 불을 지핀 자리 위에 큰 항아리를 올려놓고 죄인을 넣으면 잠시 후 항아리의 뜨거움을 못 견디고 모든 죄를 인정합니다."

이에 내준신은 알았다는 듯이, 하인을 시켜 불을 지핀 자리 위에다가 큰 항아리를 올려놓고서, 주흥한테 "누군가가 당신을 역모죄로 고발해서, 내가 당신을 심문해야 합니다. 어서 항아리 안으로 들어가십시오!"라고 협박했다. 그러자 주흥은 겁을 먹고 얼굴이 새하얗게 질려서 "내가 죄인이니, 제발 죽이지 말아주시오!"라고 애걸복걸했다. 이 이야기에서 자기가 만든 나쁜 일에 자기가 걸려 피해를 입는다는 뜻을 지닌 청군입옹(請君入甕)이라는 사자성어가 유래했다.

이렇듯 무수히 많은 사람을 고문하고 협박하면서 권력을 누린 내준신은 《나직경》이라는 책을 쓰기도 했다. 이 책에는 고문 기술은 물론, 관료 세계에서 다른 사람을 모함하고 파직시키는 방법까지 상세하게 적혀 있었다. 가히 권력을 좇는 악당들의 경전이라고 할 만하다.

천하의 내준신이 권력에 취해서 미처 깨닫지 못한 사실이 있었다. 바로 자신의 운명이 어디까지나 최고 권력자 측천무후의 손에 달려 있다는 것이었다. 내준신은 자신의 본질적 한계를 모르고 급기야 측천무후가 사랑하는 딸 태평공주마저 역모죄로 고발하려다가 실패했다. 측천무후가 아무리 내준신을 아낀다고 해도 딸보다 아낄 리는 없었다.

결국 내준신은 관직에서 파직되고, 얼마 지나지 않아 측천무후의 명령에 따라 참수형에 처해졌다. 내준신이 죽자 그의 잔혹한 고문으로 죽임을 당한 사람들의 가족이 그 시체에 달려들어 눈을 파내고 살을 갈기갈기 찢는 등 분풀이를 했다. 모두에게 미움을 받던 악인의 말로는 그처럼 비참했다.

029 희대의 사기꾼 장수 모문룡

사기와 살인을 일삼는 외국인에게 처벌을 내리기는커녕 상전처럼 떠받들면서 이리저리 휘둘리는 것이 가능한 일일까. 믿기지 않지만 우리 역사에 실제로 이런 경우가 있었다. 그 대담무쌍한 사기꾼의 이름은 모문룡이다.

명나라 장수 모문룡은 1620년, 북쪽 요동 지방의 방위를 담당했다. 그러다가 1621년 12월 15일, 후금이 군대를 보내 명나라 영토를 공격하자 명나라 백성을 이끌고 남쪽으로 탈출하여 조선을 떠돌았고 이에 광해군은 이들을 평안북도 서쪽의 작은 섬 가도로 보냈다.

모문룡은 몰려오는 명나라 백성을 규합하여 세력을 키웠고, 조선 조정을 상대로 온갖 행패를 부렸다. 또 자신이 요동의 백성 20~30만 명을 구제한다는 명목으로 본국인 명나라를 상대로 해마다 20만 냥의 은을 받아냈다. 그것도 모자라 모문룡은 부하들을 조선 땅으로 보내 약탈을 자주 벌였다.

《인조실록》(1624년 1월 7일)을 보면, 모문룡의 군사들이 평안도와 황해도 일대의 민가에 함부로 들어가 백성들이 키우는 가축을 마구 잡아먹어 민심이 흉흉해졌는데도, 조정은 뜻밖의 변고가 있을까 염려하여 모문룡에게 자질이 불량한 자들을 중국 산동반도 등주로 보내달라고만 부탁할 정도였다.

모문룡 일당의 행패를 보다 못한 의주부윤 이완이 모문룡 일당 중 몇 명을 붙잡아 곤장을 치자 이들은 오히려 성을 내며 "너희가 감히 명나라 백성에게 매를 치느냐!" 하고 조정에 격렬하게 항의했다. 난감해진 조정은 이완의 관직을 한 등급 깎는 것으로 겨우 이들의 분노를 달래야 했다.

노략질을 일삼을 만큼 군기가 형편없는 집단이니, 모문룡이 거느린 군대의 전투력이 매우 부실했음은 당연하다. 이 무렵 조선 측의 보고에 따르면 모문룡은 무기를 정비하거나 군사 훈련을 하는 일이 전혀 없었다. 그런데도 후금과 한 번도 싸우지 않았으면서 열여덟 번을 이겼다고, 또 겨우 여섯 명의 적군을 포획하고서 6만 명의 목을 얻었다고 명나라 본국에 거짓 보고를 올렸다.

게다가 모문룡은 자신의 허위 공적을 날조하여 《모대장전》이라는 엉터리 책까지 펴내고 주위에 뿌려 자신이 명나라를 위해 무슨 대단한 공이라도 세운 것처럼 거짓말을 늘어놓기까지 했다.

당시 모문룡이 얼마나 패악질을 일삼았는지 기록이 있다. 1627년 1월 17일 후금이 조선을 침공했을 때, 후금군에 붙잡혀 끌려갔다가 도망쳐 온 조선 백성이 모문룡의 군사들에게 습격을 받았는데 그 시체가 들판에 가득 널릴 정도였다. 1627년 4월 17일에는 후금군을 피해 정주로 피난을 간 조선 백성 1만여 명도 모문룡 군사들의 공격을 받고는 겁에 질려 물에 뛰어들었다가 겨우 3백 명만 살아남는 사태까지 벌어졌다.

두 달이 지난 6월 16일, 모문룡은 군선 50척을 이끌고 의주로 향했다가 후금군 기병 스무 명을 만나자 무기를 버리고 군선에 올라타 모두 도망가 버렸다. 개중에는 배에 미처 타지 못해 물에 뛰어드는 병사들까지 있었다. 고작 기병 스무 명이 무서워서 정신없이 도망쳤다니, 모문룡의 군사들이 얼마나 형편없는 전투력을 지녔는지 짐작할 수 있다.

《인조실록》(1628년 10월 17일)에는 모문룡의 부하 유천총이 병사 2백 명을 이끌고 풍천에 와서 마을을 노략질하고 부녀자들을 욕보였다고 하며, 11월

22일 기록에는 아예 사람을 시켜 명나라로 파견되는 조선 사절단의 은과 인삼까지 빼앗았다. 심지어 모문룡이 은밀히 한양의 궁궐을 습격해서 조선 왕실을 무너뜨리고, 자신이 조선의 왕이 되려고 한다는 소문마저 돌았다. 그만큼 모문룡에 대해 조선 측의 의심과 두려움이 매우 컸던 것이다.

그러던 모문룡은 1629년 6월 6일, 명나라 장군 원숭환에게 체포되어 죽임을 당한다.

원숭환은 모문룡의 처형 이유를 다음과 같이 열거했는데, "부녀자를 사로잡고 재물을 약탈하는 등 대낮에 나라 한복판에서 강도질을 한 것은 물론, 난민을 살육하고서는 적을 죽였다고 거짓으로 보고했다. 그러고는 끝없이 으스대고 요구하면서 동방(조선)을 큰 이익 챙길 좋은 보물덩이로 삼았다. 이는 명나라만 무시하는 일이 아니라 조선에게까지 화를 미치는 일이다."라는 내용이었다. 모문룡의 행패가 하도 악질적이어서 같은 명나라 사람인 원숭환도 도저히 그를 더 이상 내버려둘 수 없었던 것이다.

《인조실록》(1629년 10월 23일)은 모문룡이 처형당하기 전까지 조선 조정에서 받은 곡식이 무려 26만 8천 석에 달한다고 기록하고 있다.

030 적군이 와도 주색만 탐한 홍광제

중국 역사에 망국의 황제는 수없이 많았다. 그러나 그들 중에서 가장 어리석고 무능한 군주를 꼽기가 어렵지 않으니, 바로 남명(南明) 정권의 홍광제 주유숭이다.

주유숭은 명나라 황족 중에서 탐욕스럽고 인색하다고 욕을 먹었던 복왕 주상순의 아들이다. 1641년 주상순은 낙양에 들이닥친 이자성의 반란군에 붙잡혀 죽임을 당했다. 주유숭은 간신히 탈출해서 이리저리 떠돌다가 1644년 명나라의 숭정 황제가 목을 매어 죽자 양자강 남쪽의 남경으로 달아났다.

남경은 북경에 이어 명나라의 두 번째 수도였고, 숭정 황제가 죽은 이후로는 명나라의 잔존 세력인 남명 정권이 버티고 있었는데, 황제 자리가 비어 있었다. 이런 사정을 노리고 주유숭은 남경으로 향했고, 살아남은 명나라 황족 중에서 가장 나이가 많다는 이유로 남명 정권의 황제로 옹립되었다.

하지만 주유숭은 전혀 황제의 자격을 갖추지 못했다. 우선 당시 남명 정권은 안으로 마사영, 좌량옥, 허정국 등의 군벌과 명나라 말기의 환관 위충현을 따른 엄당(閹黨), 그리고 그들에 맞섰던 동림당(東林黨)의 권력 다툼이 매우 치열했다. 게다가 밖으로는 청나라 군대가 양자강 남쪽으로 밀고 내려오려고 호시탐탐 기회를 엿보고 있었다. 그러니 제정신을 가진 지도자라면 내부의 파벌 싸움을 잘 조정한 후에 외부 침략에 빈틈없이 대비했어야 한다.

하지만 주유숭은 신하들의 권력 다툼 끝에 엉겁결에 황제가 되었기에 아무런 힘이나 권위가 없었다. 그는 남명 정권 내부의 심각한 파벌 싸움과 권력 쟁탈전을 그저 멍하니 바라만 볼 뿐이었다. 이 사실 하나만으로도 그는 황제의 자격이 없었다.

더 어리석게도 주유숭은 매일 같이 깊은 궁궐 속에 틀어박혀 커다란 황금 그릇에 술을 담아 마셔대면서, 백성들을 상대로 "예쁜 궁녀로 쓸 여자들과 정력제로 쓸 두꺼비를 바쳐라."라고 강요했다. 실제로 주유숭은 그렇게 모인 궁녀들을 상대로 매일 밤마다 음탕한 쾌락을 즐겼고, 장군들이 달려와 "청나라 군대가 계속 남쪽으로 내려오고 있으니 군사를 모아서 막아야 합니다!"라고 보고를 해도 "짐이 미인들과 즐기고 있는데, 왜 쓸데없는 소리나 하면서 흥을 깨느냐?"라고 무감각한 태도를 보였다. 이런 까닭에 남명 백성들은 주유숭을 존경하기는커녕, 술과 여색만 탐하는 어리석은 황제라는 뜻으로 "두꺼비 천자(天子)"라고 비웃으며 업신여겼다.

결국 주유숭은 황제의 자격조차 추궁당하는 사건까지 맞이한다. 이른바 주삼태자 사건이다. 남명 거리에 "나는 죽은 숭정황제의 아들 주삼태자다! 나야말로 진정한 황제이니, 주유숭은 내게 황제 자리를 넘겨라!"라고 주장하는 젊은이가 나타난 것이다.

젊은이가 주삼태자를 사칭하는 가짜일 수도 있었지만 무엇보다 그의 주장이 주유숭의 황제 정통성에 심각한 타격을 가했다. 남경의 백성들 사이에 "주삼태자 이야기 들었나? 사실 주유숭은 진짜 황족이 아니라는군. 황족의 신분을 사칭하여 황제가 된 사기꾼이야!"라는 소문이 널리 퍼져나가면서, 주유숭은 가짜 황제라는 의심을 받아야 했다.

어느덧 청나라 군대가 양자강까지 내려왔지만 양자강 북쪽에 배치한 남명의 군대는 제대로 싸워보지도 않고 항복하고는 오히려 청나라 군대의 앞잡이가 되어 남경으로 쳐들어왔다. 주유숭의 무능함과 남경의 파벌 싸움에 진저리를 낸 군벌들이 썩어빠진 남명 정권보다는 차라리 강성한 청나라에 붙는 쪽이 이익이라고 판단하여 배신을 한 것이다.

청나라 군대가 쳐들어오자 주유숭은 겁에 질려 정신없이 달아났지만, 1645년 5월 28일 남명의 장군 전웅과 마득공에게 잡혀서 청나라에 넘겨졌다. 청나라 군대는 홍광제 주유숭을 청나라의 수도가 된 북경으로 끌고 갔는데, 청나라 조정으로부터 "너는 자격도 없으면서 황제가 된 사기꾼이다!"라는 신랄한 비웃음을 받았다.

북경에 끌려온 후 일 년 정도 감옥에 갇혀 있던 홍광제는 1646년 5월 청나라에 의해 죽임을 당했다. 더욱 비참한 사실은 청나라가 홍광제를 끝까지 정식 황제가 아닌, 황족을 사칭하여 황제가 된 파렴치한 범죄자로 여겼다는 것이다.

031 어미의 정마저 버린 여자 검객

아이를 향한 어머니의 모정은 그 어떤 사랑보다 강하다. 그러나 세상은 넓고 사람도 천차만별인지라, 아이를 버리거나 심지어 냉정하게 죽이는 어머니도 있는 모양이다. 《태평광기》에는 자기가 낳은 아들을 죽인 잔혹한 여자 검객 이야기가 실려 있다.

당나라 덕종 때, 허베이성의 박릉에 최신사라는 사람이 살았다. 그는 당나라 수도 장안에 집이 없어서 다른 사람의 집에서 빈 곳을 빌려서 살았다. 빈 곳이라고는 하지만 규모가 제법 컸기에 여러 명의 하녀를 거느리며 제법 여유 있고 넉넉하게 살았다.

집주인은 서른쯤 된 여성이었는데, 얼굴이 꽤나 아름다운 데다 남편이 없는 과부였다. 마침 최신사도 아내 없이 홀아비로 살던 터라 그녀를 보고는 마음이 움직였다. 그래서 최신사는 하녀를 보내 "나도 홀아비고 당신도 과부니, 우리 서로 결혼을 하는 것이 어떻겠소?"라고 청혼의 뜻을 알렸다.

그러자 그녀는 "저는 벼슬을 하던 집안의 사람이 아닙니다. 그러니 당신한테 알맞은 아내가 될 수 없습니다. 저를 아내로 맞이하셨다가는 나중에 후회하실 것입니다."라며 거절했다.

하지만 이미 사랑에 빠진 최신사는 "나는 무슨 일이 있어도 당신과 결혼하고 싶소!"라고 끈질기게 졸랐다. 결국 과부는 최신사의 집요함에 못이겨 결혼을 하고 말았다. 그러면서도 그녀는 최신사에게 자신의 성과 이름을 끝끝내 밝히지 않았다. 물론 콩깍지가 눈에 씐 최신사는 그런 태도를 보고도 전혀 이상하다고 생각하지 않았다.

여하튼 그렇게 최신사와 그녀는 결혼생활을 시작했고, 둘 사이에서 아들도 하나 태어났다. 2년 넘게 두 사람의 결혼이 계속되던 어느 날 밤이었다. 문득 잠자리에서 깨어난 최신사가 옆을 둘러보니 아내가 보이지 않았다. 최신사는 가슴이 철렁했다.

'혹시 다른 남자와 간통을 하러 자리를 비운 것은 아닐까? 도대체 이 밤중에 여자의 몸으로 어디를 갔단 말인가?'

그런 걱정까지 하게 된 최신사는 잠자리를 박차고 일어나 집의 이곳저곳을 찾아보았으나, 어느 곳에서도 아내를 찾지 못했다. 손에 땀이 흥건할 정도로 고민하던 최신사의 눈에 문득 희미한 달빛을 받고 있는 집의 지붕이 들어왔다. 그리고 그곳에서 내려오는 아내의 모습도 보았다. 최신사는 "당신 거기서 무엇을 하고 있는 거요?"라고 물었고, 아내는 이렇게 대답했다.

"지금부터 제가 하는 말을 잘 들으십시오. 저의 아버지는 옛날 어느 군수한테 억울하게 목숨을 잃었습니다. 그래서 저는 늘 아버지의 원수인 그 군수에게 복수할 기회만을 노리고 있었습니다. 그러다가 이제야 겨우 그 군수를 찾아내어 드디어 원수를 갚았지요."

말을 멈춘 그녀는 자신의 두 손을 들어보였는데, 왼손에는 피가 뚝뚝 떨어지는 군수의 머리가 들려 있었고, 오른손에는 날카로운 비수 한 자루가 쥐어져 있었다. 그녀는 계속 말을 이었다.

"하지만 사람을 죽였으니 저는 더 이상 여기 머무를 수가 없습니다. 이제 그만 당신과 헤어져야겠습니다. 이 집은 모두 당신에게 드릴 것이니, 저를 잊어주시고 찾지 말아주십시오."

그러고 나서 그녀는 담을 뛰어넘어 집 밖으로 사라져버렸다. 아내의 정체를 알게 된 최신사는 놀라서 그저 입만 멍하니 벌리고 있었는데, 잠시 후에 그녀가 다시 돌아와서는 "아들한테 젖을 먹이는 일을 깜빡 잊었습니다."라고 하더니 어린 아들이 잠들어 있는 방으로 들어갔다. 한참 후에 나온 그녀는 "젖 먹이는 일을 마쳤으니, 이제 영영 떠나겠습니다."라고 말하고는 다시 집 밖으로 나갔다.

그런데 아들이 있는 방이 이상하리만치 조용했다. 젖을 먹고 잠이 들었을 수도 있지만 최신사는 왠지 불길한 마음이 들었다. 그럴 리 없다고 고개를 저으며 방으로 들어간 최신사의 눈에 끔찍한 광경이 들어왔다. 어린 아들은 이미 죽어 있었다. 그녀는 자기가 낳은 아들마저 죽여서 자신의 흔적을 영원히 지워버린 것이다.

032 황제 노릇을 한 도적 양안아

중국 역사에는 전한을 세운 유방과 명나라를 세운 주원장처럼 농민이나 도적 출신 황제도 많다. 이들과 비슷한 출신으로 짧게나마 황제라 불린 사람이 있었으니, 바로 금나라의 양안아이다.

양안아는 길거리에서 자란 불량배 출신으로, 본명은 양안국이었다. 양안국은 말안장을 만들어서 시장에 내다 팔아 먹고 살았는데, 사람들은 양안국을 안장의 한자 안(鞍)을 써서, '안장을 만드는 아이'라는 뜻으로 양안아라고 불렀다.

1204년 금나라가 남송과 전쟁을 벌일 때, 양안아도 금나라 군대에 징병되었다. 한낱 불량배 출신이었지만 전쟁터에서는 꽤 용맹스러웠는지, 자사와 방어사 지위를 거쳐 1211년에는 부도통에까지 올랐다. 변방을 지키는 장수가 된 것이다.

하지만 부도통이 된 지 얼마 지나지 않아 양안아는 지금의 산둥 반도로 도망가서 도적이 되었다. 장여즙이라는 사람과 함께 도적이나 불량배를 모은 후 마을과 도시를 습격하여 노략질을 일삼고 관리들을 죽이는 행패를 부리니, 산둥 지역은 큰 혼란에 빠졌다.

금나라 조정은 장수 복산안정과 관군을 보내 양안아의 도적떼를 공격했지만, 양안아는 관군의 토벌을 피해 래주 지역으로 도망쳐서는 래주마저 항복시켜 손에 넣었고, 곧이어 등주까지 점령하는 등 오히려 세력이 커졌다. 현지의 관리들은 양안아의 횡포를 두려워하여 그에게 굴복하고 관아의 재물을 바쳤다.

기고만장해진 양안아는 급기야 자신을 황제라고 주장하고는, 친순(天順)이라는 연호까지 지었다. 황제가 된 양안아는 영해를 들이쳐 점령하고 유주를 공격했고, 그가 원수의 벼슬을 내린 부하 방곽삼은 밀주를 공격하고 기주와 해주를 노략질하였다. 그래서 한동안 산둥 지역은 양안아의 수중에 들어간 것처럼 보였다.

하지만 양안아의 세상은 오래가지 못했다. 아무리 금나라가 북쪽과 남쪽에서 각각 몽골과 남송의 침입을 받고 혼란에 빠졌다고 해도, 황제를 참칭한 반란군이자 도적떼의 우두머리 양안아 정도를 토벌할 힘은 아직 갖고 있었다.

금나라 관군의 지휘관 복산안정은 양안아를 토벌하기 위해 산둥의 동쪽으로 진격했다. 이에 래주의 관리 출신으로 양안아에게 항복한 서여현이 10만 명의 도적을 거느리고 와서 복산안정이 지휘하는 관군과 창읍 지역에서 싸웠다. 10만 명이라고는 하지만 도적들의 위협에 못 이겨 어쩔 수 없이 가담한 백성이나 그저 굶주림을 해결하려고 도적떼에 들어간 사람도 있었을 테니, 숫자에 버금가는 전투력은 갖추지 못한 모양이다. 결국 이 전투에서 수만 명이 관군에게 죽임을 당하고 패했는데, 그래도 대규모 전투답게 낮부터 밤까지 이어지면서 도적들과 관군이 서로 30리나 밀고 밀리는 격전을 벌였다고 한다.

하지만 양안아의 세력은 여전히 컸다. 그에게서 영해자사의 벼슬을 받은 사발립이 무려 20만 명의 도적을 거느리고 또다시 복산안정과 래주에서 맞섰다. 이 전투에서 복산안정은 군대를 둘로 나누어 앞과 뒤에서 동시에 도적들을 공격하는 전술을 구사하여 적의 절반을 죽이거나 사로잡는 대승을 올렸다. 금나라 관군은 래주를 함락시켰지만 양안아는 간신히 달아났다. 양안아는 황해를 건너 요동으로 가서 그곳에서 세력을 떨치고 있던 거란족 지도자 야율유가에게 합류하려고 했지만, 배를 타고 가던 도중에 뱃사람 곡성의 공격을 받고 황해에 빠져 죽고 말았다.

033 지식은 많아도 지조는 없었던 전겸익

동양에서는 지식인이 자신의 올곧은 신념을 끝까지 지키는 지조와 절개를 칭송하였다. 그러나 현실에서는 부와 권력을 잡기 위해 자신의 신념을 아무렇지도 않게 버리는 변절이 자주 일어났다. 명나라 말기의 유명한 학자 전겸익이 그런 사람이었다.

전겸익은 명나라 만력제 때 진사 시험(조선시대의 장원급제에 해당)에 합격하여 한림원편수의 벼슬을 지냈고, 만력제 시대의 역사를 기록한 문헌 《신종실록》의 편찬에 참여할 만큼 학문을 인정받은 학자였다.

그렇지만 천계제 무렵에 권력을 잡고 횡포를 부린 환관 위충현이 정적을 제거하기 위해 꾸며낸 동림당 사건에 휘말렸다. 전겸익은 벼슬을 빼앗겼고, 고향으로 돌아가서 훗날을 기다리는 신세가 되었다.

관직에서 물러나 있어도 전겸익은 명성이 여전히 높았고, 사람들이 우러러보았기에 편안한 삶을 살 수 있었다. 1638년에는 기생 유여시와 만나 사랑에 빠졌고 그녀를 첩으로 맞아 들였다.

그로부터 6년이 흐른 1644년, 명나라의 수도 북경에 이자성의 반란군이 들이닥치자 숭정 황제는 목을 매어 자살했고, 곧바로 청나라 군대가 북경에 쳐들어와 반란군을 몰아냈다. 그리고 청나라 군대는 시시각각 남쪽으로 내려오면서 각 지역을 점령했고 중원은 전쟁과 혼란의 소용돌이에 휘말렸다. 이 소식을 접한 유여시는 전겸익에게 간절히 호소했다.

"만주족 오랑캐의 나라 청나라가 중원을 어지럽히고 있으니, 일단 남경으로 가서 남명 정권에 참여하고, 그곳 사람들과 힘을 모아 청나라에 맞서 싸워 중원을 되찾아야 합니다."

전겸익은 유여시의 말에 동감하고, 남경의 남명 조정을 찾아갔다. 그리고 남명의 황제 홍광제로부터 예부상서(교육부 장관에 해당) 벼슬을 받았다. 하지만 홍광제는 술과 여색만 밝히는 무능한 군주였고, 남명 정권은 서로 권력을 잡으려 다투는 군벌들의 불안정한 연합체에 불과하여 매우 허약하였다. 1645년 5월, 청나라 군대가 양자강을 건너 남경에 쳐들어오자 남명의 군대는 순식간에 무너져 모두 달아났다. 유여시는 전겸익에게 "이제 모든 일이 다 틀렸으니, 우리만이라도 깨끗하게 자결을 합시다."라며 호수로 가서 함께 빠져 죽자고 호소했다.

그러나 호수의 물을 만져본 전겸익은 "물이 차가워서, 도저히 못 하겠다."라고 말하며 물러났다. 그 모습을 본 유여시는 너무나 기가 막혀 자신만이라도 자살하려 호수에 뛰어들었으나, 이번에는 전겸익이 구해내어 죽지 못했다.

결국 전겸익은 남명의 관리와 병사 들을 상대로 "명나라는 이미 끝났다. 그러니 다들 쓸데없는 저항은 그만두고, 어서 청나라에 항복하여 생명과 재산을 보존하라!"라는 내용의 포고문을 직접 써서 널리 퍼뜨린 후, 청나라 군대를 찾아가 항복했다. 이 정도면 누가 보아도 변절이라 할 만하다.

꼿꼿한 유학자 전겸익은 왜 청나라에 항복했을까? 아마 그가 "물이 차갑다."라고 한 말에서 볼 수 있듯이, 지조보다는 삶에 대한 집착이 더 강했던 듯하다. 여기에 남명 정권을 부질없이 지키려 하기보다 청나라에 항복하면 더 많은 부귀영화를 누릴 수 있을 거라는 계산도 있지 않았을까? 실제로 전겸익은 1646년, 청나라로부터 예부우시랑이라는 벼슬을 맡았다.

당연히 전겸익의 행동은 유여시와 주위 사람들로부터 "비겁하게 오랑캐한테 항복하여 지조를 더럽혔다!"라는 분노를 사기에 충분했다. 하지만 전겸익은 1664년 청나라 벼슬에서 파직되어 시골로 내려가는 불쌍한 신세가 되었나. 반면 유여시는 죽을 때까지 남명의 잔당들과 힘을 합쳐 반청투쟁을 하는 전혀 상반된 모습을 보였다.

죽은 지 1백 년이 지나서도 전겸익은 변절 때문에 조롱받았다. 1769년 청나라의 건륭 황제는 전겸익을 두고 "글재주는 있었지만 지조가 없었으니 입에 담을 가치조차 없으며, 그가 쓴 책은 모조리 불태워야 한다."라고 혹평한 데 이어, 1778년에는 "그는 명나라를 배신했으니 이신전(貳臣傳)에 넣어야 한다."라고 비난했다. 이신전은 '두 마음을 품은 신하들의 기록'이라는 뜻으로, 명나라를 배신하고 청나라에 항복한 신하를 비난할 때 쓰는 말이다.

034 반란을 일으킨 사이비 교주 홍수전

19세기 중엽, 청나라에 배상제회라는 신흥 종교 단체가 있었다. 배상제회가 중국을 차지하기 위해 대규모 반란을 일으키니, 바로 태평천국의 난이다.

배상제회를 세운 사람은 광둥성 출신 홍수전이다. 홍수전은 과거 시험에 네 번이나 낙제하여 절망에 빠져 있다가, 서양인 선교사가 나눠준 성경 요약본 《권세양언(勸世良言)》을 읽고 희망을 얻었다. 즉, 과거 공부보다는 차라리 기독교 교리를 베껴 만든 신흥종교의 교주가 되어 부와 권력을 누릴 수 있겠다고 판단한 것이었다.

그리하여 홍수전은 《권세양언》에 적힌 성경 교리에 유교와 도교의 교리를 섞었다. 기독교의 신 야훼를 중국의 최고신 옥황상제 자리에 놓아 '상제'라 불렀고, 이를 섬기는 종교단체 배상제회를 만들었다. 그리고 무당처럼 신내림을 하는 재주를 가진 양수청이란 숯쟁이를 끌어들여 무지한 백성을 현혹했다. 양수청은 목소리를 괴상하게 내어 마치 상제가 하늘에서 내려와 자기 입을 빌려 말하는 것처럼 꾸며서 사람들을 감쪽같이 속였다.

그런 식으로 3천 명의 교도를 모은 홍수전은 1851년 광서성 금전촌에서 반란을 일으켰다. 이들은 농촌에서 일 없이 한가하게 지내는 사람들이거나 산적이나 천지회(天地會)처럼 범죄 조직에 속한 사람들로, 홍수전을 따라다니며 노략질을 하였다. 또 마을에 식량을 빼앗아가면서 "굶어죽지 않으려면 우리와 함께 가자!"라고 협박하여 가담시킨 사람도 있었다.

반란을 일으킨 홍수전은 자신을 천왕이라 부르고, 태평천국이라는 새로운 나라를 세우겠다고 선언했다. 첫 번째 목표로 중국 남부에서 가장 부유한 도시 남경을 목표로 삼아, 광서와 호남 일대를 돌아다니면서 사람들을 마구 끌어 모았다. 그렇게 모은 숫자가 얼마나 많았던지, 처음에는 3천 명이었던 홍수전 일당이 남경에 막 진입했을 때는 무려 2백만 명이 넘었다고 한다. 물론 그중에 실제 전투원은 10만 명가량이었고, 나머지는 전투원을 돕는 하인이나 잡부였다.

전문적인 군사훈련을 받은 적이 없는 홍수전과 양수청이었지만, 반란을 진압하러 온 청군과의 전투에서 놀라운 지휘를 발휘하여, 청군을 연이어 격파했다. 청군이 워낙 부패하고 나약하여 전투력이 부실한 탓도 있었지만, 어떻게든 관군을 쳐부수고 남경에 들어가 부귀영화를 누리려던 홍수전 일당의 집념이 강했던 것으로 보인다.

마침내 1853년 홍수전은 청군을 격파하고 남경에 입성해, 그 이름을 천경(天京)으로 바꾸고 태평천국의 수도로 삼았다. 하지만 역설적이게도 이 시점부터 홍수전과 태평천국은 파멸의 길을 걷는다. 남경에 들어온 홍수전은 미녀 1천 명을 뽑아 시녀로 삼아서는 호화로운 궁궐 안에 틀어박혀 하루 종일 밖으로 나오지 않고 시녀들과 환락만을 즐겼다.

홍수전은 물론 양수청 등 태평천국의 지도자들도 앞 다투어 미녀들을 끌어들여 환락을 즐기고 자기들끼리 잔혹한 권력 다툼을 일삼았다. 먼저 상제의 목소리를 내는 것에 우쭐했던 양수청이 홍수전에게 죽임을 당했고, 그 뒤로 석달개와 위창휘라는 지도자들이 다툼을 일으켜 위창휘는 죽고 석달개는 남경에서 도망쳐버렸다. 그렇게 태평천국은 내분으로 쇠약해졌다.

점차 반란의 충격에서 회복한 청나라는 상군(湘軍)이라는 새로운 군대를 조직하고 영국과 프랑스 등 서구 열강의 힘을 빌려 태평천국과 싸울 만반의 준비를 갖추었다. 그리고 1864년 1월, 청의 상군은 남경을 포위하여 태평천국을 압박했다. 상군의 포위망에 갇힌 태평천국군은 식량이 모자라 하나둘 굶어 죽었으며, 교주 홍수전조차 굶주림에 지쳐 잡초를 먹다가 병이 나서 1864년 6월 1일 죽고 말았다. 그로부터 한 달 후인 1864년 7월 19일, 마침내 남경이 상군에게 함락되면서 태평천국은 멸망했다.

태평천국의 난으로 수없이 많은 중국인이 죽었다. 그 숫자에 대한 의견은 분분한데, 2천만 명에서 7천만 명까지 차이를 보인다. 어느 쪽이든 상상하기조차 어려운 숫자이다.

홍수전은 기독교 교리를 따온 수많은 사이비 종교의 교주들과 똑같은 인물이었다. 그가 만든 태평천국에는 '태평'도 '천국'도 없었다. 오직 홍수전 자신의 추악한 욕망만 가득했을 뿐이다.

5

신(神)

035 세상과 인간을 만든 반고와 여와

고대 문명의 신화는 세상이 만들어지는 천지창조에서 시작한다. 중국의 천지창조는 어느 특정한 신이 세상을 만든 것이 아니라 반고(盤古)라는 거인의 죽음에서 비롯되었다.

반고에 얽힌 신화는 중국 오나라 때 서정이 쓴 《삼오역기(三五歷記)》와 양나라 때 임방이 쓴 《술이기(述異記)》에 등장한다. 두 책에 따르면 아주 먼 태초는 하늘도 땅도 바다도 없고 세상이 온통 커다란 알 속, 그러니까 계란 속의 흰자와 노른자가 뒤섞인 것 같은 혼돈 상태였다. 그러다가 알 속에서 갑자기 반고가 나타나서는 알을 깨뜨리고 세상을 위와 아래 둘로 나누었다. 깨진 알의 윗부분은 하늘이 되었고, 아랫부분은 땅이 되었다.

하지만 갈라진 하늘과 땅은 자칫하면 다시 붙을 수도 있었기에 반고는 두 팔로 하늘을 떠받치고 두 발로 땅을 짓누르고 있었다. 그러면서 반고는 날마다 한 길(3미터)씩 키가 커졌다. 그렇게 1만 8천 년이 흐르자 하늘과 땅은 완전히 분리되었다. 하지만 그동안 반고는 늙고 지쳐서 그만 죽고 말았다. 반고의 시체는 하나하나가 자연을 이루게 되었다. 먼저 반고의 오른쪽 눈은 태양이, 왼쪽 눈은 달이 되어 각각 세상을 밝게 비추었다. 또 팔과 다리는 산이 되었고, 피는 강과 냇물과 호수가 되었다. 반고의 숨결은 하늘로 올라가 구름과 바람이 되었고, 목소리는 천둥과 번개로 변했으며, 머리카락과 수염은 하늘에 뜬 별이 되었다. 몸의 털은 풀과 나무로, 뼈는 돌과 금속으로 변했으며, 땀은 비가 되어 땅에 떨어졌다.

죽은 거인의 몸이 세상을 이루는 요소가 되었다는 반고의 신화는 바빌론이나 북유럽의 신화와 비슷한 점이 많다. 바빌론 신화에서는 최고신 마르두크가 태초의 여신 티아마트를 죽이고 그 시체로 세상을 만들었고, 북유럽 신화에서도 최고신 오딘이 태초의 거인 신 이미르를 죽이고 그 시체로 세상을 만들었다.

세상이 만들어졌으니, 이제 세상의 주인공 인간이 등장할 차례였다. 중국 신화에서 인간을 창조한 신은 여와(女媧)다. 여와는 글자에서 엿보이듯이 여신인데, 사람의 머리에 뱀의 몸을 지녔다.

《풍속통의(風俗通義)》와 《회남자(淮南子)》 등 고대 중국의 문헌에 따르면, 여와는 황토를 반죽하여 사람을 만들었다. 그런데 사람을 빚어 만드는 일이 갈수록 힘들었던 여와는 노끈을 흙속에 넣었다가 빼어 흔들어 던지는 방식으로 바꾸어 많은 사람을 만들었다.

그렇게 만들어진 사람은 불멸의 존재가 아니었다. 사람은 생명이 매우 짧았다. 그래서 여와는 사람들이 세상에서 사라지지 않도록, 남자와 여자가 부부가 되어 아기를 낳고 후손을 늘리는 결혼 제도를 인간들에게 가르쳤다. 그 덕분에 인류는 절멸하지 않고 오늘날까지 계속 살아남을 수 있었다.

그러던 어느 날, 갑자기 세상에 큰 재앙이 불어 닥쳤다. 하늘을 받치고 있던 기둥이 부러져서 하늘이 가라앉아 땅에 부딪쳤고, 큰 홍수가 일어나 땅을 휩쓸어 수많은 사람이 물에 빠져 죽고 말았다.

《회남자》에서는 이 재앙을 고대 중국의 신들, 전욱과 공공이 세계의 지배권을 놓고 벌인 전쟁 때문이었다고 설명한다. 공공은 홍수의 신인데, 홍수를 일으켜 전욱을 위협하다가 패배하자 그 화풀이로 하늘을 떠받치던 기둥을 머리로 들이받아 부러뜨렸다는 것이다.

자신이 만든 인류를 사랑한 여와는 인간들이 죽는 것을 그냥 지켜볼 수 없었다. 우선 커다란 거북이의 발을 잘라서 하늘을 지탱하는 기둥으로 삼았고, 파란색과 붉은색, 하얀색, 검은색, 그리고 노란색 등 다섯 색깔을 가진 돌을 땅에 부딪쳐 무너진 하늘을 메웠다. 그리고 갈대를 태워 얻은 재로 제방을 쌓아서 더 이상 홍수가 번지는 것을 막았다. 그제야 재앙은 끝났다.

036 불의 신과 땅의 신
신농과 헌원

중국인은 90퍼센트 넘게 한족(漢族)이다. 한족은 스스로를 염황의 후손이라 부르는데, 염은 염제 신농이고, 황은 황제 헌원을 말한다.

염제 신농은 그리스 신화에 나오는 미노타우루스처럼 소의 머리에 사람의 몸을 가졌다. 하지만 미노타우루스가 사람을 잡아먹는 사악한 괴물인데 반해, 염제 신농은 인간을 도와준 선량한 신이다. 《산해경》을 비롯해 《회남자》, 《열선전》, 《신선전》 등 고대 중국 문헌에 따르면, 염제 신농은 세상의 모든 풀을 일일이 맛보면서 사람에게 좋은지 나쁜지 가려내어 가르쳐주었고, 쟁기와 괭이 등 농사기구를 발명하여 사용법을 알려주었다.

또 염제 신농은 이름 그대로(炎, 불탈 염) 불의 신이어서, 중국인은 불을 사람에게 은혜를 내려주는 고마운 선물로 여겼다. 오늘날도 중국인들이 붉은색을 좋아하는 까닭은 붉은색이 바로 염제 신농의 선물인 불을 상징해서다.

염제 신농은 제왕이 된 지 120년 후에 죽었고, 그로부터 530년 동안 신농의 후손 여덟 명이 뒤를 이어 제왕이 되었다. 황제 헌원은 그 이후에 제왕의 자리를 차지했다.

황제 헌원은 중국 한족이 가장 오래되고 중요한 조상으로 섬기는 신이다. 그는 노란 흙 황토(黃土)로 대표되는 땅의 신이다. 사마천의 《사기》에 따르면 헌원은 소전씨의 후손으로, 성은 공손이다. 그가 어른이 될 무렵, 여러 신들이 다투어 세상이 혼란스러웠다. 헌원은 세상의 평화를 지키려고 창과 방패로 무술을 익혔고, 자신에게 복종하지 않는 다른 신들을 굴복시켜나갔다.

헌원에게 가장 강력한 적수는 염제의 후손 치우였다. 눈이 넷 달린 소의 머리에 사람의 몸을 가졌고, 머리와 이마는 각각 구리와 쇠로 만들어진 치우는 모래와 돌을 먹었고, 자신과 모습이 똑같은 형제가 일흔두 명이나 있었다. 또 치우는 석궁, 검, 창, 갑옷 등 각종 무기를 발명한 용맹스러운 전쟁의 신으로, 바람의 신 풍백, 비의 신 우사, 정령들인 이매망량 등 수많은 추종자가 있었다.

헌원은 탁록의 벌판에서 치우와 치열한 전쟁을 벌였다. 헌원에게는 호랑이, 곰, 표범 등 맹수가 있었지만, 풍백과 우사가 바람과 비를 일으켜 참패를 당했다. 다급한 헌원은 비를 내리는 능력을 가진 천 년 묵은 용 응룡을 불러서 치우의 군대와 싸우게 했으나, 응룡 역시 풍백과 우사에게 밀려 패배했다.

그러자 최후의 수단으로 헌원은 자신의 딸 발(魃)을 불러냈다. 발은 가뭄과 열기의 여신으로, 폭염으로 물이 마르고 갈라진 대지를 상징한다. 헌원의 딸 발이 탁록에 나타나자, 찌는 듯한 열기가 불어와서 물로 상징되는 풍백과 우사의 힘은 모조리 사라져버렸다.

게다가 치우를 미워하던 서왕모가 지혜의 여신 구천현녀를 헌원에게 보내 병법서《음부경(陰符經)》을 주어 헌원 군대는 더욱 강해졌다. 또 외다리 짐승 기(夔)의 가죽을 씌운 북을 두드리니, 그 소리를 들은 헌원의 군대는 사기가 치솟아 치우 군대를 두려워하지 않게 되었다. 결국 치우의 군대는 헌원에게 패배했고, 치우도 붙잡혀서 현재 산둥 반도의 청구산에서 죽임을 당했다.

가장 강력한 적수인 치우가 죽고 나서 헌원은 모든 신을 다스리며 세상을 지배하는 제왕이 되었다. 헌원은 세상에 평화와 번영을 가져다주었고, 누에치기와 비단의 여신 누조와 결혼하여 스물다섯 명의 아들을 낳았다. 아들 중 청양은 고양을 낳았는데, 바로 훗날 할아버지 헌원의 뒤를 이어 제왕이 되는 전욱이다.

　《사기》에는 세월이 흘러 죽은 헌원의 시체는 교산에 묻혔다고 나온다. 그러나 《열선전(列仙傳)》에는 헌원이 죽지 않고 하늘로 올라갔다고 기록되어 있다. 헌원이 수산(首山)의 구리를 캐내어 형산에서 솥을 만들자, 하늘에서 용이 내려와서는 헌원을 태우고 하늘로 올라갔다는 것이다. 또 다른 이야기로는 헌원이 하늘로 올라가서 중국 신들의 황제 옥황상제가 되었다는 내용이 전한다.

037 중국 최고의 여신 서왕모

중국 신화의 가장 대표적인 여신은 서왕모(西王母)이다. 《서유기》에서 서왕모는 3천 년마다 한 번 열리며 먹는 사람이 늙지 않고 오랫동안 살게 되는 복숭아 반도(蟠桃)를 키우는데, 이 반도를 몽땅 따먹어버린 원숭이 요괴 손오공은 서왕모의 노여움을 사서 하늘에서 쫓겨난다. 다른 중국 고전 소설에서 서왕모는 중국 신들의 황제 옥황상제의 부인으로 중국 여신들의 우두머리로 등장한다.

서왕모는 고대 중국 문헌 《산해경》에서 처음 모습을 드러낸다. 《산해경》의 〈서산경〉에 따르면 서왕모는 호랑이의 이빨과 표범의 꼬리를 지녔으며 전염병과 죽음을 다스리는 무서운 여신이었다. 그러니까 아주 옛날에는 자비로운 사랑의 여신이 아니라, 전염병을 퍼뜨려 인간을 죽게 하는 공포의 신이었던 것이다.

그러다가 춘추전국시대에 나온 소설 《목천자전(穆天子傳)》에서 이미지가 바뀌었다. 이 소설에서 서왕모는 중원의 서쪽 곤륜산에 살면서, 주나라 목왕이 서쪽으로 여행 왔을 때, 성대한 잔치를 베풀어 정성껏 대접하였다고 언급되어 있다. 그리고 동진 시대에 나온 문헌 《박물지》에서 앞서 말한 불로장생의 복숭아 반도를 기르는 여신으로 나온다. 즉, 명나라 때 나온 《서유기》의 서왕모는 이미 동진 시대에 모습이 갖추어졌다.

《박물지》에는 서왕모가 전한의 황제 한무제를 방문했다는 이야기를 신비하게 묘사하고 있다. 한무제는 나이가 들자 죽음을 두려워하게 되었고 문득 '서왕모에게 내가 신선이 되어 죽지 않게 해달라고 기도를 하면 되지 않을까?'라고 생각했다. 어느 날 하얀 사슴을 탄 신선이 무제를 찾아와서 "얼마 후면 중원 서쪽 곤륜산에 계시는 서왕모께서 그대를 만나러 직접 오실 것이오. 그때 그대가 바라는 소원을 말해보시오."라고 말했다.

그리고 7월 7일이 되어 밤중에 자주색 구름을 탄 서왕모가 한무제에게 나타났다. 한무제는 무척 기뻐하며 "저에게 불로장생의 비법을 알려주십시오."라고 빌었다. 그 말을 듣고 서왕모는 자기 옷소매에서 복숭아 다섯 개를 꺼내 한무제에게 주며 먹으라고 권했다. 한무제가 복숭아를 먹어보니 맛은 부드러우면서 달콤했는데, 여태까지 먹어본 어떤 과일보다 맛있었다. 한무제는 "저한테 주신 복숭아가 참으로 맛이 있어서, 씨를 궁궐 정원에 심고 키워 두고두고 챙겨서 먹고 싶습니다."라고 말했다.

그러자 서왕모는 "이 복숭아는 3천 년에 한 번씩만 열매가 열립니다. 황제께서 그때까지 사실 수 있겠습니까?"라고 말하며 웃었다. 이어 한무제에게 "욕심을 버리고 사치를 하지 마십시오. 그래야만 비로소 신선이 될 수 있습니다."라고 알려주고서 돌아갔다.

서왕모의 복숭아를 다섯 개나 먹었지만 한무제는 일흔 살에 죽고 말았다. 여전히 사치스러운 생활을 즐기며 탐욕을 부렸기에 복숭아가 아무런 소용이 없었던 것이다.

《박물지》와 같은 시대에 갈홍이 쓴 《침중서(枕中書)》에는 서왕모가 도교의 최고신 원시천존과 그의 아내 태원성모 사이에서 태어난 딸이며, 모든 여자 신선을 다스린다고 기록되었다. 그런가 하면 중국 민담에서는 서왕모가 옥황상제와 결혼하여 일곱 명의 딸을 낳았는데, 막내딸이 어머니 몰래 인간 세상으로 떠나서 가난한 청년과 결혼했으나, 이 사실을 알고 화가 난 서왕모가 딸을 강제로 하늘로 끌고 갔다는 내용도 있다.

오늘날 중국인들은 서왕모를 왕모낭낭이라 부르며 친근하게 여긴다. 《서유기》처럼 인기 있는 소설에서 서왕모는 대개 옥황상제의 아내로 등장하는데, 옥황상제가 중국인들에게 가장 친근한 신이라는 점에 비추어 보자면 서왕모의 대중적인 인기 또한 실감할 수 있다.

038 고대 중국의 하늘 신 태일

태일(泰一. 太一)은 고대 중국에서 숭배를 받았던 하늘의 신이다. 특히 전한의 황제 한무제가 태일을 열렬히 숭배했다. 한무제 시대의 역사가 사마천은 《사기》에서 태일과 관련하여 다음과 같은 기록을 남겼다.

한무제는 전한을 수시로 침략하는 외적 흉노족을 격파하고 국내의 각종 제도를 정비하는 등 많은 업적을 남겼지만, 한편으로 옛날 진나라의 진시황처럼 "신들의 신비한 힘을 빌려서 죽음을 피하고 오랫동안 살고 싶다."라는 신비주의적인 성향을 보이기도 했다. 그래서 한무제는 태일신을 섬기는 신앙에 빠져들었는데, 그 계기를 만들어준 사람은 박유기였다. 그는 한무제에게 이렇게 말했다.

"하늘의 여러 신 중에서 가장 높은 신이 바로 태일신입니다. 태일신은 다섯 명의 신 오제(五帝)를 부하로 거느리고 있습니다. 옛날 임금들은 봄과 가을이 되면 장안의 동남쪽 교외에서 태일신에게 7일 동안 제사를 올렸습니다. 그 제단에서 동서남북, 그리고 그 사이의 네 방향까지 합친 팔방으로 귀신이 통하는 길을 만들면, 귀신들이 오갈 수 있습니다."

여기서 박유기가 말한 오제는 고대 중국의 음양오행설에 따른 동서남북과 중앙의 다섯 방향을 지킨다는 수호신을 뜻한다. 즉, 동쪽의 청제(青帝),

서쪽의 백제(白帝), 남쪽의 적제(赤帝), 북쪽의 흑제(黑帝), 중앙의 황제(黃帝)
이다. 《사기》의 다른 곳에서는 태일신을 북극성의 신이라고 한다. 하늘에
가장 높이 뜨는 북극성의 신이니 곧 가장 고귀한 신으로 여겼던 것이다.

박유기의 말을 듣고 한무제는 장안의 동남쪽 교외에 태일을 섬기는 사당
을 짓고서 7일 동안 성대한 제사를 지냈다. 그뿐만 아니라 국가 정책에서
도 태일과 관련한 일을 자주 벌였는데, 지금의 베트남인 남월에 군대를 보
내 정복했을 때도 한무제는 태일에게 승리를 기원하는 제사를 지냈다. 또
기원전 113년 중국 서부의 돈황 악와수에서 하루에 1천 리를 달리고 피처
럼 붉은 땀을 흘린다는 명마 한혈마가 발견되어 궁중으로 왔는데, 한무제
는 이 말을 보고 "태일신께서 내려주신 하늘의 말은 1만 리를 달리니, 용과
친구가 될 만하다."라는 내용으로 〈천마가〉라는 노래를 지어 태일신을 찬
양했다.

전한이 망한 뒤에도 태일 신앙은 계속 이어졌다. 후한 시대의 역사가 반
고가 쓴 《한서(漢書)》에 보면, 전한을 무너뜨리고 신나라의 황제가 된 왕망
은 고구려와 부여, 흉노 같은 외국에 보내는 사신을 가리켜 "태일신의 사
자"라고 불렀다. 사신을 수행하는 부하들은 태일신을 섬기는 "오제(五帝)의
사자"라고 했다. 사절단에 그러한 호칭을 붙일 정도였으니, 아마도 태일신
신앙은 중국뿐만 아니라 주변 나라에도 널리 알려졌을 것으로 보인다.

후한 시대에 편찬된 역사서 《월절서》에는 순균검이라는 칼을 만들 때,
태일이 직접 하늘에서 내려와 칼의 제작을 관장했다는 내용이 나온다. 하
늘의 최고신이 제작을 감독한 칼이니, 순균검은 명검 중의 명검이라는 뜻
이겠다.

북송 시대에 편찬된 소설 《태평광기》에도 태일은 등장한다. 당나라 예
종 때, 하동 남현위라는 지방 관직을 지낸 이 씨의 아내 왕 씨가 화산(華山)
의 신 화산부군에게 납치되었다. 화산부군의 부하들에게 끌려가 화산에 도

착한 왕씨가 막 화산부군과 강제로 잠자리에 들려는 순간, 갑자기 먹구름을 타고 나타난 태일의 사신이 "화산부군은 어째서 유부녀를 납치하느냐고 태일신께서 물으셨습니다. 만일 왕 씨를 빨리 남편에게 돌려보내지 않으면, 태일신께서 화산부군을 크게 꾸짖으실 것입니다."라고 외치자, 화산부군은 태일을 무서워하여 급히 왕 씨를 남편에게 돌려보냈다.

《태평광기》에서 태일신은 제성(帝星), 즉 황제를 상징하는 별의 화신으로도 언급되어 있다. 그러나 북송 이후로 중국 신들의 우두머리 자리를 옥황상제가 차지하면서, 태일은 그 이름조차 사람들에게 생소하게 되었다.

039 모든 신들의 신 옥황상제

　수많은 중국의 신 중에서 가장 유명하고 강력한 신은 옥황상제이다. 늙은 하늘의 할아버지라는 뜻의 노천야(老天爺)라고도 불리는 옥황상제는《서유기》등 인기 있는 소설에도 자주 나올 정도로 중국인들에게 친숙하다. 중국인들뿐만 아니라 중국에게서 문화적 영향을 받은 한국이나 베트남 등 동아시아인들에게도 옥황상제는 '모든 신을 지배하는 최고의 신'을 뜻한다.

　그러나 옥황상제가 처음부터 최고의 신이었던 것은 아니다. 옥황상제라는 이름이 등장한 책도 남북조시대에 제나라의 학자 도홍경이 쓴《동현영보진령위업도(洞玄靈寶眞靈位業圖)》가 처음이다. 여기서는 '옥황'으로 나온다. 옥황상제 이전에 중국 신의 우두머리는 북극성의 신 태일신이었다.

　그러다가 당나라가 들어서면서 옥황상제의 위상은 크게 달라진다. 당나라를 세운 이 씨 황실은 도교의 창시자 노자의 이름이 이이(李耳)라는 점을 들어 "당나라는 노자의 후손이다!"라고 주장하면서 도교를 열렬히 숭배했다. 옥황상제는 도교의 신 중 하나여서 점차 이름이 널리 알려지고 위상이 높아졌다.

　옥황상제는 송나라 때 드디어 최고의 신에 오른다. 송나라의 세 번째 황제 진종은 황실의 권위를 드높이고자 "송나라 황실은 천지만물을 지배하는 최고의 신 옥황상제로부터 하늘 아래 세상을 다스릴 권한을 받았다!"라고 선전하였고, 옥황상제는 중국의 모든 신을 지배하는 최고의 신이 되었다. 실제로 진종은 궁궐 안의 자복전에 옥황상제의 신상을 만들어 모셨으며, 옥황상제에게 태상개천집부어력함진체도옥황대천제(太上開天執符御歷含眞體道玉皇大天帝)라는 칭호를 올렸다. 진종 못지않게 도교를 열렬히 믿은 휘종 황제도 태상개천집부어력함진체도호천옥황상제(太上開天執符御歷含眞體道昊天玉皇上帝)라는 칭호를 올림으로써 옥황상제의 위치는 더더욱 굳건해졌다.

그리고 《고상옥황본행집경(高上玉皇本行集經)》, 줄여서 《옥황경(玉皇經)》이라고 하는 도교의 경전에 옥황상제의 일대기가 기록되기에 이른다. 이 책에 적힌 옥황상제의 일생은 이렇다.

옛날에 광엄묘락국이라는 나라가 있었다. 이 나라는 정덕왕과 보월광왕후가 다스렸는데, 이들은 늙도록 아이가 없어서 고민하다가 "저희에게 아이를 주십시오."라고 기도를 올렸다. 그러자 어느 날 밤, 왕후의 꿈에 노자와 여러 도사들이 하늘에서 왕궁을 찾아와서는 온 몸이 눈부시게 빛나는 남자아이 하나를 왕후에게 주었다. 왕후는 곧바로 임신하여 일 년 후에 아들을 낳았다. 아들은 어른이 되어서 임금의 자리에 올랐고, 나라를 평화롭게 잘 다스리다가 보명향암산에 들어가 무려 1억 3천 200겁(12조 9604억 1472만 년)을 수행한 끝에 큰 깨달음을 얻고 모든 신을 다스리는 옥황상제가 되었다.

여하튼 송나라 이후로 옥황상제는 무수히 많은 신을 다스리는, 명실상부한 신들의 황제로 군림한다. 옥황상제가 다스린 신 중에는 우리에게 친숙한 이름도 많다. 바다의 용왕, 저승의 염라대왕, 하늘에 사는 사천왕과 탁탑천왕, 나타태자, 이랑진군, 뇌공, 태상노군, 적각대선, 거령신, 태백금성, 진무대제, 천리안, 순풍이 등이다.

흥미롭게도 도교에서 엄숙한 위세를 떨친 옥황상제가 민간에 퍼진 소설에서는 무능하고 어리석은 모습도 보인다. 《서유기》에서 옥황상제는 온갖 신통력을 얻어 날뛰는 손오공을 보고 "저 원숭이 요괴가 혹시 내 자리를 빼앗으면 어쩌지?"라고 두려움에 떨며, 자신의 부하 신들이 모조리 손오공한테 참패하자 석가모니한테 도와달라고 애걸한다.

또 명나라 말기에 큰 흉년이 돌자 굶주린 백성들이 사방을 떠돌면서 "세상을 이렇게 엉망진창으로 만들다니, 옥황상제는 너무 늙어서 눈이 멀고 귀가 먹었느냐? 더 이상 상제 노릇을 못할 바에야 하늘에서 떨어져버려라!"라는 노래를 불렀다고 한다. 최고의 신이니 인간의 불평을 한 몸에 받기도 한 것이다.

040 도교의 초월적 신들 삼청

인도의 힌두교에서 신들의 제왕은 번개와 전쟁의 신 인드라이다. 하지만 인드라보다 더 높은 지위에 있는 초월적인 신들도 있다. 브라흐마, 비슈누, 시바가 그러하다. 이들은 우주의 근원적 원리인 창조와 유지와 파괴를 주관하기에 인드라보다 신격이 높다.

중국의 도교에도 힌두교처럼 신들의 제왕 옥황상제보다 높은 지위에 있는 초월적 신이 셋이다. 삼청(三淸)으로 묶어 부르는 이들은 옥청원시천존, 상청영보천존, 태청도덕천존이다. 줄여서 원시천존(元始天尊), 영보도군(永寶道君), 태상노군(太上老君)이라고도 한다.

삼청 중에서 가장 높은 신은 원시천존이다. 원시천존은 동진 시대에 갈홍이 쓴 《침중서(枕中書)》에 처음 등장한다. 이 책에 따르면, 아주 먼 옛날 세상이 아직 어둠과 혼돈에 휩싸여 있을 무렵에 한 기운이 나타나 반고진인이라는 신이 되었고, 반고진인은 혼자서 하늘과 땅을 떼어 놓고 해와 달을 만든 다음 하늘을 날아다니다가, 태초의 여신 태원성녀의 몸속으로 들어간 후에 그녀의 등으로 나와서 최고의 신 원시천존이 되었다.

도교 경전 《태현진일본제경(太玄眞一本際經)》은 원시천존이 세상의 가장 처음에 생겨나서 모든 만물을 만들고 다스리며 결코 사라지지 않는 불멸의 존재라고 주장한다. 남북조시대의 도홍경은 《진령위업도(眞靈位業圖)》에서 원시천존을 최고의 신으로 인정했다. 옥황상제는 이 책에서 열 번째로 높은 신으로 설정되어, 원시천존보다 한참 낮은 단계에 머물러 있다.

도교 교리에 따르면 신들이 사는 하늘은 전부 서른여섯 개로 이루어져 있는데, 원시천존은 가장 높은 하늘인 대라천(大羅天)에 산다. 대라천은 어떠한 죽음이나 고통도 없는 최고의 낙원으로, 원시천존은 대라천에서 항상 다른 신들에게 도(道)를 가르치면서 경전을 짓고 있다.

원시천존 다음으로 삼청의 2인자는 영보도군이다. 영보도군은 원래 그리 높은 신은 아니었지만, 갈홍의 후손 갈소보가 쓴 《영보경(靈寶經)》에서 중요한 신으로 다뤄지더니 북송 시대에는 옥황상제에 버금갈 만큼 격이 높아졌다.

도교에서 영보도군은 원래 새벽녘의 정기였는데, 홍 씨라는 사람의 몸속에 3천 7백 년 동안 갇혀 있다가 서나천 욱찰산의 부라지악에서 태어났다고 전해진다. 영보도군은 수많은 사람을 가르치고 바른 길로 이끌었으며, 하늘로 올라가서 금동옥녀(金童玉女, 15세 미만의 어린 소녀) 30만 명을 시녀로 거느리며 원시천존에 다음가는 제2의 신으로 군림하고 있다.

삼청 중에서 지위가 가장 낮은 막내 신은 태상노군이다. 앞서 소개한 원시천존과 영보도군은 순전히 도교 도사들의 붓에서 탄생한 허구적 존재인데 비해, 태상노군은 역사적 실존인물 노자를 신으로 모신 것이다. 춘추전국시대의 철학자이자 사상가로 알려진 노자는 도교 교리를 최초로 기록한 경전 《도덕경(道德經)》을 남겨 오늘날 중국인들에게 도교의 시조로서 숭배받고 있다.

후한 말, 중국에 불교가 들어오자 도교를 믿던 중국인들은 불교에 맞서 자존심을 높이고자 《노자화호경(老子化胡經)》이라는 경전에서 "노자는 죽지 않고 서쪽으로 가서 수많은 이민족을 가르쳤는데, 그 제자 중 한 명이 바로 불교를 만든 석가모니다. 그러니 불교는 도교의 제자뻘밖에 안 된다."라고 주장했다.

당나라 황실은 노자를 자신들의 조상으로 여겨 굉장히 높이 숭배했다. 당나라 고종 황제는 666년, 노자에게 태상현원황제라는 거창한 칭호를 지어 바치고 노사가 지은 《도덕경》을 과기시험의 과제로 삼았다. 현종 황제도 754년, 노자에게 대성조고상대광도금궐현원태상천황대제(大聖祖高上大廣道金闕玄元太上天皇大帝)라는 더 거창한 칭호를 지어서 바치고 당나라 전국에 노자를 섬기는 사당을 지으라고 명령했다.

하지만 모든 중국인이 삼청의 존재를 따르지는 않았다. 남송의 학자 주희는 "어떻게 노자가 옥황상제보다 더 높은 신이란 말인가?"라면서 삼청을 인정하지 않았다. 또 《서유기》에서 엿보이듯이, 아직도 많은 중국인이 옥황상제가 최고의 신이며, 삼청은 어디까지나 옥황상제의 신하에 불과하다는 믿음을 간직하고 있다.

041 저승길의 안내자 오도장군

그리스 신화에서 헤르메스는 죽은 자들의 영혼을 저승으로 데려가는 안내원이자 도둑질을 주관하는 신이다. 중국에도 이와 비슷한 신이 있으니, 바로 오도장군(五道將軍)이다.

오도장군은 원래 동악대제를 섬기는 부하였다. 동악대제는 산둥성의 태산(泰山)을 다스리는 신인데, 중국인들은 태산을 세상의 모든 귀신이 몰려오는 곳으로 여겼다. 귀신들이 우글거리는 곳이다 보니 태산은 저승의 중심으로 인식되었고, 태산을 다스리는 동악대제는 자연스레 저승의 지배자가 된 것이다. 중국의 민간 전설에서 죽은 영혼을 저승으로 데려가는 역할을 맡게 된 오도장군의 이야기는 다음과 같이 전한다.

당나라 현종 황제 때, 화주에 살던 황보순이라는 사람이 돌연 숨이 끊어졌다. 죽은 황보순은 느티나무가 우거진 어느 거리에 서 있었는데, 느티나무 아래로 관복을 입은 관리들이 몰려 있었다. 이들은 황보순에게 "당신은 가만히 있으시오. 이곳에 오도장군께서 오셨소."라고 말했다. 그 말을 듣고 황보순은 '오도장군은 저승의 신이니 나는 죽었구나.'라고 깨달았다.

얼마 후, 네 마리 말이 끄는 수레를 타고 수많은 하녀를 거느린 귀부인이 나타났다. 황보순이 가까이 가서 보니, 귀부인은 몇 년 전에 죽은 숙모

설 씨였다. 설 씨도 황보순을 알아보고는 반갑게 맞이하며 큰 건물 안으로 데려갔다. 설 씨는 황보순에게 "이곳이 바로 지옥이네. 하지만 자네는 아직 죽을 때가 안 되었네. 그러니 이승으로 돌아갈 수 있어. 앞으로 자네가 어떤 관직을 거칠지 알려주겠네."라고 말하고는 노란 옷 입은 관리를 불렀다.

노란 옷의 관리는 장부 하나를 가져와서 황보순에게 보여주었다. 장부에는 황보순이 태부경에 올라갔다가 금주자사로 자리를 옮긴 후 이승에서의 수명이 끝난다고 적혀 있었다. 장부를 보고 나서 황보순은 두 명의 저승사자를 따라 이승으로 돌려보내졌고, 장부에 적힌 대로 관직 생활을 살다가 죽었다.

오도장군에 대한 또 다른 이야기는 이렇다. 당나라 때 문헌《한금호화본(韓禽虎話本)》에 따르면, 수나라의 장군 한금호가 벼슬에서 물러나 집에서 쉬고 있는데 어느 날 내내 몸이 좋지 않고 마음이 불안했다. 그런데 갑자기 마당이 십자로 갈라지더니, 그 밑에서 황금빛으로 번쩍이는 갑옷을 입고 봉황의 날개 장식을 머리에 단 장군이 뛰쳐나와서는 "나는 오도장군이다! 염라대왕의 명령이니 한금호는 어서 나를 따라 저승으로 가자! 염라대왕께서 너에게 새로운 벼슬을 내려주셨다!"라고 외치면서 한금호를 저승으로 데려갔다. 이 이야기는 중국의 저승신 동악대제가 인도에서 들어온 불교의 저승신 염라대왕과 합쳐진 민담이라는 점에서 흥미롭다.

한편 도교 신들의 백과사전이라 할 수 있는《삼교원류수신대전(三敎源流搜神大全)》은 오도장군을 두고 유유가 세운 송나라 때 활동한 다섯 명의 도적, 즉 두평, 이사, 임안, 손립, 경언정이라고 한다. 다섯 도적은 각지를 떠돌면서 도적질을 일삼으며 사람들을 괴롭히다가, 장홍파라는 관리에게 붙잡혀서 처형당했다. 그런데 죽은 후에도 원한을 품은 귀신이 되어 세상에 나쁜 재앙을 일으키면서 여전히 도적질을 일삼았다. 그래서 견디다 못한 백성들이 다섯 도적의 원혼을 위로하고 신으로 섬기는 제사를 지냈더니 그제야 재앙과 도적질이 사라졌다.

042 천둥번개의 신 뇌공

그리스 신화의 제우스나 북유럽 신화의 토르처럼 번개를 다루는 신은 대부분 신화에서 매우 강력하고 위엄 있는 존재로 묘사된다. 그러나 특이하게도 중국의 신화나 전설에서 번개를 다루는 신 뇌공(雷公)은 우스꽝스럽고 어리석게 그려진다. 북송 시대에 편찬된 《태평광기》에는 뇌공이 인간들에게 패배하거나 붙잡혀 망신을 당하는 이야기가 실려 있다.

먼저 《태평광기》의 〈전기(傳奇)〉에 나오는 이야기를 보자. 당나라 말기에, 지금의 광둥성 남부의 뇌주반도 해강현에서는 주민들이 뇌공을 섬기는 사당을 세우고 가뭄이 들 때마다 비를 내리게 해달라는 제사를 지내는 풍습이 있었다. 해강현 주민들은 절대로 조기와 돼지고기를 같이 먹지 않았는데, 그러면 꼭 벼락이 떨어져 금기를 어긴 사람을 죽였기 때문이다.

그런데 어느 날부터 연못의 물이 다 말라버릴 정도로 심한 가뭄이 들었다. 주민들이 사당에 가서 "비를 내려주십시오."라고 뇌공에게 정성껏 제사를 올렸지만 비는 전혀 오지 않았다. 그런데 진란봉이라는 사람이 화가 나서 "제사만 받아먹고 도움은 전혀 주지 않는 이따위 사당은 아무런 소용도 없소!"라고 외치며 횃불을 들고 사당에 가서 모조리 불태워버린 다음, 조기와 돼지고기를 들판에서 함께 먹으며 대놓고 금기를 깨뜨렸다.

그러자 진란봉의 도발에 화가 났는지 갑자기 맑았던 하늘에 구름이 잔뜩 끼더니 천둥이 울리고 비가 내렸고 벼락이 진란봉에게 떨어졌다. 이에 진란봉은 지니고 있던 칼을 허공에 대고 휘둘렀는데, 그만 뇌공이 진란봉의 칼에 왼쪽 허벅지를 베여서 땅에 떨어지고 말았다. 뇌공의 얼굴은 곰이나 돼지 같았고, 뿔이 난 머리에 온몸이 털로 뒤덮였으며 파란 날개가 등에 달려 있었다.

뇌공이 땅에 떨어지자 구름이 걷히고 비는 멈췄다. 진란봉은 내친 김에 아예 뇌공의 목을 잘라 죽이려고 했는데, 주민들이 "뇌공은 하늘의 신인데 죽였다가 천벌을 받을까 두렵네!"라고 말려서 그러지 못했다. 그 사이에 하늘에서 구름이 날아와 뇌공을 감싸 안고서 다시 하늘로 데려갔고, 잠시 후 어마어마한 양의 비가 내려 해주현의 가뭄이 해결되었다.

뇌공이 나오는 다른 이야기는 《수신기》에 실려 있다. 저장성의 오흥 지역에 장구라는 농부가 살았는데, 밭을 갈러 나갈 때마다 싸가지고 간 밥이 없어졌다. 어느 날 장구가 몰래 숨어서 밥이 든 주머니를 멀리서 지켜보니, 큰 뱀 한 마리가 밥을 훔쳐 먹었다. 장구는 미리 가져온 창을 들고 달려가 뱀을 찔렀는데, 뱀은 땅속에 파놓은 구멍 안으로 도망가더니 "감히 네가 나를 다치게 하다니! 나는 뇌공과 친한 사이니, 그에게 부탁해서 너한테 벼락을 내려 죽게 하겠다!"라고 협박했다.

잠시 후에 뱀이 말한 대로 비가 내리기 시작했고, 장구의 머리 위에 천둥이 치고 번개가 맴돌아 곧 벼락을 맞을 듯이 보였다. 장구는 화가 나서 번개를 쳐다보며 고함을 질렀다.

"뱀이 내 밥을 훔쳐 먹어 잘못을 벌하려고 찔렀는데, 왜 내가 벼락을 맞아야 하느냐? 번개의 신이라면서 그런 것도 모르다니 정말로 어리석구나! 내게 벼락을 쳤다가는 창으로 네 배를 찔러버릴 테다!"

그 말에 뇌공은 장구가 아닌 구멍 속에 숨은 뱀한테 벼락을 내리쳤고 뱀은 죽어버렸다.

《수신기》에는 뇌공의 또 다른 이야기가 나온다. 서진 시대에 양도화라는 사람이 밭을 갈고 있는데 갑자기 하늘에서 비가 내리면서 천둥이 쳤다. 양도화는 "곧 벼락이 올 테니 피해야겠다."라면서 뽕나무 아래로 몸을 옮겼다.

그런데 벼락은 뽕나무 아래에까지 따라와 양도화를 내리쳤고, 양도화는 마침 가지고 있던 호미를 들어 벼락에 맞서다가 그만 벼락을 부러뜨려버렸다. 땅에 떨어진 벼락은 머리가 원숭이처럼 생겼고, 몸은 털로 뒤덮인 짐승 같았다. 머리에는 3척(90센티미터)짜리 뿔이 달렸고, 입술은 붉었으며, 눈은 툭 튀어나와 있었다. 뇌공은 양도화가 휘두른 호미를 맞고 팔 한쪽이 부러져 있었다.

043 홍수 일으키는 강의 신 무지기

중국 북송 시대의 책 《태평광기》에는 물의 신 무지기(無支祁)에 관한 재미있는 이야기가 전한다.

당나라 시대에 이탕이라는 사람이 초주자사로 있을 때 한 어부가 귀산(龜山) 아래에서 낚시를 하고 있었다. 낚싯바늘이 물밑의 무언가에 단단히 걸렸는지, 물 밖으로 나오지 못했다. 어부는 무슨 일인지 궁금하여 물속으로 들어갔는데, 커다란 쇠사슬이 귀산의 밑을 둘러싸고 있었다. 어부는 '저 쇠사슬에 도대체 무엇이 묶여 있는 걸까? 한번 알아봐야겠다.'라는 생각이 들어서 이탕을 찾아가서 자신이 본 광경을 전했다.

어부의 말에 이탕도 호기심이 생겨서 수십 명을 귀산으로 데려가 물속의 쇠사슬을 끌어내라고 지시했다. 하지만 쇠사슬이 워낙 무겁고 단단해서 사람의 힘으로는 쇠사슬을 끌어낼 수 없었기에 이탕은 소 50마리를 동원했다.

사람들과 소들이 힘을 쓰자 쇠사슬이 조금씩 움직이며 물 밖으로 나오기 시작했는데, 갑자기 쇠사슬에 묶인 무언가가 모습을 드러냈다. 그것은 하얀 머리와 긴 갈기에 하얀 이빨과 황금빛 손톱을 가진, 키가 무려 5장(15미터)이 넘는 커다란 원숭이였다. 원숭이의 눈과 코에서는 물 같은 침이 흘러

146

내렸는데, 아주 역겨운 비린내가 진동해서 도저히 가까이 갈 엄두가 나지 않았다.

게다가 원숭이가 번개 같은 눈빛을 번쩍이며 화를 내는 바람에 사람들은 두려워하며 허둥지둥 달아났다. 원숭이는 소 한 마리를 붙잡더니, 몸에 묶인 쇠사슬을 끌고서 다시 불속으로 들어가 버렸다. 그 뒤로는 아무도 원숭이를 보지 못했다고 하는데, 《태평광기》의 뒤편에 좀 더 구체적인 이야기가 전한다.

중국 북부에 흐르는 황하는 자주 범람하여서, 옛날부터 중국의 군주들은 황하를 다스려 홍수를 막는 일에 전력을 기울였다. 치수 작업을 잘해내어 훌륭한 군주로 칭송받은 대표적인 인물이 바로 고대 중국의 우왕이다.

우왕은 황하를 다스리기 위해 동백산에 세 차례 올랐다. 그곳에서는 거센 바람이 불고 번개가 내리쳤으며 돌과 나무에서 울음소리가 나는 등 불길한 징조가 일어났다. 이에 우왕은 "이는 동백산과 주변에 사는 신들과 정령들이 나의 황하 치수를 방해하려는 짓이다."라고 크게 화를 내면서 부하들을 동원해 주변 지역을 수색했고, 회수(淮水, 화이허 강)와 와수(渦水, 궈허 강)의 신 무지기를 붙잡았다.

무지기는 우왕이 묻는 말에 능숙하게 답변했고, 주변 지역을 매우 훤히 알고 있었다. 무지기는 원숭이처럼 생겼는데, 몸은 푸른색이었고 머리는 하얬다. 손톱은 황금색으로 빛났으며 이빨은 머리와 마찬가지로 하얀색이었다. 이러한 묘사는 이탕이 보았던 '하얀 머리와 긴 갈기에 하얀 이빨과 황금빛 손톱을 가진 원숭이'와 거의 일치한다. 다시 말해 이탕이 본 쇠사슬에 묶인 원숭이의 정체는 바로 무지기였던 것이다.

무지기는 코끼리 아홉 마리보다 강한 힘을 지녔으며, 커다란 덩치에 어울리지 않게 움직임도 빨랐다. 싸움 실력도 굉장해서 우왕의 부하 장률과 조목유는 무지기에게 패배했고 우왕의 다른 부하 경신이 맞서 싸워 겨우 이겼다. 그런데 무지기가 경신에게 밀리자, 올빼미와 나무의 괴물, 물의 정령, 산의 요괴, 돌의 괴물 등이 무지기의 주위로 1천 마리나 몰려와서 요란하게 고함을 터뜨렸다. 그 모습은 마치 자신들의 우두머리 무지기를 경신으로부터 지키려는 듯이 보였다. 무지기는 그런 잡다한 요괴를 1천 마리나 부릴 수 있는 매우 강력한 신적 존재였다.

경신은 요괴 1천 마리를 무찔러 쫓아버리고, 무지기의 목에 큰 줄을 매고 코를 뚫어 황금으로 만든 방울을 단 다음, 귀산 밑으로 처넣어서 회수의 흐름을 원활하게 하였다. 무지기는 자신을 포박한 경신을 무척 두려워했는지, 경신이 죽고 난 후에도 경신의 초상화를 보면 비바람의 재앙을 내릴 엄두를 내지 못했다고 전해진다. 일설에 따르면 무지기는 《서유기》의 주인공, 즉 손오공의 원형이 되었다고도 한다.

044 좌청룡 우백호, 북쪽에는 진무

　고대 중국에서는 동쪽의 청룡과 서쪽의 백호, 그리고 남쪽의 주작과 북쪽의 현무가 동서남북 네 방향을 지키는 수호신이라고 믿었다. 청룡은 푸른 용이고, 백호는 하얀 털을 가진 호랑이며, 주작은 붉은 새인데, 현무는 특이하게도 거북과 뱀이 뒤엉킨 모습을 하고 있다.

　현무는 진무라고도 부른다. 당나라 무렵까지 진무는 앞서 언급한 대로 거북과 뱀이 뒤엉킨 동물의 모습으로 여겨졌는데, 송나라로 들어오면서 갑자기 사람의 모습으로 변했다. 그 시초는 송나라 휘종 황제 때다. 뛰어난 화가이기도 했던 휘종 황제는 진무의 모습을 그림으로 그리고 싶어서 임영소라는 도사를 불러서 "그대가 진무를 불러올 수 있겠는가?"라고 물었고, 임영소는 "충분히 할 수 있습니다."라고 대답했다.

　잠시 후, 맑은 하늘이 온통 구름으로 뒤덮이더니 이윽고 구름이 걷히면서 눈부시게 빛나는 황금 비늘이 달린 갑옷을 입고 허리에 옥대와 큰 칼을 찬 진무가 나타났다. 휘종 황제는 놀라면서도 진무를 그렸고, 그리기를 마치자 진무는 곧바로 사라졌다. 이 일이 계기가 되어 휘종의 아들 흠종 황제는 진무에게 우성조순진무영응진군(佑聖助順眞武靈應眞君)이라는 칭호를 올리면서 진무를 숭배했다.

송나라를 멸망시킨 원나라도 진무를 크게 숭배하였다. 원나라의 세조는 나라의 수도를 지금의 베이징인 대도에 정했는데, 대도 밖의 강 고량하에 큰 거북이 나타나자 "이는 북쪽의 신 진무가 원나라를 돕겠다는 징조다!" 라고 말하면서 소응궁이라는 사당을 만들어서 진무를 섬겼다. 세조의 손자 성종은 진무에게 원성인위현천상제(元聖仁威玄天上帝)라는 칭호를 올렸다.

원나라를 무너뜨린 명나라 때는 진무를 더욱 열렬히 숭배하였다. 특히 명나라의 세 번째 황제 영락제가 그러했다. 그는 정난의 변을 일으켜 조카 건문제를 몰아내고 황제가 되었는데, 북쪽의 수호신 진무가 자신을 도왔기 때문에 반란이 성공했다고 믿었다.

그래서 영락제는 황제가 되자마자 북극진천진무현천상제(北極鎭天眞武玄 天上帝)라는 칭호를 진무에게 올렸고, 아울러 북경과 호북성 무당산에 각각 진무묘와 금전(金殿)을 만들어 진무를 숭배하도록 했다. 특히 금전 안에는 무게가 무려 1만 근이나 나가는 진무의 신상이 세워졌는데, 구리에 황금으로 도금하여 무척 호화로웠다.

황제가 진무 숭배에 열을 올리니, 자연히 민간에도 진무와 관련된 온갖 전설이 퍼져나갔다. 그중에는 진무가 사실 도교의 최고신 원시천존이 변한 모습이라거나, 진무가 옥황상제의 명령을 받고 세상을 어지럽히는 여섯 마왕, 즉 수마(水魔)와 한마(寒魔), 황마(蝗魔), 화마(火魔), 온마(瘟魔), 요마(妖魔) 등을 물리치고 평화를 가져다주었다는 내용도 있다.

진무의 위상이 높아지자, 진무를 섬기는 부하신도 나타났다. 바로 영관 마원수이다. 영관 마원수는 《삼교원류수신대전》에 등장하는데, 원래 하늘에 살던 신이었다가 마 씨의 집안에서 태어나 마원수라는 이름을 얻었다. 영관 마원수는 태어난 지 사흘 만에 동해의 용왕을 죽이고 오룡대왕과 싸워 이기는 등 놀라운 용맹을 떨쳤다. 또 지옥으로 떨어진 어머니를 구하러 갔다가 《서유기》의 주인공 손오공과 만나 치열하게 싸웠으나 승패를 가리지 못했다.

옥황상제는 영관 마원수의 무예와 용기를 높이 평가하여 그를 진무대제의 부하 장군으로 임명했다. 영관 마원수는 5백 마리나 되는 불까마귀를 부하로 거느린다고 한다.

오늘날 영관 마원수는 중국인에게 가정과 재산, 관직을 지키는 수호신으로 숭배받고 있다. 또 그가 세 개의 눈을 가지고 태어났다고 하여 마왕야삼 척안 혹은 삼안영광이라는 별명으로 부르기도 한다.

죽어서 신이 된
장자문과 유기

    중국 동진 시대의 책《수신기》와 북송 시대의 책《태평광기》에 따르면
사람이 자신의 의지로 죽고 나서 신이 된 경우가 있다. 두 책은 그런 경우
로 장자문과 유기라는 사람을 자세히 소개하고 있다.

    장자문은 후한 시대에 지금의 장쑤성 양저우시인 광릉 지역에 살았다.
그는 항상 술과 여자에 빠져 방탕하게 살면서도 "나는 파란 뼈를 가지고
있다. 파란 뼈를 가진 사람은 죽어서 신이 된다고 하니, 나도 그렇게 되리
라."라고 말하고 다녔다. 그러다가 장자문은 도적과의 싸움에서 이마를 다
치고 죽었다.

    세월이 흘러 후한이 무너지고 위, 오, 촉 세 나라가 패권을 다투는 삼국
시대로 접어들었고, 장자문이 살았던 광릉은 오나라 땅이 되었다. 오나라
의 창시자 손권이 집권한 초기에 죽은 장자문이 하얀 깃털부채를 들고 하
얀 말을 탄 채로, 수많은 하인을 거느리고 나타났다. 장자문은 크게 놀란
자신의 부하들에게 이렇게 말했다.

    "나는 토지신이 되어 백성들에게 축복을 내려줄 것이다. 너희는 백성들
에게 나를 섬길 사당을 지으라고 전해라. 만약 거부하면 재앙이 내릴 것
이다."

하지만 이 말을 전해들은 손권은 사당 짓는 일을 허락하지 않았다. 그러자 광릉 땅에 전염병과 벌레들이 들끓어 백성들이 고통을 받았는데, 어떤 의원도 병을 치료하지 못했다. 장자문은 한 무당의 입을 빌려서 "계속 내 말을 무시한다면 큰 화재가 일어날 것이다."라고 경고했고, 그 말대로 광릉 곳곳에서 큰 불이 잇따라 발생했다. 결국 손권은 장자문을 달래려고 그에게 중도후라는 작위를 내리고 사당을 지어주었다. 그러자 광릉을 휩쓸던 재앙은 깨끗이 자취를 감추었고, 백성들은 장자문을 열렬히 숭배했다.

신으로 인정을 받고 나서 장자문은 백성들에게 많은 도움을 주었다. 한번은 어느 장군의 아내가 호랑이에게 잡혀갔는데, 장군은 평소에 장자문을 열렬히 믿고 섬겼던 터라 호랑이를 쫓아가면서 "장후시여! 부디 제 아내를 지켜주십시오!"라고 계속 기도를 올렸다. 기도가 통했는지, 한참 호랑이를 쫓아가던 장군에게 불현듯 검은 옷을 입은 사람이 나타나 호랑이가 있는 곳으로 안내해주었다. 장군은 새끼 호랑이 여러 마리를 모두 칼로 찔러 죽이고 나무 뒤에 숨어 있다가 아내를 물고 나타난 어미 호랑이가 아내를 땅에 내려놓고 굴속으로 들어가자 칼을 휘둘러 호랑이의 허리를 잘라 죽였다. 놀랍게도 아내는 호랑이한테 전혀 다치지 않고 무사한 상태였다.

장군은 아내를 데리고 무사히 집으로 돌아와 함께 잠자리에 들었는데, 꿈에 누군가가 나타나서 "장후께서 그대를 도우라고 하셨습니다."라고 알려주었다. 이에 장군은 돼지를 잡아서 장자문에게 감사의 제사를 지냈다.

3백 년 가까이 세월이 흐른 양나라 때, 장자문은 장제신으로 불렸다. 양무제는 나라에 극심한 가뭄이 들어 장자문에게 기우제를 지냈으나 1백 일이 지나도 비가 내리지 않자 화를 내며 장자문의 사당을 불태우려고 했다. 그런데 갑자기 맑은 하늘이 구름으로 덮이더니 땅이 흠뻑 젖도록 비가 내렸다. 이에 양무제는 서둘러 사당을 태우지 말라고 지시를 내렸고 이후로 장자문을 지극히 섬겼다.

양무제 때 일어난 또 다른 일도 있다. 북위의 장군 양대안이 군대를 이끌고 양나라를 침략했다. 양무제는 장자문의 사당에 도와달라는 기도문을 올렸고, 장자문은 꼭 돕겠다고 약속했다. 갑자기 강물의 수위가 예닐곱 척이나 높아졌고, 북위 군대가 물이 불어 고전하는 사이에 양나라 군대가 북위 군대를 크게 무찔렀다. 나중에 보니 장자문의 사당 안에 있던 사람과 말 모습의 신상이 모두 젖어 있었고, 사람들은 장자문이 거느린 신병(神兵)들이 강물에 들어가 북위 군대와 싸운 흔적으로 여겼다.

장자문처럼 스스로의 의지에 따라 죽어서 신이 된 사람이 또 있다. 양선현의 현장이던 유기는 "나는 죽어서 반드시 신이 되겠다."라고 말했는데, 어느 날 밤에 술 취한 상태로 조용히 죽었다. 그의 시체가 관에 담겨 무덤에 묻힐 때, 갑자기 심한 비바람이 불어 관이 사라졌다.

그날 밤, 형산에서 수천 명의 사람이 외치는 고함 소리가 진동하여 놀란 마을 사람들이 가보니 그곳에 유기의 관이 있었다. 마을 사람들은 "유기가 자기 말대로 정말 신이 되었구나!"라고 말하면서 형산의 이름을 군산(君山)으로 바꾸고는 유기를 섬기는 사당을 만들어서 제사를 올렸다.

046 세상에 재앙을 일으키는
공공

　중국의 고대 신화 세계에서 강력한 힘을 가진 대표적인 악신으로는 공공(共工)을 들 수 있다. 《회남자》와 《신이경(神異經)》 등 중국의 옛 문헌에서 공공은 불을 다스리는 신이자 남쪽의 수호신 적제 축융의 아들로 언급된다. 역설적이게도 공공은 아버지 축융과는 달리 물을 다스리는 수신이었는데, 홍수를 일으켜 땅과 집을 물에 잠기게 하여 사람들에게 큰 피해를 주는 부정적인 이미지로 그려졌다.

　이러한 묘사는 고대 중국의 기후와 지리가 지금과는 달리 늪지대가 많은 습한 날씨였다는 점을 짐작하게 한다. 실제로 은나라 시대에 황하 지역에는 밀림이 우거지고 코끼리, 코뿔소 등 열대 기후 동물들이 우글거렸다.

　공공의 몸은 뱀이었지만, 붉은색 머리카락을 가진 사람의 머리에 손과 발이 있었다. 공공은 곡식이나 짐승을 먹이로 삼았고, 탐욕스럽고 사악한 일을 좋아한 데다 남의 말을 잘 듣지 않았다. 공공은 강력한 힘을 지니고 있었던 것으로 보인다. 한족의 시조 헌원 황제의 손자 전욱고양씨와 중국의 지배권을 놓고 격렬한 전쟁을 벌일 정도였다.

　전욱에게는 예영검이라는 보검이 있었다. 이 칼은 평소에 상자에 넣어두었는데, 상자 속에서 용과 호랑이가 울부짖는 소리를 냈다. 적과 싸우려고 상자에서 꺼내면, 예영검은 스스로의 의지를 가지고 하늘을 날아다니며 적과 싸우는 신비한 능력을 발휘했다. 전욱은 예영검을 가지고 싸워서 이기지 못한 적이 없었고, 예영검 덕분에 중국의 제왕이 되었다고 전해진다.

공공은 전욱과 맞붙자 자신의 권능인 홍수를 보내 전욱이 다스리는 땅을 휩쓸어버리고, 전욱마저 홍수로 뒤덮어버리려고 하였다. 하지만 강력한 두 신의 전쟁은 결국 전욱의 승리로 끝났다. 패배한 공공은 화가 나서 부주산을 머리로 받아 하늘을 받치는 기둥인 천주를 부숴버렸다. 세상에 재앙을 끼치기를 일삼는 참으로 사악한 신이라고 하겠다.

전욱에게 패한 이후에도 공공은 계속 제곡고신씨와 요임금 등 제왕들에게 싸움을 걸며 천하에 혼란을 주었다. 하지만 공공은 패배를 거듭하다가 결국 요임금의 신하 순임금에게 죽임을 당하며 소멸되었다.

공공에게는 상류라는 부하신도 있었는데, 《산해경》의 〈해외북경〉에 그에 관한 자세한 설명이 실려 있다. 상류는 사람 머리 아홉 개에 온통 푸른 뱀의 몸을 가진 신이다. 머리가 아홉이니만큼 먹는 양도 어마어마했는데, 아홉 개의 산에서 나는 것을 먹었다. 상류가 나타나는 곳은 아무도 살 수 없는 연못이나 골짜기로 변한다.

고대 중국의 성군 우임금은 상류의 횡포를 가만히 보고 있을 수가 없어서 그를 죽여 버렸지만 상류는 죽은 후에도 해를 끼쳤다. 상류는 죽으면서 엄청난 피를 흘렸는데, 지독한 비린내가 나는 피가 흘러든 땅에서는 곡식이 자라지 않았다. 우임금은 상류의 피가 쏟아진 땅을 세 번이나 흙으로 덮었지만 무너져버렸다. 그러자 우임금은 그곳에 천제를 섬기는 높은 전망대를 세웠다. 하늘의 최고신 천제의 위엄을 빌려 상류를 제압하려는 발상은 효과가 있었는지 상류의 피는 더 이상 재앙을 일으키지 않았다.

상류는 고대 중국에서 홍수를 어떻게 받아들였는지 보여준다. 상류가 나타나는 곳마다 연못이나 골짜기로 변하는 것은 홍수가 땅을 덮쳐 수몰시키는 장면을 나타내는 것이 분명하다. 우임금이 상류를 죽인 것은 그가 홍수를 다스리는 데 성공했다는 뜻이며, 상류의 피에 젖은 지역을 흙으로 덮었다는 것은 습한 지역에서 벌인 일종의 간척 혹은 매립 작업을 비유한 것이다. 실제로 중국 역사에서 우임금의 대표적인 업적은 황하의 범람을 막아서 세상의 평화를 가져온 치수였다.

047 번개와 벼락을 몰고 오는 용신

먼 옛날부터 중국인들은 용을 신성한 동물로 여겼고, 용을 신격화한 용신(龍神)을 열렬히 숭배했다. 북송 시대에 편찬된 《태평광기》에는 용신에 관한 재미있는 이야기가 두 편 실려 있다.

먼저 전당군(錢塘君)이라는 용신을 살펴보자. 전당강에 사는 전당군은 1천 척(3백 미터)이 넘는 길이에 온 몸이 붉은 비늘로 뒤덮인 적룡이다. 눈은 번개처럼 번뜩이며, 혀는 피처럼 붉고, 불처럼 타오르는 갈기를 달고 있다. 전당군의 몸은 1천 개의 번개와 1만 개의 벼락이 감싸고 있어서, 하늘로 날아가면 눈과 우박이 땅에 퍼부어진다.

이렇게 힘과 위엄이 넘치는 모습이지만, 전당군의 머리에는 옥이 달린 황금 사슬이 채워져 있다. 전당군이 자신의 강력한 힘을 믿고 여러 신들과 싸웠기 때문이다. 전당군의 형이자 후난성의 동정호에 사는 용들의 왕인 동정군은 전당군이 그런 벌을 받은 이유를 설명한다.

전당군은 요임금 때, 9년 동안 홍수를 일으켜 다섯 개의 산을 물에 잠기게 하는 횡포를 저질렀다. 이에 중국 신들의 우두머리 옥황상제는 화가 나서 전당군을 황금 사슬로 묶어 동정호의 물속에 세운 옥기둥에 붙잡아두었다.

하지만 전당군은 경천(涇川)을 지배하는 용왕 경하용군의 둘째 아들에게 시집을 간 동정군의 딸, 그러니까 자신의 조카딸이 남편한테 괴롭힘을 받는다는 소식을 듣고는 크게 화가 나서 사슬을 끊어버리고 곧바로 경천으로 날아가 경하용군의 둘째 아들과 싸움을 벌였다. 이 싸움으로 큰 홍수가 일어나 60만 명의 사람이 죽었고 8백 리에 이르는 논이 물에 잠겼고 전당군은 경하용군의 둘째 아들을 잡아먹어버렸다. 하늘로 올라간 전당군은 옥황상제에게 자신의 조카딸이 당한 고통과 자신이 싸운 이유를 설명했다. 옥황상제는 사정을 이해하고 전당군이 저지른 모든 잘못을 용서해주었다.

또 다른 이야기는 자신을 해친 사람들에게 복수를 한, 이름이 알려지지 않은 용신에 관한 것이다.

당나라 헌종 때, 숭산에 있는 절에서 선비 여섯 명이 머물며 공부를 하고 있었다. 이들은 절에 틀어박혀 계속 공부만 하기에 답답했던 터라 가끔씩 절 밖으로 나와 산의 이곳저곳을 찾아 산책을 했다. 어느 날 요임금과 순임금을 기리는 이제탑 그늘 아래에서 쉬고 있는데, 해질 무렵 길이가 2~3장(6~9미터)이나 되는 커다란 뱀 한 마리가 나타나 탑을 칭칭 감았다.

처음에 선비들은 뱀을 보고 놀라서 입을 크게 벌리고 꼼짝도 하지 못했는데, 누군가가 "저 뱀을 잡아 먹읍시다."라고 제안했고, 대부분 찬성하는 중에 한 사람만이 "저렇게 큰 뱀이면 용신일지도 모르는데, 우리가 죽이면 천벌을 받을까 두렵소. 저 뱀을 해치지 마시오."라고 반대했다.

하지만 다른 선비들은 그 말을 무시하고 화살을 쏘아 뱀을 땅에 떨어뜨린 후 칼로 찔러 죽였다. 그러고서 칼로 뱀의 몸을 자르고, 불을 피울 나무와 숯을 가져오고, 뱀을 요리할 소금과 뱀에 곁들여 마실 술도 가져왔다. 뱀을 해치지 말자고 했던 선비는 기분이 우울해져서 먼저 산을 내려갔다.

그런데 갑자기 맑은 하늘이 구름으로 뒤덮이고 사방에서 자욱한 안개가 피어나더니 하늘에서 요란한 기세로 비와 우박이 퍼부었다. 또 거센 회오리바람이 땅을 휩쓸면서 나무들이 부러지고 여기저기서 돌이 날아올랐다. 잇따라 산과 시냇물이 흔들릴 정도로 커다란 소리를 내며 천둥과 번개가 내리쳤는데, 뱀을 죽이는 데 가담한 선비들은 두려워서 벌벌 떨다가 모두 번개에 맞아 죽어버렸다.

뱀을 죽이지 말자던 선비는 산을 내려가던 도중에 번개가 자기를 뒤따라오자 겁에 질려서 "저는 뱀을 죽이는 데 반대했으니 자비를 베풀어주십시오!"라고 외쳤고 번개와 비바람이 순식간에 사라졌다. 죽은 큰 뱀은 용신으로, 자신을 죽인 인간들에게 복수를 한 것이다.

048 황제들이 신으로 섬긴 관우

중국 위촉오시대의 역사를 다룬 소설 《삼국지(三國志)》에는 수많은 인물이 등장하지만 그중 현재까지 이름을 떨치며 신격화된 사람은 관우(關羽)가 독보적이다.

본래 산시성 출신인 관우는 후한 말기에 탁군에서 유비와 장비를 만나 의형제를 맺었다. 뛰어난 무예와 용맹은 물론, 주군인 유비에 대한 굳은 충성심을 가진 관우는 유비 진영의 으뜸가는 대장군이었기에, 유비의 근거지였던 형주를 지키는 중요한 역할을 맡았다.

그러다가 219년, 유비의 적 조조 진영이 내부 반란에 휩싸여 흔들리자 관우는 이를 기회 삼아 유비의 숙원이던 중원 수복을 이루려고 형주에서 북쪽으로 대군을 이끌고 올라가 조조의 세력과 전쟁을 벌였다.

전쟁 초기에 관우는 조조가 보낸 정예군 칠지군을 쳐부수고 조조 진영의 명장 우금마저 사로잡으며 연전연승을 거두었다. 이 당시 관우의 기세가 어찌나 대단했던지 《삼국지》에는 "관우의 위엄이 중국 전역을 뒤덮었다." 라고 적혀 있다. 조조도 승세를 탄 관우를 두려워하여 도읍을 허창에서 다른 곳으로 옮길 것을 심각하게 고려할 정도였다.

하지만 하늘을 찌를 듯하던 관우의 기세는 얼마 지나지 않아 수그러들었다. 우선 조조 진영의 명장 서황이 관우의 북진을 잘 막아낸 데다, 유비와 동맹 관계이던 손권의 오나라가 갑자기 관우의 후방을 기습하여 보급 기지들을 점령해버리고 말았다. 어쩔 수 없이 관우는 보급로가 끊길 것을 우려하여 북벌을 포기하고 형주로 철수했지만 형주는 오나라 군대가 이미 점령하고 있었다. 관우는 주군인 유비가 있는 촉으로 달아나려다가 결국 형주의 남군에서 오나라 장군 마충에게 붙잡혔고 여몽의 손에 죽고 말았다.

그렇게 관우는 죽었지만, 한때나마 중국 대륙을 뒤흔들던 관우의 용맹을 안타까워한 중국인들은 관우를 계속 미화했다. 《삼국지》에는 여몽에게 씌워진 관우의 혼령이 손권에게 "이 쥐새끼 같은 놈!"이라고 호통을 치자 놀란 손권이 문무 대신들을 이끌고 엎드려 절을 하고, 그 모습을 본 여몽이 귀와 코와 입에서 피를 쏟으며 죽었다는 이야기가 나온다. 또 관우의 혼령이 백성들 앞에 나타나 기적을 일으켰다는 식의 후일담도 전한다.

이처럼 《삼국지》를 비롯하여 관우를 미화한 예술작품이 민중에 널리 퍼져나가면서, 점차 관우는 용맹한 장군에 그치지 않고 인간을 초월한 신으로까지 위상이 올라가기에 이른다.

관우 신격화는 명나라 신종 황제가 1605년 관우에게 삼계복마대제신위원진천존관성제군(三界伏魔大帝神威遠震天尊關聖帝君)이라는 칭호를 올리면서 시작되었다. 청나라 광서 황제는 1879년 신종 황제보다 더 긴 충의신무영우인용위현호국보민익찬선덕관성대제(忠義神武靈佑仁勇威顯護國保民精誠綏靖翊贊宣德關聖大帝)라는 이름을 올렸다. '대제(大帝)'라 불릴 정도로 신격화가 절정에 달한 것이다.

관우를 숭배한 것은 황제들만이 아니었다. 백성들도 관우를 열렬히 믿었다. 소금장수들은 관우가 자신들을 지켜주는 수호신이라고 주장하며 섬겼다. 관우의 고향 산시성 해주가 소금장수로 유명한 곳이라 생겨난 믿음이었다. 또 관우에 관련된 민담 중에는 그가 본래 하늘에 살며 남쪽을 다스리는 신 적제였다가 옥황상제의 노여움을 사서 지상으로 쫓겨나 두부장수의 양아들이 되었다는 내용도 있어서 두부장수들도 관우를 수호신으로 숭배했다.

이 밖에도 군인과 경찰, 심지어 삼합회나 흑사회 같은 조직폭력배도 관우를 수호신으로 섬긴다. 군인과 경찰은 관우가 평생 용맹하고 충성스러웠다는 점에서, 조직폭력배는 관우가 젊어서는 일종의 깡패인 협객으로 활동했다는 점에서 동질감을 느낀 탓이다.

심지어 관우를 주군으로 따른 주창도 신격화되었는데, 주창이 실존 인물이 아니라 《삼국지》에만 등장하는 허구의 인물이라는 점을 생각해보면 중국인들이 얼마나 관우를 지극정성으로 숭배하는지 엿볼 수 있다.

049 과거시험의 수호신 종규

과거시험은 수나라 때 시작되어 거의 1천 3백 년 동안 중국에서 관료를 선발하는 제도였다. 근대 이전까지 중국에서 가장 빨리 출세할 수 있는 길은 과거시험에 합격하여 나라의 관리가 되는 것이었으니, 중국인들은 과거시험을 무척이나 중시했다.

그러나 과거시험은 출세의 지름길이니만큼 합격하기도 대단히 어려웠다. 우선 경쟁률이 매우 높았다. 예나 지금이나 중국은 드넓은 영토에 인구가 넘쳐나니 그럴 수밖에 없었을 것이다. 과거 합격이 얼마나 어려웠는지, 심지어 귀신조차 과거 급제자는 함부로 해치지 못한다는 민담까지 나돌 정도였다.

이러다 보니 과거 공부하는 사람을 지켜주는 신, 제사를 지내면 과거에 합격시켜준다는 신까지 나왔다. 바로 과거시험 제도의 신 종규(鍾馗)이다. 북송의 학자 심괄이 쓴 《몽계보필담(夢溪補筆談)》에는 종규에 얽힌 흥미로운 이야기가 실려 있다.

당나라 현종 황제가 병에 걸려 한 달 동안 앓아누워 있던 중에 꿈을 꾸었다. 붉은 옷을 걸치고 한쪽 발에만 신발을 신은 작은 귀신이 나타나서 현종 황제를 모욕했는데, 갑자기 남색 옷에 찢어진 관을 쓴 덩치 큰 남자가 나타나서 귀신을 붙잡고는 손가락으로 귀신의 눈을 뽑아내고 잡아먹었다. 황제가 "그대는 대체 누구인가?"라고 묻자, 남자는 이렇게 대답했다.

"저는 종남산 아래에 살던 종규라고 합니다. 여러 번 과거시험을 보았지만 부끄럽게도 번번이 떨어졌습니다. 그래서 치욕을 참지 못하고 황궁의 돌계단에 머리를 찧고 죽었는데, 그런 저를 폐하께서 불쌍히 여겨주시고 성대한 장례식을 치러주셨습니다. 이제 그 은혜를 갚고자 폐하께 해를 끼치는 못된 귀신을 모조리 잡아먹을 것입니다."

종규의 말을 들은 후 현종은 잠에서 깨어났다. 하지만 종규의 모습은 아직도 생생했다. 그래서 현종은 뛰어난 화가 오도자를 불러 자신이 본 종규의 모습을 그림으로 그리게 했는데, 놀랍게도 오도자가 그린 종규는 현종이 본 종규와 모습이 완전히 똑같았다. 현종은 이 그림을 '종규가 귀신을 잡아먹는다.'라는 뜻에서 〈종규착귀도(鍾馗捉鬼圖)〉라고 불렀고, 백성들이 베껴 그린 그림을 집에 걸어두고 나쁜 귀신을 쫓아내는 데 쓰도록 하였다. 〈종규착귀도〉에는 꼭 박쥐가 함께 그려진다. 박쥐가 종규의 명령을 받아 귀신을 잘 찾아내기 때문이다.

청나라 때의 소설 《종규참귀전(鍾馗斬鬼傳)》에는 종규에 관한 조금 다른 이야기가 실려 있다. 당나라 덕종 때 종남산 아래에 살았던 선비 종규는 과거시험에 가장 우수한 성적인 장원으로 합격하였다. 그런데 덕종 황제는 사람을 외모로 평가했던 모양으로, 인사를 드리러 온 종규의 얼굴이 못생기고 마음에 들지 않는다며 불쾌해했다. 여기에 덕종의 총애를 받던 간신 노기가 "저 자는 너무 흉측하여서 장원이 될 자격이 없습니다!"라고 모함까지 하여, 종규는 장원 자격을 빼앗기고 말았다. 화가 난 종규는 스스로 목숨을 끊었고, 그제야 덕종은 자신의 잘못을 깨닫고는 노기를 유배 보내고 종규를 구마대신에 봉하여 원혼을 달래주었다.

중국의 민간 전설에도 비슷한 내용이 있다. 원래 얼굴이 무척 잘생긴 종규는 사람들이 온갖 잡귀에게 제사 지내는 일이 못마땅하여 제사상을 뒤엎어버렸다가, 분노한 귀신들이 저주를 내려 얼굴이 못생기게 변했다. 못생긴 얼굴 때문에 과거 합격이 취소된 종규는 울분을 품고 죽었고, 옥황상제에게 억울함을 호소하였다. 이에 옥황상제는 종규에게 3천 명의 군대를 지휘하여 인간을 해치는 귀신을 붙잡아 죽일 수 있는 권한을 주었다. 그리하여 종규는 과거시험의 수호신은 물론 역병을 막아주는 신, 악령을 쫓아내는 신으로 중국인들에게 널리 숭배받고 있다.

050 뱃사람을 지켜주는 천비낭랑

　중국은 커다란 대륙을 먼저 떠올리기 쉽지만, 동쪽과 남쪽이 바다와 접한 해상강국이기도 하다. 뱃사람과 무역상인 등 바다를 터전으로 삼는 중국인이 많은 만큼, 이들을 지켜주는 신도 있다. 중국인들이 섬기는 바다의 신은 여성으로, 천비낭랑 또는 마조라고 부른다.

　천비낭랑에 관한 자료에 따르면 그녀는 원래 북송 시대, 지금의 푸젠성 지역에 실제로 살았던 임묵이다. 임묵이 태어나니 그 주위에 향기가 자욱했다고 한다. 그녀는 자라면서 멀리 떨어진 사람들의 모습을 느끼고 그들을 도울 수 있는 등 신비한 능력이 점차 강해졌다.

　어느 날 임묵의 아버지 임원과 오빠 넷이 각각 배를 타고 복주로 갔다. 잠을 자던 임묵이 손과 발을 어지럽게 흔드는 모습을 본 어머니가 이상하게 여겨 임묵을 깨우자, 이렇게 말했다.

　"아버지와 오빠들이 탄 배가 거센 바람에 휩쓸려 있기에, 제가 두 손과 두 발과 입으로 배를 감싸서 지켜주려고 했는데, 어머니가 흔들어 깨우는 바람에 큰 오빠가 탄 배는 그만 놓치고 말았습니다."

　어머니는 이를 터무니없는 말로 여겼지만, 며칠 후에 아버지와 오빠들이 돌아와서 "우리가 배를 타고 가다가 큰 바람에 휩쓸려 무척 위험하던 차에 어느 여자가 나타나서 다섯 척의 배를 지켜주었는데, 갑자기 큰 아들이 탄 배는 파도에 휩쓸려 찾지 못하게 되었다."라고 알렸다. 그러자 어머니는 비로소 딸의 말을 믿었다.

임묵은 어른이 되었지만 결혼하지 않고 계속 자신의 신비한 능력으로 바람과 파도에 휩쓸려 어려움에 처한 뱃사람들을 구해주는 일에 몰두하였다. 그러던 어느 날, 커다란 태풍이 불어오는 중에도 사람들을 구하려고 바다에 나간 임묵은 그만 태풍에 휩쓸려 자취를 감춰버렸다.

하지만 사람들은 임묵이 죽은 것이 아니라 하늘로 올라가 여신이 되었다고 믿었다. 임묵이 붉은 옷을 입고 바다 위를 날아다니는 모습을 보았다는 소문이 퍼졌고, 사람들은 그녀를 섬기는 사당을 짓고 여신으로 섬겼다.

임묵이 천비라는 이름을 얻은 것은 명나라 영락제 무렵이다. 영락제는 환관 정화에게 동남아와 인도양 등에 다녀오는 대원정을 일곱 차례나 지시했는데, 이처럼 해상 진출이 활발해지니 바다의 여신 임묵도 자연히 높이 숭상을 받았다. 영락제는 임묵에게 천비(天妃)라는 칭호를 하사하고, 그녀의 업적을 기리는 남경홍인보제천비궁비(南京弘仁普濟天妃宮碑)를 만들었다.

그 뒤로 임묵은 천비에 여신을 뜻하는 낭랑까지 합쳐져 천비낭랑으로 불리게 되었다. 천비낭랑을 섬기는 신앙이 널리 퍼지면서 천비낭랑은 바다의 여신에 그치지 않고 결혼한 여성에게 아이를 내려주는 출산의 여신이나 천연두 같은 전염병을 치료하는 의술의 여신 역할까지 맡았다.

뱃사람들은 천비낭랑의 탄생일인 매년 음력 3월 23일이면 천비낭랑을 섬기는 사당 천비궁(天妃宮)에서 성대한 제사를 드렸고, 천후궁진향(天后宮進香)이라는 글씨를 쓴 깃발을 높이 걸어 천비낭랑의 탄생을 축하했다. 오늘날 중국에서 천비낭랑을 섬기는 지역은 주로 바다와 인접한 홍콩과 마카오, 대만 등지이다.

천비낭랑 신앙은 중국에게 문화적 영향을 많이 받은 주변 나라에도 전파

되었다. 《세조실록》(1462년 2월 28일)에는, 지금의 일본 오키나와에 있던 나라 유구국의 사신이 조선 관리 이계손에게 말하기를, "바닷가에 천비낭랑을 섬기는 사당 천비낭랑전을 지어 놓고, 배가 떠날 때는 말과 돼지를 죽여 제물로 바쳐서 제사를 지내며, 배를 타고 바다에 나갔다가 심한 파도와 바람을 만나면 사람들이 함께 천비낭랑에게 묵념하고 붓을 달아 놓는데 그 붓이 저절로 떨어져 '아무런 나쁜 일이 없이 평안하리라.'라는 글귀를 쓴다."라고 했다.

051 귤 속에서 장기 두는 신선들

오늘날 귤은 누구나 손쉽게 먹을 수 있는 흔한 과일이지만 19세기까지만 해도 왕족이나 귀족 같은 부유층이 아니면 구경조차 하기 힘들었다. 귤의 원산지인 중국 남부 지역에는 이처럼 귀하디귀한 귤에 관련된 전설이 많다. 그중에는 신이 귤을 지킨다거나 귤 속에 신이 산다는 이야기도 있다.

동진 시대에 간보가 쓴 《수신기》에 나오는 이야기다. 동망산에 세 사람이 올라갔는데 그 정상은 질서정연하게 심어진 과일나무로 가득했다. 누군가가 일부러 정성을 들여 가꾼 듯이 보였다. 과일나무 중에는 귤나무도 있어서 세 사람은 천상의 맛이 나는 귤을 실컷 따 먹었다. 이들은 배가 이미 불렀지만 그토록 맛있는 귤을 그냥 두고 내려오기가 아까워서 귤 두 개를 옷 속에 집어넣었다.

그런데 어찌된 일인지 산에서 내려가는 길을 도무지 찾을 수 없었다. 시간이 흐를수록 당혹스러움에 빠져 쩔쩔매는 세 사람을 향해 누군가가 허공에서 큰 소리로 외쳤다.

"너희가 가져간 귤 두 개를 얼른 내려놓아라! 그래야 너희는 이 산에서 내려갈 수 있다. 만약 그렇지 않으면 너희는 죽을 때까지 동망산에서 벗어나지 못하고 죽어 귀신이 되어서도 이 산을 떠돌리라."

겁을 먹은 세 사람은 옷 속에서 귤을 꺼내 땅에 내려놓았다. 그러자 그들 눈에 올라왔던 길이 훤히 보였고, 길을 잃지 않고 산에서 무사히 내려갈 수 있었다.

허공에서 들려온 목소리의 주인공은 누구였을까? 혹시 동망산의 과일나무를 시키는 정령이나 귀신이었을까? 귤을 따 먹는 것까지는 괜찮지만 산 밑으로 가져가지는 못하게 했다는 것은 귀신도 그 맛을 탐낼 정도였다는 이야기로 들린다.

한편 북송 시대의 책 《태평광기》에는 귤 속에 사는 신적인 존재에 관한 재미있는 이야기가 실려 있다.

파공에 귤나무를 키우는 사람이 살았다. 그는 서리가 발생하여 귤을 모두 수확했는데 네 말짜리(72리터) 그릇만 한 귤이 두 개 남았다. 이 귤은 크기만 컸지 무게는 여느 귤과 같았다. 파공 사람이 의아하게 여겨 귤을 쪼개 보니 놀랍게도 그 안에 노인이 두 명씩 있었다. 키가 겨우 1척(30센티미터) 정도인 네 노인은 수염과 눈썹은 하얬지만 피부는 붉은빛이 감돌며 매우 건강해 보였다. 노인들은 장기를 두고 있었고, 파공 사람이 쳐다보는데도 전혀 놀라지 않고 대화를 주고받았다. 먼저 노인 하나가 다른 노인에게 이렇게 말했다.

"자네가 장기에서 졌으니 나한테 해룡신의 일곱 번째 딸의 머리카락, 선녀의 액황 열두 개, 자줏빛 비단 배자 한 벌, 강대산에서 나는 하실산 스물네 말, 옥가루 구십 말, 서왕모의 술, 서왕모의 딸이 신는 신발 여덟 켤레를 왕 선생이 사는 청성산의 초가집에서 주게."

그러자 그 말을 듣던 노인이 "나는 왕 선생을 기다릴 수 없네."라고 대답했고, 이에 다른 노인이 "배가 고프니 용근포를 먹어야겠네."라면서 옷소매에서 1촌(3센티미터) 정도 둘레의 풀뿌리를 꺼냈다. 용근포는 꼭 용처럼 생겼는데, 노인이 잘라 먹어도 떨어져나간 부위가 곧바로 원래 모습으로 돌아갔다. 그리고 노인이 용근포에 물을 뿌리자, 용근포는 용으로 변했다. 네 노인이 용에 올라타자 용의 발밑에서 구름이 퍼지더니 곧바로 비바람이 불었고 용을 탄 네 노인은 사라져버렸다. 용을 옷소매에 넣고 다닌 노인들은 아마 신선이나 신이었을 것이다.

052 《산해경》의 신들

중국은 영토가 넓어 고원, 호수, 사막, 평야 등 다양한 지형을 가지고 있지만 특히 서쪽 고원을 중심으로 크고 높은 산이 많다. 《산해경》을 보면 산에 사는 기괴한 신들이 많이 나온다.

《산해경》의 〈남산경〉에는 작산의 신들이 용의 머리와 새의 머리를 가지고 있다고 소개되어 있다. 거산에서 칠오산에 이르는 17개의 산에는 새의 머리에 용의 몸을 가진 신들이 살고 있다. 천우산에서 남우산에 이르는 14개의 산에는 신들이 사람의 머리에 용의 몸을 지녔다.

《산해경》 〈서산경〉을 보면, 검산에서 내산에 이르는 17개의 산에 17명의 신이 사는데, 열 명은 사람의 머리에 말의 몸을 지녔고, 일곱 명은 사람의 머리에 소의 몸을 지녔다. 특이하게도 일곱 명의 신은 발이 네 개고 팔은 하나인데, 손에 지팡이를 들었다.

종산에는 사람의 머리에 용의 몸을 가진 고(鼓)라는 신이 산다. 그는 흠비라는 다른 신과 함께 보강이라는 신을 죽였다. 고와 흠비는 그 벌로 하늘의 신 제(帝)에게 죽임을 당한 후 각각 준조와 대악이라는 새가 되어 다시 태어났는데, 가뭄과 전쟁을 일으키는 사악한 괴물이 되었다.

괴강산에는 제(帝)가 가진 밭이 있는데, 이 밭을 돌보는 신은 영소이다.

영소는 사람의 머리에 말의 몸을 가졌는데, 몸에는 호랑이 무늬가 그려져 있고 새의 날개를 달고 있다.

항산에는 소처럼 생긴 하늘의 신이 산다. 머리는 둘, 다리는 여덟이며, 말의 꼬리를 하고 있다. 풍뎅이처럼 소리를 내는데, 그가 나타나는 마을은 전쟁의 피해를 입는다.

곤륜구에는 제(帝)가 땅에 마련한 수도 하도(下都)가 있는데, 이를 지키는 신은 육오이다. 그는 꼬리가 아홉 달린 호랑이의 몸을 지녔는데, 머리만 사람이다.

나모산은 사람의 몸에 표범 꼬리를 달고 있는 신 장승이 지키고 있다.

옥산에는 유명한 여신 서왕모가 사는데, 동화에 나오는 것처럼 아름다운 모습이 아니라 호랑이의 이빨과 표범의 꼬리를 지닌 으스스한 괴물이다.

숭오산에서 익망산에 이르는 23개의 산에 사는 신들은 사람의 머리에 양의 몸을 가졌다.

《산해경》〈북산경〉을 보면, 단호산에서 제산에 이르는 25개의 산, 그리고 관잠산에서 돈제산에 이르는 17개의 산에 사는 신들은 사람의 머리에 뱀의 몸을 가졌다.

태항산에서 무봉산에 이르는 46개의 산에 사는 신들 중 14명은 돼지처럼 생겼고, 10명은 돼지의 몸을 가졌으나 8개의 다리와 뱀의 꼬리를 지녔으며, 나머지 신들은 사람의 머리에 말의 몸을 가졌다.

《산해경》〈중산경〉에서 청요산을 관리하는 신은 무라이다. 무라는 전체적으로 사람의 모습을 하고 있으나, 몸에는 표범 무늬가 그려져 있으며, 허리가 가늘고, 귀에 귀걸이를 찼다.

평봉산에는 사람처럼 생겼지만 머리가 둘 달린 교충이라는 신이 산다.

고산과 소실산, 태실산에 사는 신들은 머리가 셋 달린 사람의 모습이다.

민산에서 여궤산에 이르는 16개의 산에 사는 신들은 용의 머리와 말의 몸을 지녔다.

풍산에는 원숭이처럼 생긴 경보라는 신이 사는데, 그가 나타나는 나라는 전쟁에 패배하고 멸망한다.

《산해경》〈해외서경〉에는 형천이라는 신이 나온다. 형천은 하늘의 최고 신 천제에게 도전했다가 패배하여 목이 잘린 채 상양산에 묻혔으나, 젖꼭지를 눈으로 삼고 배꼽을 입으로 삼아서 도끼와 방패를 들고 춤을 추며 아직도 투지를 불태우고 있다.

《산해경》〈대황북경〉에 나오는 북극천궤산에는 새의 몸에 아홉 개의 사람 머리를 단 구봉이라는 신과, 호랑이의 머리에 사람의 몸을 하고서 손과 입에 뱀을 물고 쥔 강량이라는 신이 산다.

장미산에는 사람의 머리에 붉은 뱀의 몸을 가진 촉룡이라는 신이 사는데, 그가 눈을 감으면 밤이 오고 눈을 뜨면 낮이 온다. 촉룡은 바람과 비를 먹고 살며, 숨을 쉬지 않고, 잠도 자지 않는다.

053 나무에 사는 여신 황조

중국의 여러 신 중에는 나무의 신도 있다. 《수신기》에는 황조(黃祖)라는 나무의 여신이 백성들이 자신을 섬긴 것에 대한 보답으로 전쟁 피해에서 벗어나게 해주었다는 이야기가 실려 있다.

지금의 안후이성 지역인 여강군 용서현에 커다란 나무가 한 그루 자라고 있었다. 그 나무는 높이가 수십 장에 나뭇가지도 수천 개나 되었으며, 가지 위에는 언제나 노란 새들이 집을 짓고 살았다. 멀리서 보면 마치 나무에 노란색 기운이 감도는 것처럼 보여서, 마을 노인들은 "저 나무는 평범한 나무가 아니니, 함부로 대해서는 안 된다."라고 말했다.

어느 해에 여강군에 가뭄이 발생했다. 마을 사람들은 처음에 "이러다가 곧 비가 내리겠지."라고 대수롭지 않게 여겼으나, 아무리 기다려도 하늘에서 비가 내릴 기미가 좀처럼 보이지 않았다. 그러는 사이에 가뭄은 더욱 극심해졌다.

그냥 두고 볼 수만은 없어서 마을 노인들이 모여 대책을 강구했다. 그 자리에서 어느 노인이 "노란색 기운이 감도는 나무 앞에 가서 비가 오게 해달라고 기우제를 지내봅시다. 그 나무는 신령이 깃든 듯하니, 분명히 영험이 있을 겁니다."라고 말을 꺼냈다.

그런데 기우제를 지내자는 의견이 나온 그날 밤, 용서현에 사는 이헌이라는 과부가 이상한 체험을 했다. 분명히 문을 단단히 잠갔는데, 방에 누군가가 들어오는 소리가 들린 것이었다. 놀란 마음에 이불 밖으로 나와 보니, 처음 보는 아름다운 여자가 자신을 쳐다보고 있었다. 호화로운 문양이 그려진 비단옷을 입은 그녀는 이헌을 향해 미소를 짓고는 이렇게 말했다.

"나는 나무의 여신 황조라고 합니다. 내게는 구름과 비를 부릴 수 있는 능력이 있습니다. 그대의 몸과 마음이 깨끗하여 나는 그대에게만 나타났습니다. 아침 무렵에 마을 노인들이 나에게 기우제를 지내러 올 것입니다. 나도 이 마을에 가뭄이 들어 다들 힘들어한다는 사실을 잘 압니다. 내일 정오 무렵까지는 반드시 비가 와서 가뭄이 해결될 것이니 안심하십시오."

그러고는 황조는 사라져버렸다.

날이 밝자 마을 노인들이 술과 고기 등 음식을 잔뜩 장만해서 나무 앞으로 가서는 비가 내리게 해달라고 정성껏 기우제를 지냈다. 그러자 황조가 말한 대로 정오 무렵에 큰비가 왔고, 가뭄은 말끔히 해갈되었다. 마을 사람들은 비를 보내준 황조에 보답하여 사당을 세웠다. 이에 황조도 고마움을 느꼈는지 다시 이헌에게 나타나서 말했다.

"내가 있는 곳이 물과 가까우니, 내게 기우제를 지낸 사람들한테 보답으로 잉어를 나눠주겠습니다."

그러자 황조의 사당을 짓고 그늘에서 쉬고 있던 마을 사람들에게 잉어 수십 마리가 갑자기 하늘에서 떨어졌다. 마을 사람들은 초자연적인 현상에 놀라워하다가, 이헌이 "이것은 황조신께서 베푸시는 은혜입니다."라고 알려주자 다들 사당을 향해 절하고 감사한 뒤 잉어를 요리하여 잔치를 벌였다.

그 일이 있은 지 일 년이 지나, 황조가 다시 이헌에게 나타나 예언을 남겼다.

"앞으로 세상은 전쟁이 벌어져 혼란에 빠질 것입니다. 그래서 나도 여기에 계속 머무르지 못하고 다른 곳으로 가야 합니다."

황조가 떠난다는 말에 놀란 이헌은 "그러면 이제 저희는 어떻게 됩니까?"라고 걱정스럽게 물어보았다. 이에 황조는 자신이 차고 있던 옥환을 건네면서, "이 옥환을 그대가 가지고 계세요. 그러면 그대의 몸은 무사히 지킬 수 있을 것입니다."라는 말을 남기고는 사라져버렸다. 이헌은 앞일이 걱정되었으나, 황조의 옥환을 잘 간직하며 불안한 마음을 달랬다.

얼마 후, 황조의 말대로 후한 말기의 군웅할거 시대가 시작되면서 유표와 원술 등의 군벌이 곳곳에서 전쟁을 벌였다. 그 난리통에 용서현 마을 사람들은 모두 피난했다. 하지만 이헌과 이웃집은 계속 고향에 머물렀고 아무런 해를 입지 않았다.

054 인간을 구하는 큰 별 무생노모

전통적으로 중국인들은 이 세상이 영원히 계속된다고 믿었다. 그래서 기독교처럼 세상이 언젠가는 끝난다는 종말 개념이 없었다. 그러다가 후한 말기에 불교가 들어와서 말세라는 개념이 생겨났고, 당나라 말기에 기독교의 영향을 받은 명교가 성행하면서 종말에 대한 믿음이 퍼지기 시작했다. 그리고 원나라와 명나라 무렵, 명교와 불교의 교리를 섞어서 만든 백련교와 나교 등의 종교가 백성들 사이에 나돌면서 종말과 말세의 때에 나타난다는 여신 무생노모(無生老母)를 믿는 신앙이 싹텄다.

무생노모는 명나라 때 나몽홍이 만든 나교에서 믿는 여신이다. 나교에서는 무생노모를 인류의 창조주라고 주장하는데, 그 내용은 대략 이러하다.

"아득히 먼 옛날, 여신 무생노모는 홀로 최초의 인류 복희와 여왜를 낳았다. 복희는 남자이고, 여왜는 여자이다. 그 후에 여자인 황파와 남자인 금공이 무생노모에게서 났고, 이들은 각각 복희, 여왜와 짝을 지어 많은 아이를 낳아 인류의 조상이 되었다."

나교의 교리에 따르면, 무생노모는 또한 우주 만물과 모든 신을 다스리는 최고의 신이다.

"무생노모는 다른 신으로 모습을 바꿀 수 있다. 그녀는 불로장생의 여신 서왕모가 되기도 했고, 유교와 불교, 도교에서 떠받드는 성인 공자와 석가모니, 노자를 보호해주었으며, 인간을 구원하기 위해 미륵불과 아미타불 등의 부처를 세상에 보냈다. 무생노모는 인간을 구하는 큰 별이다."

나교는 불교의 영향을 강하게 받은 종교이니, 이러한 교리는 불교에서 석가모니나 다른 부처들이 인간을 구원하고자 다른 신들의 모습으로 변했다는 내용에서 비롯한 것이 분명하다.

나교의 경전 《앵가보권(鸚歌寶卷)》을 보면, 무생노모는 전 세계 인류 96억 명 중에서 4억 명의 영혼을 구원하여 자신이 다스리는 낙원 진공가향으로 보냈는데, 나머지 92억 명이 아직 인간 세상에서 고통에 시달리며 살고 있는 모습을 안타깝게 여겨 이들마저 구원하려 든다고 묘사된다. 무생노모가 92억 명을 모두 구원하려 인간 세상에 개입하는 날이 바로 세상의 종말이다. 그래서 나교도들에게 무생노모는 창조의 여신일 뿐만 아니라 종말의 여신이기도 하다.

《앵가보권》에서 말하는 진공가향은 인간을 포함한 세상 만물이 창조되어 영원히 존재하는 순수 낙원이다. 기독교에서 말하는 에덴동산이나 천국과 비슷하다. 반면 인간들이 사는 이 세상은 끝없이 고통이 반복되는 지옥이자 거짓된 행복이 판을 치는 불행한 세상이다. 그래서 나교도들은 '진공가향 무생노모'라는 구호를 교리의 핵심으로 삼았는데, "이 거짓되고 고통스러운 세상에 미련을 두지 말고, 영원한 행복이 보장되는 진공가향으로 가자!"라는 뜻을 담고 있다.

나교의 무생노모는 인간 세상에 나쁜 영향을 끼치는 사악한 귀신이나 악인 들을 기독교에서처럼 영원히 불타는 지옥에 떨어뜨려 처벌하지는 않는다. 무생노모는 한없이 자비롭고 사랑스러운 어머니 여신이기에, 결코 자신의 자녀인 인간들에게 가혹한 형벌을 내릴 수 없는 것이다.

하지만 나교의 신도들은 무생노모처럼 언제나 자비롭지만은 않았다. 대략 명나라 말기부터 시작된 나교의 신도들은 부패하고 타락한 권력에 맞서 자주 반란을 일으켰다. 특히 관아의 수탈과 착취에 시달려 불만이 컸던 농민들 사이에서 나교 신앙은 급속도로 퍼져 나갔다. 그리고 그들은 "현세의 타락한 권력에 맞서 싸우자! 이 더러운 세상을 깨끗한 낙원으로 바꾸자!"라는 구호를 외치며 무기를 들고 일어나 봉기하였다.

가장 대표적인 나교도 반란은 청나라 건륭 황제 때인 1774년, 산둥 지역의 왕륜이라는 사람이 주동하여 일어났다. 왕륜은 "무생노모께서 내게 내려오셨다! 그러니 썩어빠진 관군 따위는 우리 상대가 될 수 없다!"라고 외치면서 나교도 신도들을 모아 청나라 관군에 맞서 싸웠다.

또 1796년에는 사천성과 호북성, 하남성, 섬서성, 감숙성 등지에서 무생노모를 섬기는 백련교도들이 일제히 반란을 일으켜, 9년 동안이나 청나라 군대와 치열한 전쟁을 벌였다. 청나라는 이로 인해 막대한 전비를 낭비하고 큰 타격을 입었다.

6

괴물과 요괴

055 가장 강력한 요괴들
사흉

중국의 판타지 세계에는 무수한 요괴가 등장한다. 요괴 중에서 그 유래가 가장 오래되고 또 가장 강력하게 묘사된 요괴는 아마 태곳적에 사흉(四凶)이라 불린 궁기, 도올, 혼돈, 도철일 것이다.

먼저 궁기부터 살펴보자. 고대 중국의 문헌 《산해경》의 〈해내북경〉을 보면 궁기는 날개가 달린 호랑이로, 사람을 머리나 발부터 잡아먹는 사악한 괴물로 묘사되고 있다. 《산해경》보다 나중에 나온 《신이경》는 궁기를 두고, 착한 사람과 나쁜 사람이 서로 싸우면 착한 사람을 죽이고, 다른 사람과 한 약속을 잘 지키는 사람의 코를 잘라 먹는 고약한 성질이 있다고 기록했다. 또 궁기는 나쁜 사람을 좋아하여 그에게 자기가 사냥한 동물을 선물로 준다고 한다.

두 번째 괴물 도올은 《신이경》과 《춘추좌씨전(春秋左氏傳)》에서 언급된다. 《신이경》에 따르면 도올은 사람의 머리에 호랑이의 몸을 가진 괴물로, 온 몸이 털로 뒤덮여 있고, 주둥이에 멧돼지처럼 길고 날카로운 송곳니가 튀어나와 있으며 1장(3미터)이나 되는 긴 꼬리를 달고 있다. 도올은 누군가와 싸우기 시작하면 결코 도망가지 않고 계속 싸우는 끈질긴 투지의 화신이기도 했다.

《춘추좌씨전》에는 도올이 중국 북쪽의 수호신 전욱고양씨의 아들이었다고 기록되어 있다. 고대 그리스 신화에서 신들이 종종 괴물 자식을 둔 것처럼, 고대 중국의 신들에게도 괴물 자식이 있었던 모양이다. 아울러 도올은 남이 하는 말을 결코 귀담아 듣지 않고 모조리 무시해버려서, 가르치기가 어렵다는 뜻인 난훈(難訓)으로 불릴 만큼 고집불통이기도 하다.

세 번째 괴물 혼돈은 《춘추좌씨전》에 나온다. 혼돈은 중국의 먼 서쪽에 산다. 몸은 긴 털로 뒤덮인 개와 비슷하고 다리는 곰과 비슷한데, 다만 곰처럼 크고 긴 발톱은 가지고 있지 않다. 특이하게도 혼돈은 눈과 귀가 있지만, 보지도 듣지도 못하는 장애를 앓고 있다.

혼돈은 대부분의 시간을 하늘을 가만히 바라보면서 아무런 일도 하지 않고 그대로 퍼질러 앉아 있었으며, 동료인 궁기처럼 착한 사람을 미워하고 나쁜 사람을 사랑했다. 그러나 궁기와는 다르게 착한 사람을 해칠 뿐 잡아먹지는 않았다고 하니, 궁기보다는 성질이 온순했다고 볼 수 있다. 《춘추좌씨전》에 묘사된 혼돈의 모습은 아마 혼돈의 어리석음과 게으름, 비겁함을 풍자하기 위한 설정이 아닌가 한다.

반면 고대 중국의 문헌 《장자(莊子)》에서는 혼돈을 매우 긍정적으로 묘사하고 있다. 이 책에서 혼돈은 옛날 세상의 중심에 있었던 임금이었는데, 눈과 코와 귀와 입이 없었다. 어느 날 남쪽 바다를 다스리는 임금 숙(儵)이 북쪽 바다를 다스리는 임금 홀(忽)과 함께 찾아오자, 혼돈은 이들을 극진히 대접하였다. 이에 숙과 홀은 보답으로 혼돈에게 눈과 코와 귀와 입을 만들어주기로 했다. 그런데 숙과 홀이 하루에 하나씩 혼돈의 얼굴에 눈과 코와 귀와 입의 구멍을 뚫어주자, 혼돈은 7일 후에 죽고 말았다.

《춘추좌씨전》에서는 혐오스러운 괴물로 등장한 혼돈이 《장자》에서는 이와 반대로 불쌍한 성군으로 나오니 혼란스럽다. 아마 고대 신화들이 그러하듯 전승 과정에서 내용이 엇갈린 듯하다.

네 번째 괴물 도철도 《춘추좌씨전》에 나온다. 도철은 양의 몸에 사람의 얼굴을 가졌는데, 다만 사람의 얼굴에 양의 뿔이 돋아있다. 이빨은 호랑이처럼 날카롭지만 손톱은 사람의 손톱이라 별로 강하지 않다. 도철은 성질이 매우 탐욕스러워서, 귀중한 물건을 좋아하고 모아두지만 좀처럼 사용하지 않는다. 이런 묘사는 도철이 인색한 구두쇠라는 일종의 풍자라고 하겠다.

또 도철은 사람들을 습격해 물건을 훔치는 못된 버릇도 지녔다. 게다가 도둑질할 때도 힘센 사람은 건드리지 않고, 약한 사람들만 덮치는 비겁한 괴물이었다.

056 산만큼 거대한 남쪽 바다의 게

중국 북송 시대에 편찬된 《태평광기》에는 마치 산이나 섬으로 착각할 만큼 어마어마하게 큰 게에 관련된 이야기가 두 편 실려 있다.

첫 번째 이야기는 이러하다. 어느 파사국 사람이 일행과 함께 인도로 가려고 배를 타고 바다를 항해하던 중에 그만 심한 바람과 물살에 휩쓸려 정해진 항로에서 벗어나 이리저리 떠돌게 되었다.

파사국은 페르시아, 즉 지금의 이란을 가리킨다. 이란과 중국은 오래 전부터 교류가 있었다. 고대 페르시아를 다스리다가 아랍인들의 침공으로 멸망한 사산 왕조의 왕자 페로즈 3세가 중국 당나라로 도망쳐 와서 좌무위장군이라는 벼슬을 받은 일도 있었다.

여하튼 파사국 사람 일행은 바다 위에서 수천 리를 떠돌다가 어느 섬에 도착했다. 그곳에는 나뭇잎과 풀로 옷을 만들어 입은 호인(胡人, 중국 서쪽의 이민족)이 살았는데, 파사국 사람을 보자 자신을 다음과 같이 소개했다.

"저는 예전에 수십 명의 사람들과 함께 바다 위를 떠돌다가 이 섬에 이르렀고, 풀뿌리와 나무열매를 먹으며 겨우겨우 살아가고 있습니다. 저를 불쌍히 여겨서 제발 데려가주십시오."

파사국 사람과 일행은 그를 동정하여 배에 태워주었고, 호인은 고마운 마음에 "이 섬의 산에는 옥과 마노, 유리 같은 보물이 많습니다."라고 가르쳐주었다. 파사국 사람과 일행은 산에서 보물을 닥치는 대로 가져와서 정신없이 배에 실었다. 이를 본 호인은 "보물이 없어진 걸 알면 산을 지키는 신이 화를 낼 테니 빨리 떠나야 합니다!"라고 재촉했고, 파사국 사람과 일행은 서둘러 섬을 떠났다.

파사국 일행의 배가 40리쯤 바다를 항해하고 있을 때, 섬의 산 위에 커다란 붉은 뱀이 보이더니, 점점 일행이 탄 배를 향해 거리를 좁히며 다가오고 있었다. 그러자 호인은 "당신들이 보물을 훔쳐간 탓에 산의 신이 화가 나서 우리를 쫓아오고 있습니다!"라고 외쳤고, 그 말에 파사국 일행은 모두 겁에 질려 덜덜 떨었다. 호인이 말한 산의 신은 바로 커다란 붉은 뱀이었던 것이다.

그런데 갑자기 바다 속에서 커다란 산이 두 개 솟아올랐는데, 그 높이가 자그마치 수백 장이나 되었다. 9백 미터 혹은 1킬로미터가 넘는 높이이다. 그 산을 보더니 호인은 조금 전까지 두려워하던 태도를 버리고 웃으며 말했다.

"저 산들은 남쪽 바다에 사는 커다란 게의 집게발입니다. 저 게는 산의 신과 자주 싸우는데, 대체로 게가 이기고 뱀은 상대가 안 됩니다. 그러니 더 이상 두려워할 필요가 없습니다."

호인의 말대로 산의 신 붉은 뱀은 커다란 게와 싸움을 시작했다. 거대한 두 바다 괴물은 한동안 엎치락뒤치락하다가 결국 게가 뱀의 머리를 집게발로 움켜쥐자 뱀은 바다 위에서 죽고 말았다. 뱀의 시체는 마치 높은 산맥처럼 보였다. 게가 나타나 뱀을 해치운 덕분에 파사국 사람과 일행은 무사히 위기에서 벗어날 수 있었다.

두 번째 이야기는 《태평광기》 〈이물지〉에 실려 있다. 어떤 사람이 배를 타고 바다를 나갔다가 난생 처음 보는 섬에 도착했다. 그 섬은 나무가 무성하게 우거져 있었다. 마침 배가 고팠던 그는 불을 피우고 밥을 지었다. 그런데 갑자기 나무가 바다 속으로 가라앉더니, 이윽고 섬도 바다 속으로 가라앉는 기괴한 일이 벌어졌다. 당황한 그는 서둘러 배에 올라타 섬을 떠났는데, 멀리 떨어져서 섬을 바라보니 그 섬은 사실 섬으로 착각할 정도로 거대한 게였다. 게는 잠시 비디 위로 올라온 사이에 남자가 상륙하여 불을 지피자 그 열기가 싫어서 다시 바다 속으로 잠수를 한 것이었다.

《산해경》〈해내북경〉에도 거대한 게에 관한 내용이 나온다. "바다 가운데에 대해가 산다."라는 구절이다. 동진 시대 사람으로《산해경》에 주석을 단 곽박에 따르면, 대해의 몸은 1천 리나 된다. 무려 4백 킬로미터로, 짐작도 할 수 없는 크기이다.

057 호랑이로 변한 사람들

동아시아에서 호랑이는 예로부터 용에 버금가는 힘과 위엄을 가진 동물이었다. 하지만 용은 환상의 동물인데 반해, 호랑이는 실제로 사람을 해치는 맹수여서, 그만큼 두려움을 주는 존재이기도 했다. 《수신기》와 《태평광기》 등에도 호랑이에 관한 이야기가 많이 실려 있는데, 가령 사람이 호랑이로 변해서 다른 사람을 잡아먹는다는 내용이다.

중국 전설에서 사람이 호랑이로 변하는 것은 세 가지 경우이다. 첫 번째는 원래부터 호랑이로 변하는 능력을 타고난 종족이다. 《수신기》에서는 이런 종족을 추인 또는 추호라고 부르는데, 강수와 한수 지역에서 살았다고 한다. 추인들은 품군이라는 사람의 후손으로, 사람의 모습을 하고 있을 때는 발의 뒤꿈치가 없다고 한다.

두 번째는 호랑이 가죽을 썼다가 그만 호랑이로 변하는 경우이다. 《태평광기》에는 다음과 같은 기록이 있다. 지금의 장시성 지역인 원주에서 어느 승려가 우연히 호랑이 가죽 한 장을 얻어 장난삼아 몸에 썼더니, 갑자기 가죽이 몸에 찰싹 달라붙어서 도저히 뗄 수가 없었다. 그렇게 시간이 지나자 몸 전체가 호랑이로 변했다.

호랑이가 되어버린 승려는 더 이상 마을에 다가갈 수 없었다. 그랬다가는 영락없이 사람들에게 죽임을 당할 터였다. 그래서 승려는 인적이 없는 깊은 산속에서 다른 짐승을 잡아먹고 연못과 시냇물을 마시며 호랑이처럼 살았다. 하지만 몸은 호랑이가 되었어도 정신은 여전히 인간의 것이었다.

그렇게 호랑이의 몸으로 일 년을 보낸 승려는 어느 날 너무 배가 고파서 사람 하나를 물어죽였는데, 죽이고 보니 승려였다. 승려는 사신과 마찬가지로 부처를 섬기는 승려를 죽였다는 죄책감에 "이제 죄를 짓고 살지 않으리라."라며 하늘을 올려보고 크게 울부짖었다. 그러자 호랑이 가죽이 몸에서 떨어져 도로 사람의 몸으로 돌아왔다. 승려는 임천에 있는 숭수원이라는 절로 가서 자신이 저지른 죄를 뉘우치며 살다가, 중국 남부의 난링 산맥으로 들어가서 행방을 감추었다.

세 번째는 열병을 앓다가 신에게 저주를 받아서 호랑이로 변하는 경우이다. 《태평광기》에 실린 호랑이 변신 이야기 중에서 가장 기괴하고 잔혹하다. 다음과 같은 내용이다.

지금의 산시성 남양산에 살던 사람이 갑자기 열병에 걸려 열흘이나 앓아누웠다. 그러다가 열흘째 되던 날 밤중에 누군가가 자기 집 대문 두드리기에 나가 보았더니, 문 사이로 "너는 호랑이가 될 것이고, 그 명령을 적은 문서가 여기 있다."라고 말하면서 문서를 내밀었다. 깜짝 놀라 그 문서를 받아드는데, 건네는 사람은 손에 호랑이 발톱이 달려 있었고, 아무 소리도 없이 곧바로 사라져버렸다.

열병 환자는 그 문서를 이부자리 밑에 넣어두고 잠이 들었다. 어찌된 일인지 다음 날 아침이 되자 병은 감쪽같이 나아서 더 이상 아프지 않았다. 그래서 그는 오랜만에 바깥바람을 쐬러 산책을 나갔는데, 산 아래 계곡을 지나다가 물속에 비친 자신의 모습을 보니 어느새 온 몸이 호랑이로 변해 있었다. 당황스러워 어쩔 줄 몰라 하면서도 그는 '이대로 집으로 돌아가면 가족들이 놀랄 것이다.'라는 생각이 들어서 할 수 없이 산속에서 살기로 했다.

처음에 그는 자신을 아직 사람으로 여겨서 진흙을 먹다가 점차 토끼나 노루 같은 동물을 잡아먹었다. 그렇게 여러 동물을 덮쳐서 잡아먹을수록 점점 호랑이에 가까워진 그는 급기야 사람까지 습격해 잡아먹었다.

그렇게 호랑이 생활을 하던 그에게 어느 날 하얀 수염과 눈썹을 가진 노인이 나타나 "당신은 신에게 저주를 받아서 호랑이가 되었지만, 이제 그 기간이 거의 다 끝났다. 내일 당신이 왕평사(王評事)를 잡아먹으면 사람으로 돌아올 수 있다."라고 가르쳐주고 사라졌다. 다음 날 밤, 노인의 말에 따라 왕평사를 잡아먹은 그는 다시 사람이 되었고 곧장 집으로 돌아왔다. 가족들은 여덟 달이나 사라졌다가 돌아온 그를 의아하게 생각했다.

6년 뒤에 그는 장갈현 현령이 베푼 잔치에 갔다. 이런저런 대화가 오가다가 현령이 "사람이 동물로 변한다는 이야기는 모두 거짓말이다."라고 말하자, 그는 자신이 호랑이로 변한 일을 들려주며 반박했다. 그런데 현령은 바로 6년 전 호랑이에게 잡아먹힌 왕평사의 아들이었다. 현령은 "당신은 내 아버지를 죽인 원수다!"라고 외치며 그를 죽여버렸다.

058 늑대로 변한 사람들

평소에는 멀쩡한 사람이다가 갑자기 늑대로 변해서 다른 사람을 닥치는 대로 공격해 죽이거나 잡아먹는 늑대인간은 주로 서양에서 잘 알려진 괴물이다. 하지만 중국에도 늑대인간 전설이 많다. 《태평광기》에 나오는 늑대인간 이야기를 살펴보자.

당나라 대종 때, 강주의 어느 마을에 스무 살 젊은이가 살았는데, 갑자기 원인을 알 수 없는 병을 심하게 앓더니 정신이 이상해져서 그만 늑대로 변했다. 젊은이는 생각과 행동도 완전히 늑대로 변해서, 사람들의 눈을 피해 마을 아이들을 잡아먹었다. 부모들은 사라진 아이들을 찾아 마을 이곳저곳을 뒤졌지만, 어디에서도 발견할 수 없었다.

늑대가 된 젊은이는 원래 무척 가난하고 일정한 직업이 없어서 이 집 저 집의 잡다한 일을 도와주며 밥을 얻어먹었다. 그래서 젊은이가 잡아먹은 아이가 살던 집을 지날 때 아이 아버지가 젊은이에게 말을 걸었다.

"내일 우리 집에 일이 있는데, 자네가 와서 좀 도와주게. 그러면 내가 한 끼 푸짐하게 대접하겠네."

여느 때 같으면 얼른 좋다고 했을 젊은이는 크게 웃으며 거절했다.

"내가 무엇 때문에 당신네 집안일을 도와줘야 합니까? 당신네 음식은 물려서 먹기 싫습니다. 요즘 나는 진귀한 음식을 먹으니까요."

그 말을 듣고 아이를 잃어버린 아버지는 매우 이상하게 여겼다. 몹시 가난해서 일을 하지 않으면 끼니조차 해결할 수 없는 젊은이가 진귀한 음식을 먹었다고 하니 말이다.

"자네가 무슨 돈이 생겨서 진귀한 음식을 먹는단 말인가?"

아이 아버지가 궁금해서 묻자, 젊은이는 여전히 웃으면서 "내가 요즘 날마다 사람 고기를 먹는데, 어제 잡아먹은 아이가 무척 맛이 좋았습니다."라고 대답했다. 놀란 아버지가 젊은이의 입안을 살펴보니 피비린내가 진동을 했다. 화가 난 아이 아버지가 몽둥이를 가져와 젊은이를 마구 때리니, 젊은이는 그만 늑대로 변하여 죽어버렸다.

두 번째 늑대인간 이야기도 강주의 마을에서 벌어진 일이다. 어느 노인이 몇 달 동안 병에 걸려 앓아누웠는데, 마지막 열흘 동안은 아무런 음식도 먹지 못하고 괴로워했다. 그러다가 밤이 되자 노인은 어디론가 사라져버려 아무도 그가 간 곳을 알지 못했다.

다음 날 저녁, 마을 주민 하나가 뽕나무밭에서 뽕잎을 따고 있었는데 갑자기 늑대 한 마리가 나타나서 덤벼들었다. 주민은 겁에 질려 서둘러 뽕나무 위로 올라갔다. 하지만 나무가 그리 높지 않아서 늑대가 주민의 옷을 물었고, 주민은 도끼로 늑대를 찍어버렸다. 이마를 다친 늑대는 달아났다.

늑대가 사라지자 주민은 뽕나무에서 내려와서 늑대의 발자국을 따라갔다. 한참을 걸어가니 몇 달 동안 병을 앓았던 노인의 집이 나왔다. 주민은 노인의 아들을 불러 자신이 겪은 일을 말하고 돌아갔다. 노인의 아들이 아버지의 이마를 살펴보니 놀랍게도 도끼로 찍힌 흔적이 선명했다. 주민의 말이 사실인 것을 깨닫고 아들은 아버지를 목 졸라 죽였고, 노인은 그만 늑대로 변해버렸다.

그런가 하면 《태평광기》에는 늑대와 사람 사이에서 태어난 늑대인간 이야기도 실려 있다. 진주 신산현에 사는 장 씨의 아내가 노란 배옷을 입고 허리와 배가 가느다란 남자와 성관계를 갖는 꿈을 꾼 후에 임신을 했다. 그런데 그 후로 그녀는 날고기를 먹고 성질이 난폭해지더니 여섯 달 후에 늑대 두 마리를 낳았고, 늑대들은 태어나자마자 사람처럼 걸어 다녔다. 장 씨는 늑대를 요괴라고 여겨 때려 죽었고 아내는 일 년이 지나서야 제정신으로 돌아왔다.

059 한번에 9만 리를 날아가는 붕

중국의 판타지 세계에서 가장 강력하고 위엄 있는 동물이라고 하면 용을 떠올리기 쉽다. 그러나 용보다 더 크고 강력하며 위엄이 넘치게 묘사되는 동물도 있으니 바로 거대한 새 붕(鵬)이다.

전국시대의 《장자(莊子)》는 붕을 처음으로 언급한 책이다. 《장자》에 따르면 북쪽 바다 북명에 크기가 수천 리나 되는 커다란 물고기 곤(鯤)이 사는데, 이 곤이 모습을 바꿔서 붕이 된다. 따라서 붕의 크기도 수천 리 혹은 그 이상인데, 정확한 크기는 알 수 없다.

붕의 날개는 하늘을 뒤덮은 구름처럼 거대하며, 한번 날개 펼쳐 남쪽 바다로 날아가면 회오리바람이 무려 9만 리(3만 6천 킬로미터)나 일어난다. 세상의 끝에 사는 커다란 새가 거센 바람을 일으킨다는 《장자》의 내용은 북유럽 신화에서 세상의 북쪽 끝에 살면서 날갯짓으로 큰 바람을 일으키는 독수리 흐레스벨그와 비슷하여 흥미롭다. 심지어 붕의 외모가 독수리와 닮았다는 묘사도 있다.

《장자》에 소개된 붕의 내용은 이 정도가 전부인데, 명나라 때 오승은이 쓴 판타지 소설 《서유기》에 더 자세하고 생동감 있는 묘사가 있어 아쉬움을 달래준다.

《서유기》에서 붕은 대붕금시조, 줄여서 붕마왕이라는 이름으로 등장한다. 붕마왕은 다른 두 마왕 푸른 사자와 하얀 코끼리와 의형제를 맺고, 서역의 나라 사타국 주민을 모조리 잡아먹은 후, 사타국을 요괴의 나라로 바꾸어서 지배하고 있었다. 의형제의 서열은 푸른 사자가 첫째, 하얀 코끼리가 둘째, 붕마왕이 셋째이지만, 실제로 세 마왕 중에서 가장 강력하고 지혜로운 요괴는 붕마왕이었다.

《서유기》의 주인공은 널리 알려진 대로 원숭이 요괴 손오공이다. 손오공은 젊은 시절에 옥황상제가 다스리는 하늘에서 행패를 부리며 여러 신을 공포에 떨게 한 무적의 존재이다. 그래서 삼장법사를 따라 인도로 불경을 구하는 여정에 나섰을 때도 대부분의 요괴를 어렵지 않게 물리쳤다.

그런데 붕마왕은 손오공이 이제까지 상대한 요괴들과는 전혀 달랐다. 우선 다른 요괴들은 손오공이 둔갑을 하면 정체를 알아차리지 못하고 그대로 속아 넘어갔는데, 붕마왕은 손오공이 둔갑한 사실을 정확히 알아차리고 다른 요괴들에게 알리는 바람에 손오공의 둔갑은 번번이 실패했다.

또 손오공이 하루에 10만 8천 리를 가는 신비한 구름 근두운을 탔는데도, 붕마왕은 날갯짓 한 번으로 손오공을 따라잡았다. 붕마왕은 한번 날개를 펴면 9만 리를 날아가기 때문이었다. 붕마왕에게 붙잡힌 손오공은 달아나려 했지만 붕마왕의 발톱이 워낙 단단하게 옥죄어 꼼짝없이 끌려가고 만다. 일찍이 하늘의 신들에게도 맞섰던 손오공이 전혀 힘을 못 쓰고 당하는 설정이 꽤나 충격적이다.

심지어 붕마왕은 석가모니가 자신을 상대하러 직접 나섰는데도 전혀 두려워하지 않고, 오히려 "저 자를 해치워버리고 내가 부처의 세계를 지배하겠다!"라고 큰소리를 치며 덤벼들었다. 다른 두 마왕 푸른 사자와 하얀 코끼리가 석가모니를 보고 겁에 질려 움츠러든 것과는 사뭇 비교되는 일이다.(물론 붕마왕은 석가모니의 권능을 당하지 못하고 굴복하고야 만다.)

이처럼 붕마왕은 비록 악역이지만 무척 매력적인 역할로 묘사되고 있다. 아마 《서유기》를 쓴 오승은이 《장자》에서 강력하고 위엄이 넘치게 묘사된 붕의 모습에 영감을 받아 설정한 존재라서 그런 듯하다.

060 섬만큼 거대한 물고기

    동서양을 막론하고 바다에 관련된 전설을 보면, 뱃사람들이 섬인 줄 알고 발을 디딘 것이 거대한 물고기임을 깨닫고 놀라 달아나는 이야기가 종종 나온다.

    서양에서는 아일랜드의 천주교 수도사 성 브렌던이 그런 이야기의 주인공이다. 그는 565년부터 7년 동안 배를 타고 아일랜드 서쪽 바다를 떠돌면서 성스러운 땅을 찾는 모험을 했다. 어느 날 성 브렌던은 섬을 발견하고 상륙했는데, 알고 보니 그 섬은 어마어마하게 큰 물고기였다. 다행히 물고기는 무척 온순해서 성 브렌던과 일행이 미사를 마치고 떠날 때까지 얌전히 기다렸다고 한다.

    중국에도 섬으로 착각할 만큼 거대한 물고기에 관한 이야기가 전해진다. 《태평광기》에 실린 두 편을 살펴보자.

    첫 번째 이야기는 영남절도사 하리광의 입에서 시작된다. 그는 자신이 직접 세 가지 괴상한 일을 보았다고 한다. 그중 하나는 이러하다. 지금의 하이난 섬이 보이는 주애 인근 바다에 서로 7백 리(280킬로미터) 정도 떨어져 있는 두 개의 산이 있었다.

    당나라 현종 때, 바다에 천둥소리가 크게 울려 퍼지면서 마치 거품과 같은 진흙이 7일 동안이나 비처럼 내리고 하늘과 땅이 온통 어두웠는데, 배를 타고 바다에 나갔다가 그 산을 보고 온 사람이 이런 말을 전했다.

"아주 커다란 물고기 한 마리가 바다 위를 헤엄치다가 그만 두 산 사이에 끼어버렸는데, 7일이 되어서야 겨우 빠져 나갔습니다."

즉, 바다에 울려 퍼진 천둥은 물고기가 내는 울음소리였고, 비처럼 내린 진흙은 물고기가 입에서 뿜어낸 거품이었으며, 하늘과 땅이 어두웠던 것은 물고기가 입으로 뱉어낸 기운이었다는 것이다. 다시 말해 7백 리나 떨어진 두 개의 산 사이에 꽉 끼어버릴 정도로 물고기가 굉장히 컸다는 이야기다.

하리광이 겪은 또 다른 괴상한 일의 전말은 이렇다. 바다에 길이와 넓이가 수천 리나 되는 거대한 섬이 있었다. 그 섬에는 두꺼비처럼 생긴 물체가 몇 마리 있었는데, 큰 것의 둘레는 5백 리, 작은 것도 1백 리나 되었다. 매월 보름달이 뜨는 날이면 그 두꺼비처럼 생긴 물체들이 입에서 뱉어낸 하얀 기운이 달에 닿을 정도로 높이 떠올랐다.

마지막으로 하리광이 본 괴상한 일은 이러하다. 바다에 둘레가 수십 리나 되는 커다란 산이 하나 있었다. 매년 초여름이면 몸의 길이가 1백 길(3백 미터)이나 되는 거대한 뱀 한 마리가 나타나서 산에 몸을 감고 바닷물을 마셨다. 그런데 언젠가 여느 해처럼 뱀이 나타났는데, 갑자기 바다에서 어떤 큰 물체가 나타나서는 뱀을 삼켜버렸고, 곧이어 산이 갈라지더니 산마저도 그 물체가 삼켜버렸다.

뱀과 산을 통째로 삼켜버린 커다란 물체는 아마도 거대한 물고기가 아니었을까?《태평광기》의 두 번째 이야기를 보면 더더욱 그런 짐작을 하게 된다. 그 내용은 먼저 언급한 성 브렌던이 겪은 일과 매우 비슷한데, 다음과 같다.

옛날에 많은 사람이 배를 타고 중국의 동쪽 바다를 여행하고 있었다. 그런데 바람이 무척 심하게 불어서 배가 거의 침몰할 지경이었고, 그런 위험한 상황이 거의 하루 종일 계속되었다. 거센 물결과 바람에 휩쓸린 배는 바다 위를 이리저리 떠돌다가 어느 외딴 섬의 기슭에 멈추었다.

사람들은 하루 종일 파도와 바람에 지칠 대로 지쳐서, 섬에 발을 딛자마자 불을 피워 음식을 조리하려고 했다. 그런데 불이 타오르고 음식이 미처 익지 않은 상황에서 갑자기 섬이 바닷물 속으로 서시히 가라앉았다. 사람들은 놀라서 서둘러 배로 돌아가 닻줄을 자르고 섬을 떠났는데, 멀리서 보니 그 섬은 사실 어마어마하게 거대한 물고기였다. 사람들이 음식을 조리하려고 불을 지피자, 물고기가 그 열기를 싫어하여 바닷물 속으로 잠수를 한 것이다.

성 브렌던과 중국의 뱃사람들이 섬으로 착각한 거대한 물고기의 정체는 무엇일까? 대왕고래 같은 고래였을까?

061 바다에 사는 거대한 생물들

바다에 사는 거대한 생물들은 신화에서 자주 괴물로 등장한다. 《태평광기》에도 바닷장어와 잉어 등에 관한 흥미로운 이야기가 실려 있다.

먼저 해추어(海鰌漁)라고 불리는 커다란 바닷장어를 살펴보자. 해추어는 가장 작은 것도 길이가 무려 1천 척(3백 미터)이 넘을 만큼 거대하다. 해추어가 배를 삼킨다는 소문이 있어서 뱃사람들은 해추어를 매우 두려워했다.

해추어는 중국 남부 광저우의 남쪽 바다에 산다. 간혹 광저우 인근 해역을 오가는 뱃사람들은 바다 위에 10개의 산이 떠 있는 모습을 보고 놀라워하는데, 그것은 진짜 산이 아니라 바다 위에 떠 있는 해추어의 등이다. 해추어는 종종 공중에다 물을 뿜는데, 하늘에서 부슬비가 내리는 것으로 착각할 정도라고 한다.

바다에서 해추어를 만나도 안전히 지나칠 수 있는 방법이 있다. 타고 있는 배를 손으로 힘껏 두드리며 해추어를 향해 요란한 소리를 지르는 것이다. 해추어는 그 소리를 듣고 바닷물 속으로 들어가 버린다. 하지만 이런 용기를 내기도 쉽지는 않은 모양이다. 중국 북쪽에 살던 사람이 광주 남쪽으로 가는 뱃길에 함께 따라갔다가 일 년 후에 돌아왔는데, 머리카락이 온통 새하얗게 변했다. 해추어를 보고 너무나 놀라고 겁에 질려서 머리가 새어버린 것이다.

두 번째로 다룰 바다 생물은 고래이다. 고래는 꽤 친숙하게 느껴지지만 《태평광기》에 나오는 고래는 우리가 익히 알고 있는 그런 동물이 아니다. 신들과 겨룰 만큼 막강한 존재이다.

당나라 현종 때, 중국 광둥성 남부의 뇌주반도 인근 바다에서 고래 한 마리가 번개의 신 뇌공 수십 명과 싸운 일이 있었다. 뇌공들은 고래를 향해 번개를 내리치면서 무려 7일 동안이나 싸움을 계속했다. 이 싸움의 승자가 누구인지는 정확히 알 수 없다. 다만 바닷가 주민들이 멀리서 그 광경을 지켜보다가 바닷가로 나가보니 바닷물이 온통 붉게 물들었다고 한다. 아마도 뇌공들의 공격을 받아 흘린 고래의 피가 그만큼 많았다는 뜻이겠다.

끝으로 잉어에 대한 이야기를 살펴보자. 잉어가 왜 바다에 사느냐고 이상하게 여길 수도 있겠다. 하지만 잉어는 소금기에 상당히 강한 물고기라 종종 바다에서도 발견된다고 한다.

《태평광기》에는 당나라 현종 때, 지금의 저장성 타이저우시 앞바다에서 잉어가 큰 뱀과 싸운 이야기가 나온다. 이 이야기에서 잉어는 눈과 지느러미가 붉은색인데, 크기가 작은 산만 했고, 몸 전체 길이는 5~6리(2천~2천 4백 미터)에 달할 만큼 매우 컸다. 잉어와 싸운 뱀도 잉어 못지않게 굉장히 몸이 커서 섬을 몇 번이나 감을 정도였다고 전한다.

아무튼 이처럼 거대한 잉어와 뱀이 치열하게 싸움을 벌였는데, 잉어는 지느러미로 뱀을 때렸고, 뱀은 이빨로 잉어를 물어뜯었다. 사흘이나 이어진 두 괴물의 처절한 사투의 승리자는 잉어였다. 잉어가 계속 지느러미로 때리자 뱀이 먼저 지쳐서 죽고 만 것이다.

《태평광기》에 소개된 세 가지 바다 생물은 어떤 동물일까? 아마도 심해에 살다가 가끔 바다 위로 나오는 수수께끼의 물고기 산갈치, 바다 생물들 중에서 가장 거대한 고래, 그리고 잉어과의 일종으로 그 크기가 최대 2미터까지 자라는 초어(草魚)에게서 중국인들이 영감을 얻어 재미있는 이야기로 지어낸 것이 아닐까.

062 나쁜 징조를 전하는 난쟁이

오늘날의 판타지 세계에서 난쟁이 종족 드워프는 요정 엘프와 더불어 가장 자주 출연하는 단골손님이다. 드워프들은 대개 땅속에 살면서 철이나 황금 등 각종 지하자원을 캐내는 광부이면서, 그런 자원을 가공하여 천둥의 신 토르의 망치 같은 강력한 무기를 만드는 뛰어난 기술자이기도 하다.

서양의 드워프와는 좀 다르지만, 고대 중국에서도 난쟁이 종족에 관한 흥미로운 이야기가 전해진다. 《수신기》와 《태평광기》에 실린 이야기 두 편을 소개한다.

먼저 《수신기》에 나오는 난쟁이 종족 이야기다. 한고조 유방이 세운 전한은 황실의 외척 왕망에 의해 멸망하고, 왕망은 스스로 황제가 되어 글자 그대로 새로운 나라 신나라를 세웠다. 하지만 신나라는 정통성이 없는 왕조여서 초기부터 백성들에게 외면을 받았으니, 신나라 시대에 중국 대륙은 민심이 불안하고 뒤숭숭한 세월을 보냈다.

신나라 시대이던 서기 12년, 지금의 산시성인 지양현에서 키 1척(30센티미터)의 난쟁이 종족이 출현했다. 이들은 키만 작았을 뿐, 보통 사람들과 똑같은 물건을 가지고 있었다. 아무튼 난쟁이 종족은 지양현에서 발견된 지

사흘 만에 자취를 감춰버렸다. 이 소식은 황궁에 있던 왕망에게 보고되었다. 왕망은 난쟁이 종족이 출현했다는 말에 굉장히 기분이 나빴다. 어쩐지 자연의 질서를 거스르는 나쁜 징조라고 여겼기 때문이다.

왕망의 예감이 맞았는지, 난쟁이 종족이 사라진 후에 신나라 안에서는 왕망에게 반대하는 여러 저항 세력이 잇달아 반란을 일으켰다. 그리고 반란군 진압에 나선 신나라 군대가 모두 패하면서 왕망은 크나큰 위기에 몰렸다. 결국 서기 23년 신나라 수도 장안의 시민들은 반란을 일으켜 왕망의 몸을 갈기갈기 찢어죽이고 말았다.

지양현에 나타난 난쟁이 종족의 정체는 무엇이었을까? 《수신기》는 고대 중국 문헌 《관자(管子)》를 인용하여, 말라버린 연못에서 키가 4촌(12센티미터) 정도 되는 요괴 경기(慶忌)가 나타난다고 설명한다. 경기는 사람과 똑같이 생겼는데, 노란색 옷을 걸치고 노란색 관(冠)을 쓰며, 노란 색 일산(日傘)을 들고 있다. 만약 누군가가 경기의 이름을 부르면, 이들은 작은 말을 타고 하루에 1천 리를 달릴 수 있다고 한다. 《수신기》는 "지양현의 난쟁이 종족이 경기의 일종일 수도 있다."라고 추측했다.

이제 《태평광기》에 언급된 난쟁이 이야기를 보자. 소금과 철을 관리하는 염철원의 관리 팽옹은 어느 날 원인을 알 수 없는 병에 걸려 몇 달이나 정신이 몽롱하고 기분이 울적했다. 그리고 언제부터인지 팽옹이 관청을 나서면 키가 고작 몇 촌에 불과한 난쟁이 광대와 악사 수십 명이 즐겁게 묘기를 부리거나 음악을 연주하는 모습이 보였다. 난쟁이 광대와 악사 들에게서는 붉은빛과 자줏빛이 화려하게 감돌았다.

팽옹은 이들을 볼 때마다 기뻐서 웃다가 갑자기 화를 내는 등 감정이 마구 달라졌다. 어찌된 영문인지 난쟁이 광대와 악사 들은 팽옹에게만 보였고, 다른 사람들의 눈에는 전혀 보이지 않았다. 시간이 흘러 팽옹은 병이 나아서 다시 예전처럼 유쾌하고 건강한 기질을 되찾았는데, 그러자 더 이상 난쟁이 광대와 악사 들은 보이지 않고 사라져버렸다. 팽옹은 그로부터 십여 년 후에 죽었다고 한다.

063 거대한 나무에 깃든 요괴

　요괴 중에는 나무에 사는 것들도 있었던 모양이다. 《수신기》에는 이런 요괴에 대한 흥미로운 이야기가 두 편 실려 있다.

　지금의 후난성에 계양태수 벼슬을 지낸 장료라는 사람이 살았다. 그는 관직 생활에서 물러나 농사를 지으며 여생을 보냈는데, 그가 일구는 밭에는 어른 열 명이 손을 잡아야 끌어안을 수 있을 만큼 커다란 나무가 있었다. 문제는 그 나무의 가지와 이파리도 너무 크고 넓어서 장료의 밭에 어두운 그림자를 드리우는 바람에 햇볕을 받지 못한 작물이 제대로 자라지 못하는 것이었다.

　결국 장료는 "저 나무를 계속 내버려둔다면 내 밭에서 작물이 자라지 못할 것이다."라면서 하인에게 "저 나무를 베어버려라."라고 지시를 내렸다.

　그런데 하인이 도끼를 가져다 나무를 내리치자, 갑자기 나무가 베인 자리에서 붉은 수액이 무려 7말(126리터)이나 계속 터져 나오는 괴이한 일이 벌어졌다. 하인은 수액이 붉은 것을 보고 "이건 분명 나무가 피를 흘리는 것이다. 아무래도 이 나무를 베면 뭔가 나쁜 일이 생기겠다."라고 생각하고 장료에게 돌아가서 자신이 본 일을 알렸다.

　하지만 하인의 말을 들은 장료는 "오래된 나무에서는 종종 붉은 수액이 나오기도 한다. 그게 뭐가 어쨌다는 것이냐?"라고 화를 내더니, 자기가 직접 도끼를 들고 달려가서는 나무에 대고 힘껏 도끼를 휘둘렀다. 나무에서는 또다시 붉은 수액이 터져 나왔지만, 장료는 전혀 겁을 먹지 않고 하인에게 나무의 가지를 자르게 했다.

그러자 잘린 나뭇가지 위에서 머리가 하얗게 센 4~5척(120~150센티미터) 키의 노인 다섯이 모습을 드러냈다. 다섯 노인은 나무 아래로 뛰어내리더니, 장료를 향해 성난 기세로 달려왔다. 장료는 허리에 차고 있던 칼을 뽑아 노인들을 향해 휘둘렀고, 그들의 목을 모조리 잘라버렸다. 《수신기》는 죽은 노인들이 나무나 돌에 깃드는 요정 기(夔)와 망량(蝄蜽)이었으리라 추측하고 있다. 장료는 그러고 나서 큰 나무를 완전히 베어 없애버렸는데, 그 뒤로 장료에게 나쁜 재앙이 일어났다는 기록은 《수신기》에서 찾아볼 수 없다. 아마 기와 망량은 장료에게 재앙을 일어나게 할 만큼 강한 힘은 없었던 요정으로 보인다.

나무에 사는 또 다른 요정은 팽후이다. 소설 《삼국지》로 유명한 삼국시대의 일이다. 지금의 푸젠성 지역인 건안군의 태수 육경숙은 하인을 시켜 장뇌목 한 그루를 베어버리게 하였다.

하인은 명령을 따라 도끼로 장뇌목을 내리찍었는데, 장뇌목의 베인 자국에서 놀랍게도 사람의 피가 터져 나왔다. 하지만 육경숙과 하인 모두 놀라거나 두려워하지 않고 도끼질을 멈추지 않았고, 마침내 장뇌목은 완전히 베어져서 땅에 쓰러졌다. 그러자 장뇌목 안에서 갑자기 사람의 얼굴에 개의 몸을 지닌 괴물이 뛰쳐나왔다.

괴물을 본 육경숙은 "저것은 팽후다. 두려워할 것 없다."라고 말하고는 도끼를 휘둘러 팽후를 죽이고, 솥에 넣어 삶은 후 다른 사람들과 나눠 먹었다. 팽후의 고기 맛은 꼭 개고기 같았다고 한다. 중국에서는 고대 주나라 시대부터 개고기를 즐겨 먹었다.

《수신기》에서는 《백택도(白澤圖)》라는 책을 인용하여 "팽후는 나무의 요정이며, 검은 개와 같이 생겼고, 다만 꼬리는 없다. 사람이 삶아서 먹을 수 있다."라고 설명하고 있다. 팽후를 잡아먹어도 재앙이나 나쁜 일이 닥친다는 내용이 없는 것으로 보아, 팽후도 기나 망량처럼 그다지 힘은 없는 요괴였던 모양이다.

064 길러준 할머니의 원수를 갚은 뱀

《수신기》에는 자신을 길러준 사람을 위해 복수를 한 뱀에 얽힌 조금 무서운 이야기가 실려 있다.

쓰촨성의 공도에 가난한 할머니가 살았다. 할머니는 밥을 먹다가 웬 조그만 뱀 한 마리가 눈에 띄어 길렀다. 뱀은 여느 뱀과는 다르게 머리에 뿔이 달려 있었다. 할머니가 뱀에게 밥을 주니 뱀은 할머니를 따랐다. 그래서 할머니는 뱀을 강아지나 고양이처럼 귀여워하며 소중히 길렀다.

할머니의 정성 덕분인지 뱀은 하루가 다르게 자라 몸이 1장(3미터)이나 되었다. 그래도 할머니는 자기가 낳은 아이처럼 뱀을 사랑했다. 아마 할머니가 달리 정을 줄 대상이 없었던 것인지 모르겠다. 문제는 뱀이 할머니에게만 애정을 느끼고, 다른 사람이나 동물에게는 그러지 않았다는 점이었다.

그러던 어느 날 사고가 벌어졌다. 공도를 다스리던 현령에게 훌륭한 말한 마리가 있었는데, 그만 할머니의 뱀이 말을 잡아먹고 말았다. 아끼던 말을 잃어 화가 난 현령은 주위 사람들에게 물어 뱀이 사는 곳과 키우는 사람을 알아냈다. 그리고 포졸들을 보내 할머니를 관아로 잡아들이고는 뱀을 어디에 숨겼는지 말하라며 모진 고문을 가했다. 할머니는 온갖 고문에 시달리며 고통을 받았지만 끝내 뱀이 있는 곳을 말하지 않았고, 더욱 분노가 치민 현령은 계속 고문을 가하다가 그만 할머니를 죽이고 말았다.

다음 날, 마을 사람 하나가 갑자기 귀신에 씌워서 꼭 현령을 만나야겠다고 소동을 일으켰다. 주위 사람들이 아무리 말리고 포졸들이 관아 문을 막아도 그 사람은 어디서 그런 힘이 솟아나는지 계속 밀치면서 관아 문을 열고 뛰어들었다. 궁금증이 일어난 현령이 그를 만나니 그는 마치 짐승이 사람의 말을 배운 듯이 괴상한 목소리로 말했다.

"현령은 듣거라. 네 말을 잡아먹은 것은 나인데, 너는 무슨 이유로 내 어머니를 죽였느냐? 내가 반드시 너와 이 마을 주민들에게 그 핏값을 치르게 할 테다!"

그 사람은 말을 마치고 땅바닥에 쓰러지더니, 입에서 하얀 거품을 뿜으면서 몸을 덜덜 떨었다. 놀란 포졸들이 달려들어 몸을 일으켜 세우려 했으나, 어느새 그는 죽어 있었다. 현령과 주위 사람들은 이 해괴한 변고에 불안해하며, 혹시 할머니가 기르던 뱀의 귀신이 그에게 들려서 말한 것이 아닌가 하여 무당을 불러 굿을 하며 뱀을 달래려 했다. 하지만 무당은 한참 굿을 하다가 잔뜩 겁에 질려 "이 뱀 귀신은 너무나 원한이 강해서 도저히 내가 진정시킬 수 없소. 여러분은 하루빨리 이 마을에서 도망가시오. 안 그러면 다 죽소."라고 말하면서 굿을 멈추고 마을을 떠났다.

그로부터 40일 동안 마을에는 매일같이 천둥이 내리치고 거센 바람이 불었다. 사람들은 대체 무슨 일이 벌어지는 것인지 영문을 알 수가 없어서 두려움에 떨었다. 길가에는 인적이 끊겼고, 모두들 집 안에 틀어박혀 하루빨리 무서운 일이 지나가기만을 빌었다. 40일이 지나자 천둥과 바람이 멈추었고, 사람들은 이제 평온이 찾아온 줄 알고 다들 집 밖으로 나왔다.

그런데 마을 사람들은 서로를 보고 깜짝 놀랐다. 모든 사람이 머리 위에 물고기를 한 마리씩 얹고 있었기 때문이다. 그래서 서로 "왜 당신은 머리에 물고기를 얹고 있소?"라고 물었지만, 아무도 그 이유를 몰랐다.

그리고 그날 밤, 하늘에 구멍이 뚫린 것처럼 비가 퍼붓고 저수지가 무너져, 마을 사방 40리가 물에 잠겨 현령을 비롯한 마을 주민 전체가 물에 빠져 죽고 말았다. 마을은 큰 호수로 변했는데, 나중에 낚시꾼들이 자주 와서 고기를 낚았다. 다만 할머니가 살던 집만은 물에 잠기지 않았다. 뱀이 사람의 입을 빌려 예언한 대로 마을 전체에 복수를 한 것이다.

자신을 길러준 할머니의 복수를 위해 마을 전체를 물에 잠기게 한 뱀의 정체는 무엇이었을까? 뿔이 달려 있었다는 것을 보면 뱀은 용이 아니었을까? 뱀이 1천 년을 살면서 도를 닦으면, 몸에 뿔이 돋고 팔과 다리가 생겨 용이 된다. 그렇다면 그 뱀은 덜 자란 용이었을지 모른다. 용은 연못과 호수, 강과 바다 등지에 살며 하늘에서 비를 내리는 물의 신이니 충분히 저수지를 부수거나 하여 마을을 물에 잠기게 할 수 있다.

용은 온갖 물고기들의 지배자이기도 하다. 용왕은 바다에 살면서 물고기를 부린다. 마을 주민들의 머리 위에 물고기가 얹힌 것도 그 때문이겠다.

065 화재를 일으키는 요괴들

인간 사회에서 화재는 무서운 재앙이어서 신화 세계의 요괴와 연결되는 경우가 많다. 《태평광기》에도 화재를 일으키는 요괴들에 관한 재미있는 이야기가 두 편 실려 있다.

첫 번째 이야기는 이렇다. 5대10국 시대에 여사조라는 사람이 지금의 안후이성 츠저우를 다스리는 자사로 지내면서 재산을 크게 늘렸다. 청렴한 관리라면 관직 생활을 하면서 재산을 크게 늘리기 어려웠을 테니 그는 분명 탐관오리였을 것이다.

여하튼 큰돈을 모은 여사조는 지금의 장쑤성 양저우로 딸을 시집보냈다. 자신의 체면을 세우기 위해 혼수를 잔뜩 마련한 여사조는 혼수품 배달을 자기가 부리는 하인에게 맡겼다. 하인은 혼수품을 실은 배를 몰고 죽소강을 지나가다가 밤이 되어 배를 강가에 정박시켰다. 그런데 물가에 도사 하나가 느닷없이 모습을 보였다. 그는 머리카락을 길게 풀어헤쳤고 눈은 풀려 있었으며 입가에 침을 뚝뚝 흘렸다. 누가 보아도 제정신이라고는 할 수 없는 차림이었다.

도사는 갑자기 여사조가 사돈 집안에 보내는 혼수품으로 가득한 배 안으로 뛰어들었다. 그러고는 재빨리 배 위를 달려갔는데, 그의 두 발이 닿는 곳마다 불이 붙더니 순식간에 혼수품이 모두 타버렸다. 하지만 놀랍게도 불에 탄 것은 혼수품뿐이었다. 사람이 죽거나 다치지도 않았고 배가 가라 앉지도 않았다. 불길이 수그러들자 도사는 온데간데없이 사라져버렸다. 혼 수품만 불태워 없애버린 도사는 아마 여사조의 부패를 미워한 요괴가 아니 었을까?

두 번째 이야기는 당나라 때 있었던 일이다. 재상 가탐이 조정에서 업무 를 마치고 자신의 집으로 돌아와서는 장안성의 상동문을 지키는 병사 하나 를 불러서 이렇게 명령했다.

"자네한테 내가 특별히 당부할 일이 있어서 이렇게 불렀네."

"무슨 일이십니까?"

"내일 정오에 겉모습이 아주 괴상한 여자 둘이 상동문으로 들어올 걸세. 그러면 자네는 여자들을 몽둥이로 실컷 때려야 하네. 여자들이 살려달라고 애걸해도 절대 자비를 베풀면 안 되네. 또, 그 여자들이 도망쳐도 끝까지 쫓아가서 때려야만 하네."

"그러다가 여자들이 죽기라도 하면 어찌합니까?"

"걱정 말게. 여자들이 자네 몽둥이에 맞아 죽으면 더 좋은 일이네. 아무 튼 내 말 명심하고 그대로 하게."

병사는 마음속으로 이상하게 여기면서도 재상의 지엄한 명령이라 알겠 다고 답하고 돌아왔다. 그리고 가탐이 말한 다음 날 정오가 되어 병사의 눈 에 멀리서 오는 비구니 두 명이 보였다.

그런데 비구니들이 가까워질수록 병사는 이들이 아주 괴상하다고 느꼈 다. 비구니들은 얼굴에 새빨간 분을 잔뜩 바르고, 온통 붉은색 옷을 몸에 겹겹이 두른, 무척이나 선정적인 모습이었다. 욕망을 멀리하고 엄격한 삶 을 살아가는 비구니로 보기가 어려웠다.

'필시 저 여자들은 비구니가 아니라, 재상께서 말씀하신 괴상한 것들이다.'

그렇게 결론을 내린 병사는 비구니들한테 달려가서 몽둥이를 휘둘렀다. 비구니들은 "저희는 잘못이 없습니다!"라고 울부짖었으나, 병사는 가탐이 한 말을 떠올리고 계속 몽둥이를 휘둘렀다. 그러자 비구니들은 서둘러 도망쳤는데, 말이 달리는 것처럼 빨랐다. 병사는 쫓아가서 비구니들을 다시 때렸는데, 숲속으로 달아나버린 후에는 더 이상 행방을 알 수 없었다.

병사는 가탐의 집으로 달려가 자신이 한 일을 보고했다. 그러자 가탐은 "여자들이 죽지 않고 도망쳤다니, 반드시 재앙이 일어날 것이다."라고 혀를 차며 말했다. 그리고 다음 날, 장안성의 동쪽 시장에서 갑자기 화재가 일어나 수천 가구가 불에 탔다. 그나마 불길이 빨리 잡혔다는 소식이 들려왔다.

가탐이 병사더러 실컷 때리라고 한 비구니들은 화재를 일으키는 요괴들이었다. 그래서 가탐은 그들을 때려죽이면 더 좋다고 말한 것이다. 그랬다면 화재가 일어나는 것을 처음부터 막을 수 있었을지 모른다. 그나마 병사의 매에 비구니들이 다쳐서 화재도 약해지고 불길도 금세 잡을 수 있었다.

066 사람으로 둔갑한 늙은 살쾡이

여우는 구미호라는 요괴로 널리 등장한다. 여우보다는 덜 알려져 있지만 살쾡이도 여우 못지않게 교활한 역할을 맡아왔다. 《수신기》에는 사람으로 둔갑하여 해를 끼친 살쾡이 요괴에 관한 으스스한 이야기가 실려 있다.

서진 시대, 오흥군에 살던 사람이 두 아들을 두었는데 부자지간에 사이가 좋았다. 그런데 어느 날부터인지 아버지가 아들들을 대하는 태도가 달라졌다. 걸핏하면 아들들에게 욕을 하고 손찌검을 하며 난폭하게 굴었던 것이다. 아들들은 아버지의 태도가 왜 변했는지 알지 못했고, 다만 아버지가 늙어서 인내심이 사라졌나 보다, 하고 그냥 넘어갔다.

하지만 아버지는 점점 거칠어졌다. 급기야 아들들이 밭을 갈고 있는데 갑자기 나타나서는 커다란 몽둥이를 휘둘러 아들들을 죽도록 팼다. 아무리 효성이 지극한 아들들이라고 해도, 몽둥이로 맞는 것은 견디지 못하여 자리를 피해 달아났다.

집으로 도망한 두 아들은 어머니한테 "아무래도 아버지가 미친 것 같습니다. 우리가 재빨리 도망치지 않았다면, 영락없이 아버지가 때리는 몽둥이에 맞아 죽었을 겁니다."라고 하소연했다. 어머니는 그 말을 듣고 깜짝 놀랐다. 마침 남편이 집으로 돌아와서 "당신이 정말 아이들을 죽이려고 때

렸습니까? 도대체 왜 그랬습니까?"라고 물어보았다. 그런데 아버지의 반
응은 전혀 뜻밖이었다.

"그게 무슨 말이오? 나는 아이들한테 몽둥이를 대거나 심하게 욕을 한
일이 전혀 없소."

두 아들이 그동안 아버지가 자신들에게 모질게 대한 일을 열거하자, 아
버지는 더더욱 강하게 부정하며 말했다.

"나는 너희를 무척 아끼고 사랑하는데, 어째서 너희한테 그렇게 모질게
대했다는 것이냐? 하늘과 조상님들께 맹세코 나는 절대 그런 적이 없다."

"아니, 그러면 그동안 아버지께서 저희들한테 욕을 하고 손찌검을 한 것
은 도대체 뭐란 말입니까?"

두 아들의 질문을 받은 아버지는 한참 고민에 빠져 있다가 뭔가가 생각
났다는 듯이 말했다.

"내가 듣기로 늙은 살쾡이는 사람으로 둔갑해서 골탕 먹이기를 좋아한
다고 하더구나. 아무래도 그동안 살쾡이 요괴가 내 모습으로 둔갑해서 너
희를 괴롭힌 것 같다. 그러니 그놈이 다시 나타나서 내 행세를 한다면, 그
요망한 것을 꼭 죽여야 한다."

그런 일이 있고서 한동안은 아버지가 두 아들을 대하는 태도가 무척 부
드러웠다. 두 아들은 살쾡이 요괴가 멀리 도망갔다고 생각하고 마음을 놓
았다. 그런데 어느 날 또다시 아버지가 두 아들에게 욕설을 퍼붓고 매를 때
리며 난폭하게 굴다가 재빨리 달아나는 일이 발생했다. 두 아들은 살쾡이
요괴가 다시 나타났음을 깨닫고 잡아 죽일 기회를 엿보았다. 그러다 아버
지가 밭에 모습을 보이자 서둘러 달려들어 때려죽였다. 두 아들이 집으로
돌아오니 이미 아버지가 기다리고 있었다. 두 아들은 살쾡이 요괴를 죽인
것에 크게 기뻐했다.

그로부터 몇 년이 지나 어느 도사가 두 아들의 집을 지나가다가 발걸음

을 멈추더니 "당신들 아버지 얼굴에 나쁜 기운이 흐르고 있소. 아무래도 내가 당신들 집으로 들어가야겠소."라고 말했다.

그 말을 듣고 아버지는 크게 화를 내면서 "당신은 남의 일에 상관하지 말고 가던 길이나 가시오!"라고 말했다. 하지만 도사는 집 안으로 들어가서 요괴 쫓는 주문을 외웠고, 곧 놀라운 일이 벌어졌다. 아버지가 점점 두려워하더니 이윽고 한 마리 늙은 살쾡이로 변해서 침대 밑으로 도망쳐버린 것이다. 도사는 얼른 살쾡이를 끄집어내서 죽였다. 그리고 두 아들에게 "이 못된 살쾡이 요괴가 그동안 당신네 아버지로 둔갑했던 것이오."라고 알려주고는 떠났다.

두 아들은 자신들의 아버지를 살쾡이 요괴로 잘못 알고 죽였다는 사실을 깨닫고는 분노와 자책감에 그만 자살을 하고 말았다. 자신에게 아무런 해도 끼치지 않은 사람을 상대로 못된 짓을 벌여 죽게 만든 살쾡이 요괴는 사악하기가 불여우에 못지않은 듯하다.

067 몸을 떠난 머리가 날아다니다

때로는 무시무시하게 생긴 괴물의 형상보다 사람의 형상, 특히 정상적이지 않은 사람의 몸이 더 으스스한 법이다. 《수신기》에는 사람의 머리처럼 생긴 요괴에 관한 무서운 이야기가 두 편 실려 있다. 이야기의 배경은 소설 《삼국지》로 잘 알려진 삼국시대의 오나라이다.

오나라 장군 등희가 제사를 지낸 후 제물로 쓴 돼지고기를 끈에 묶어서 매달았더니 이상한 일이 벌어졌다. 허공에 사람의 머리가 하나 나타나 돼지고기를 향해 날아와서는 조금씩 먹어치우는 것이었다.

이 광경을 본 등희는 '저게 도대체 무엇일까? 사람인가 귀신인가? 어느 쪽이든 내 집에 함부로 들어와 제사상에 올린 돼지고기를 먹어치우고 있으니 혼을 내야겠다.'라고 생각하며, 활에 화살을 장전하고는 그 머리를 향해 쏘았다.

등희의 화살에 맞은 머리는 금방 사라졌다. 하지만 기괴한 일은 계속되었다. 그 사람의 머리가 돼지고기를 먹을 때 냈던 기분 나쁜 소리가 무려 3일이나 집에서 울려 퍼진 것이다.

3일이 지나서야 비로소 기분 나쁜 소리는 더 이상 들리지 않았지만 등희는 더 나쁜 일에 휘말렸다. 누군가가 오나라 황실에 "등희가 역모를 일으키려 하고 있습니다."라고 모함했고, 이 때문에 등회는 물론 그의 가족, 친척까지 모조리 역모죄로 죽임을 당한 것이다.

등회의 집에 나타난 그 사람 머리는 무엇이었을까? 뒤에서 다시 살펴보겠지만 낙두민(落頭民)이라는 종족에 속한 존재가 아니었을까? 또 그 존재는 자신의 식사를 방해한 등회에게 원한을 품고 역모죄를 뒤집어씌워 죽인 것이 아니었을까?

《수신기》에는 등회가 겪은 일과 비슷한 이야기가 하나 더 실려 있다. 역시 오나라 때의 일이다. 오나라 장군 주환이 하녀를 새로 데려왔는데, 얼마 지나지 않아 그 하녀가 평범한 사람이 아니라는 사실을 깨달았다. 등회가 겪은 사람의 머리처럼 하녀는 자기 머리를 마음대로 몸에서 떼어낼 수 있는 괴상한 능력을 가진 종족이었던 것이다.

하녀의 머리는 모두가 잠든 밤에 집의 곳곳을 날아다녔다. 그래서 주환은 어느 날 밤, 횃불을 들고서 하녀가 잠든 곳을 몰래 찾아가 보았다. 역시나 하녀의 머리는 이미 날아가 버렸고 몸만 있었다. 주환이 손을 뻗어 몸을 만져보니 얼음처럼 차가웠지만, 가늘게 숨을 쉬고 있어서 죽은 것은 아니었다. 주환은 혹시 하녀가 계속 차가운 상태에 있으면 병이 들까 봐 이불로 몸을 덮어주었다.

얼마 후에 하녀의 머리가 날아왔는데 몸과 합쳐지지 못하자 땅으로 떨어졌고, 숨소리도 거의 들리지 않게 되었다. 주환이 얼른 이불을 치우니, 하녀의 머리가 다시 날아와서 몸에 붙었고 잠시 후에 하녀는 멀쩡한 상태로 돌아왔다.

이런 일을 겪고 나서 주환은 하녀를 집에서 쫓아내기로 결심했다. 비록 하녀가 주환이나 다른 사람들에게 해를 끼치지는 않았지만, 밤마다 사람의 머리가 집 안을 날아다니는 괴상한 일이 계속 일어나는 것은 좋지 못하다고 여겼기 때문이다.

주환은 주변에도 자신이 겪은 일을 알렸는데, 남정대장군이 주환과 같은 일을 보았다고 말했다. 남정대장군은 또 머리가 떠돌 때 그 자리를 구리로 만든 그릇으로 가렸더니 머리가 돌아와서도 목과 붙지 못해 죽고 말았다는 이야기를 전했다.

《수신기》에서는 밤마다 머리가 몸과 분리되어 허공을 날아다니는 종족을 가리켜 낙두민 혹은 충락(蟲落)이라고 부른다. 이 종족은 오나라보다 훨씬 전인 진시황의 진나라 시대에도 존재했다고 한다.

068 큰 혹에 숨어 사는 원숭이 요괴

영화 〈브루스 올마이티〉를 보면, 주인공 브루스가 자신을 괴롭혔던 깡패 중 하나의 항문에서 원숭이가 튀어나오게 하는 기적을 발휘한다. 그런데 《태평광기》에도 그처럼 사람의 몸속에서 튀어나온 원숭이 요괴 이야기가 실려 있다.

양나라 때, 지금의 산시성인 안강 지역에 음악을 연주하는 관리 조준조와 그의 아내 파 씨가 살았다. 그런데 어느 날인지 파 씨의 목에 혹이 하나 돋아났다. 처음에는 혹의 크기가 계란 정도여서 대수롭지 않게 넘어갔는데, 시간이 갈수록 혹이 점점 커져서 5년이 지나자 거의 솥만큼이나 크고 무거워졌다. 파 씨는 이제 집 밖으로 나가기는커녕 몸을 움직이는 것조차 힘든 고통에 시달렸다.

아내의 고통을 보다 못한 조준조가 여러 의원을 불러 진찰을 했으나, 그들도 "이런 병은 난생 처음이라 저희들도 어찌해야 할지를 모르겠습니다."라는 말만 남기고 돌아가 버렸다. 도대체 왜 혹이 갑자기 생기고 그렇게까지 커졌는지 아무도 알아내지 못했다.

신기한 점은 파 씨의 혹에서 거문고, 생황, 편경, 피리 등 온갖 악기의 연주 소리가 들렸다는 것이다. 심지어 그 소리는 매우 황홀하고 신비로워서,

들고 있으면 기분이 좋아졌다. 파 씨는 혹이 주는 고통이 말 못할 정도로 힘들었지만 그 연주 소리가 있어서 그나마 견딜 수 있었다.

그로부터 몇 년이 더 지나자 혹의 표면에 바늘로 찌른 것 같은 조그만 구멍이 셀 수 없이 생겨났는데, 흐리고 습기가 많은 날이면 그 구멍에서 가느다란 실 같은 하얀 연기가 나와서는 하늘로 올라가서 구름이 되었고 잇따라 여지없이 비가 내렸다. 이러한 괴변을 보고 조준조의 집안사람들은 "아무래도 파 씨의 몸에 요괴가 붙은 것 같다. 이대로 계속 집에 두었다가는 더 나쁜 일이 벌어질지도 모르니, 파 씨를 집에서 멀리 떨어진 곳으로 보내야 한다."라며 떠들썩하게 굴었다.

조준조는 아내를 쫓아내고 싶지 않았지만, 집안사람들의 아우성이 점점 심해지자 할 수 없이 파 씨를 찾아가서 말했다. 그러자 파 씨는 "어차피 이 혹을 달고 있는 한, 나는 집에서도 죽을 것이고 나가서도 죽을 것입니다. 그러니 차라리 이 혹이나 잘라내 주십시오."라고 부탁했다.

아내의 간절한 호소에 동정심을 느낀 조준조는 칼을 들고 와서 혹을 자르려고 했다. 그런데 그때 갑자기 혹 안에서 커다란 소리가 들리더니 혹이 찢어지면서 기다란 팔을 가진 큰 원숭이 한 마리가 튀어나왔다. 조준조와 파 씨는 너무 놀라서 멍하니 쳐다만 보고 있었는데, 원숭이는 재빨리 집 밖으로 달아나버렸다. 혹이 찢어진 것은 다행이었지만 파 씨는 피를 너무 많이 흘리는 바람에 의식이 흐려져 앓아누웠고 조준조는 아내 곁을 떠나지 않고 지켰다.

다음 날, 노란색 관(冠)을 쓴 도사가 조준조의 집을 찾아와서 말했다.

"어제 그대 집에서 나온 원숭이가 바로 나요. 나는 원래 비와 바람을 부르는 신통력을 가지고 태어난 원숭이 요괴였소. 강에 사는 교룡과 친구 사이인데, 음식을 가득 싣고 강을 건너는 배 한 척을 가라앉혀서 거기에 실려 있던 음식을 가져다가 가족들에게 먹였소. 그런데 이 사실을 알게 된 태일신이 화가 나서는 교룡을 죽였고 나도 찾아서 벌하려고 하기에 잠시 당신의 부인 몸속으로 숨어 있었소. 그동안 부인에게 큰 고생을 시킨 것 같아서 무척 미안하오. 어제 부인의 몸에서 빠져 나온 후, 곧바로 신선들이 사는 봉황산으로 달려가서 신령의 기름을 가져왔으니 부인의 목에 발라주시오."

조준조가 도사의 말대로 하자 파 씨의 상처는 깨끗이 나았다. 조준조는 기뻐서 닭을 삶고 술을 가져와 도사를 대접했는데, 도사는 답례로 비파를 연주하며 아름다운 노래를 부르고는 떠났다.

069 《산해경》의 괴물들

중국의 고대 문헌《산해경》을 보면, 온갖 기괴하게 생긴 괴물이 언급된다. 《산해경》의 〈남산경〉에는 소요산에 사는 성성이라는 동물이 소개되어 있다. 성성은 하얀 귀를 가진 긴꼬리원숭이처럼 생겼으며, 그 고기를 먹으면 달리기를 잘할 수 있다.

유양산에는 녹촉이라는 동물이 산다. 하얀 말의 머리와 호랑이의 몸에 붉은색 꼬리를 지녔다. 녹촉은 사람이 노래를 부를 때처럼 울부짖는다. 녹촉의 털을 가지고 있으면 후손이 많아진다.

헌익수에는 현구 또는 선구라 불리는 동물이 사는데, 새의 머리와 거북의 몸에 뱀의 꼬리를 지녔다. 나무를 벨 때 나는 소리를 낸다. 그 가죽을 가지고 있으면 귀가 멀지 않으며 다리의 병이 낫는다.

저산에는 육(鯥)이라는 물고기가 산다. 두 날개에 뱀의 꼬리를 지녔다. 육은 겨울이 되면 죽고 여름이 되면 사는데, 육을 먹으면 종기가 낫는다.

선원산에는 유(類)라는 동물이 산다. 살쾡이처럼 생긴 유는 한 몸에 암컷과 수컷이 모두 있는 자웅동체이며, 유의 고기를 먹으면 질투심이 없어진다.

기산에는 박이라는 동물이 산다. 박이는 양처럼 생겼으며, 꼬리 아홉에 귀는 넷이며, 눈이 등에 나 있다. 박이의 털을 가지고 있으면 공포심이 사라진다.

청구산에는 구미호와 적유라는 동물이 산다. 구미호는 꼬리 아홉인 여우인데, 아이의 울음소리를 내어 사람을 잡아먹는다. 적유는 사람의 얼굴을 한 물고기로, 그 고기를 먹으면 옴에 안 걸린다.

거산에는 이력과 주(鴸)라는 동물이 산다. 이력은 긴 발톱이 달린 돼지이며, 개의 울음소리를 낸다. 이력이 나타나는 지역에서는 큰 공사가 벌어진다. 주의 모습은 부엉이와 같으며, 두 발이 사람 손처럼 생겼다. 주가 나타나는 지역에서는 선비들이 쫓겨난다.

장우산에는 장우라는 동물이 산다. 긴꼬리원숭이처럼 생겼는데 귀가 네 개다. 사람이 고통스러울 때 내는 소리로 운다. 장우가 나타나는 지역에서는 홍수가 발생한다.

부옥산에는 체(彘)라는 동물이 산다. 체는 호랑이처럼 생겼는데, 꼬리는 소의 것이다. 체의 울음소리는 개와 같고, 사람을 잡아먹는다.

순산에는 환(㺌)이라는 동물이 산다. 환은 양처럼 생겼는데 입이 없고, 죽지 않는 불사의 생명을 가졌다.

녹오산에는 고조라는 동물이 산다. 고조는 새처럼 생겼고 머리에 뿔이 났으며, 아이 울음소리를 내어 사람을 잡아먹는다.

도과산에는 구여와 호교라는 동물이 산다. 구여는 하얀 사람 얼굴에 새의 몸을 가졌으며, 발은 세 개다. 호교는 물고기의 몸에 뱀의 꼬리를 지녔는데, 호교를 먹으면 종기와 치질이 낫는다.

단혈산에는 봉황이 산다. 봉황은 닭처럼 생겼고 몸에 다섯 빛깔이 돈다. 봉황이 나타나면 세상이 평화로워진다.

계산에는 전어가 사는데, 붕어처럼 생긴 몸에 온통 돼지털이 나 있다. 전어가 나타나면 가뭄이 발생한다.

《산해경》〈서산경〉에 나오는 녹대산에는 부혜가 산다. 부혜는 사람의 머리에 수탉의 몸을 지녔다. 부혜가 나타나면 전쟁이 벌어진다.

태기산에는 문요어라는 물고기가 산다. 문요어는 파란 잉어의 몸에 머리는 하얗다. 새의 날개를 지녀서, 낮에는 물속을 헤엄치다가 밤이 되면 물밖으로 뛰쳐나와 하늘을 난다. 문요어가 나타나면 풍년이 들며, 이를 먹으면 정신병이 낫는다.

곤륜구에는 토루와 흠원이 산다. 토루는 뿔이 넷인 양으로, 사람을 잡아먹는다. 흠원은 꿀벌처럼 생겼는데, 동물이나 나무가 흠원에게 쏘이면 금방 죽어버린다.

장아산에는 필방이라는 새가 사는데, 파란색 몸에 붉은 무늬가 그려진 학이다. 다리는 하나뿐이다. 필방이 나타난 마을에는 화재가 발생한다.

음산에는 하얀 머리를 가진 살쾡이 천구가 산다. 천구는 고양이처럼 울부짖으며, 뱀이나 벌레 등 나쁜 동물과 해충을 잡아먹는다.

상신산에는 꿩처럼 생긴 당호가 사는데, 그 고기를 먹으면 현기증에 걸리지 않는다.

영제산에는 염유어가 산다. 뱀의 머리에 다리가 여섯 달린 물고기이다. 염유어를 먹으면 자다가 가위에 눌리지 않는다.

070 유부녀를 유혹한 매미 요괴

《수신기》에는 유부녀와 불륜에 빠진 매미 요괴에 관한 재미있는 이야기가 실려 있다.

서진 시대에 회남내사라는 벼슬을 지낸 주탄에게 급사라는 부하가 있었다. 급사는 자신의 아내가 다른 남자와 몰래 불륜을 저지르고 있다고 의심하고 있었다. 의처증이라기에는 분명한 이유가 있었다. 아내가 얼마 전부터 "아무도 없을 때 빨리 오세요. 나는 온통 당신 생각뿐이랍니다."라고 계속 중얼거린 것이다.

아무리 생각해도 자기한테 하는 말은 아니었다. 급사는 아내의 불륜 상대가 누구인지 알아내고 싶었다. 그래서 고민 끝에 급사는 아내에게 "내가 일이 있어 며칠 집을 떠나야 하니, 그렇게 알고 있으시오."라고 말한 뒤에 집을 나갔다. 자기가 집을 비우면 그 틈을 타서 아내가 불륜 상대를 집으로 끌어들일 것이라는 계산에서였다.

급사가 다녀오겠다고 거짓말을 하고 집의 벽에 작은 구멍을 내어 안을 들여다보니, 아내는 정신이 나간 사람처럼 멍한 표정을 짓다가 이윽고 뽕나무를 바라보며 누가 있는 것처럼 웃고 떠들었다.

설마 저렇게 높은 뽕나무에 누가 앉아 있을까 하고 급사가 뽕나무를 올려보자, 뜻밖의 광경이 눈에 들어왔다. 뽕나무 위에는 파란 베옷을 입고 파란 천으로 머리카락을 묶은 소년이 앉아 있었다. 나이는 대략 열다섯 정도로 보였다. 급사는 더욱 화가 났다.

'아직 나이도 새파랗게 어린 녀석이 남의 아내와 불륜을 저지른단 말인가? 참으로 괘씸한 일이다. 저런 녀석이 자라서 어른이 되면 무슨 일을 하겠는가? 기껏해야 유부녀들과 더럽고 추잡한 짓거리 밖에 더 하겠는가? 내가 오늘 저 녀석한테 엄중한 경고를 주어야겠다. 두 번 다시는 남의 아내를 건드리지 말고, 몸가짐을 조심하고 살라는 뜻으로 말이다.'

급사는 활과 화살을 꺼내 소년을 향해 쏘았고, 화살은 번개 같이 날아가서 소년을 맞추었다. 죽이려는 뜻은 없었고 소년이 화살에 맞아 나무에서 떨어지기를 기대했다. 그런데 화살에 맞은 소년은 땅으로 떨어지지 않고 멀쩡했다. 그리고 잠시 후 놀라운 일이 벌어졌다. 소년이 갑자기 매미로 둔갑한 것이다. 매미의 몸집은 곡식을 까부는 키만 했는데, 두 날개를 펼치고는 재빨리 하늘을 날아 도망쳤다.

'저건 매미가 아닌가? 그렇다면 내 아내는 매미와 불륜을 저질렀단 말인가? 어찌 이런 일이 있을 수 있는가?'

급사는 두 눈으로 똑똑히 보았으면서도 도무지 믿어지지 않았다. 급사의 아내는 매미가 화살에 맞은 사실이 슬펐는지 눈물만 뚝뚝 흘렸다. 급사는 아내가 더욱 미웠고 한편으로는 매미 요괴의 행방이 궁금했다.

그 일이 있고서 얼마 후에 급사가 집을 나와 인파를 헤치며 길을 걷는데 소년 둘이 대화를 나누는 모습을 보았다. 처음에는 이웃집 아이들로 여겨 그냥 지나치려고 했는데 개중 하나의 인상이 눈에 익었다. 자세히 살펴보니 파란 베옷을 입고 뽕나무에 앉아 있던 소년이었다. 급사는 하마터면 놀라서 소리를 지를 뻔했다.

급사는 소년들이 눈치 채지 못하게 몸을 숨겨 대화를 엿들었다. 파란 베옷 소년에게 다른 소년이 "너는 그동안 무엇을 했기에 나타나지 않았나?" 라고 묻자 파란 베옷 소년은 "누가 쏜 화살에 맞아서 다친 곳을 치료하느라 얼굴을 보이기 힘들었다."라고 대답했다. 이는 틀림없이 급사의 화살을 두고 하는 말이었다.

이어 다른 소년이 "다친 곳은 좀 나았나?"라고 묻자, 파란 베옷 소년은 "주탄이 자기 집 대들보 위에 올려놓은 고약을 훔쳐 발라서 많이 나았다." 라고 대답했다. 그러고서 둘은 어디론가 사라져버렸다.

급사는 파란 베옷 소년의 말을 떠올리고 재빨리 주탄의 집으로 달려가서 자초지종을 말했지만, 주탄은 "고약을 도둑맞은 일이 없다."라고 반박했다. 하지만 급사가 물러서지 않고 "약상자를 열어보십시오."라고 재촉하여 주탄이 약상자를 들여다보니 고약은 절반이나 없어진 상태였다.

7

귀신과 정령,
이매망량(魑魅魍魎)

071 귀신인 척
귀신을 속인 사람

 귀신은 인간이 상대할 수 없는 존재로 여겨지지만 귀신을 만나서도 당황하지 않고 오히려 침착하게 귀신을 속여 넘겨 위기를 모면한 사람이 있다. 다음은 《수신기》에 나오는 이야기이다.

 옛날에 송정백이라는 사람이 살았는데, 어느 날 밤거리를 걷다가 귀신과 마주쳤다. 송정백은 화들짝 놀랐지만 정신을 가다듬고 귀신에게 "당신은 누구요?"라고 물었다. 그러자 귀신은 "나는 귀신이오. 그러는 당신이야말로 누구요?"라고 말했다. 송정백은 혹시 자신이 사람이라고 솔직하게 말하면 귀신이 해코지라도 할까 봐 짐짓 자신도 귀신이라고 대답하여 귀신을 속였다.

 그러자 귀신은 송정백에게 어디로 가는 길이냐고 물었고, 송정백은 완시로 간다고 답했다. 그랬더니 귀신은 자신도 그리로 간다며 동행을 청했다. 귀신을 길동무를 삼게 된 송정백은 내심 두려웠지만, 결코 마음을 드러내지 않으려 했다.

 그런데 한참을 걸어가다가 귀신이 "걷는 속도가 늦으니, 업어주며 걷도록 하지요."라고 제안했다. 송정백은 그러자며 귀신의 등에 업혔다. 송정백을 업은 귀신은 얼마 지나지 않아 뭔가 이상하다는 듯이 물었다.

"당신 몸이 너무 무겁소. 귀신이 이럴 리 없는데. 당신 정말로 귀신이 맞소?"

순간 송정백은 정체가 들통날까 봐 심장이 오그라들었다. 그러나 여태까지 자기가 거짓말을 한 사실이 알려지면, 귀신에게 더 큰 곤욕을 치를지 몰라서 애써 태연한 척하며 핑곗거리를 내세웠다.

"무슨 가당치도 않은 말이오? 나는 귀신이 맞소. 다만 죽은 지 얼마 지나지 않아 무겁게 느껴지는 것뿐이오."

송정백의 해명에 귀신은 "그런가?" 하고 고개를 갸우뚱하며 그냥 넘어갔다. 송정백은 내심 안도의 한숨을 쉬었다.

이제 송정백이 귀신을 업을 차례가 되었다. 귀신은 매우 가벼워서 마치 바람 같았다. 송정백은 귀신을 업고 걷다가 문득, "나는 귀신이 된 지 얼마 안 되어서 귀신이 두려워해야 할 일을 잘 모르오. 그대는 귀신이 된 지 오래된 것 같으니 알려주시오. 귀신이 두려워할 일이 무엇이오?"라고 물었다. 그 말에 귀신은 "사람이 뱉는 침이오." 하고 알려주었다.

귀신을 업은 채로 작은 개울을 만난 송정백은 조심스레 물을 건너갔다. 그런데 송정백이 물을 건널 때 나는 소리를 듣고 귀신이 기이하게 여기며 물었다.

"귀신은 물 건너는 소리가 나지 않는데, 왜 당신은 소리가 나는 거요?"

송정백은 똑같은 말로 해명하며 위기를 넘겼다.

"아까 말했잖소? 귀신이 된 지 얼마 안 되어서 그렇다고 말이오."

다행히 귀신은 더는 추궁하지 않았다. 아슬아슬한 순간을 넘긴 송정백은 등과 목덜미에 땀이 흠뻑 흘렀지만, 숨을 고르며 발걸음을 재촉했다.

귀신과의 기묘한 동행도 어느덧 끝나가고 목적지 완시가 눈에 들어왔다. 송정백은 업고 있던 귀신을 둘러매면서 붙잡았다. 귀신은 당황하며 "당신 뭐하는 거요? 어서 나를 내려주시오!"라고 애걸했으나 송정백은 그 말을 듣지 않았다. 그리고 서둘러 완시로 가서 귀신을 내려놓으니 귀신은 그만 양으로 변해버렸다. 송정백은 귀신이 일러준 대로 귀신에게 침을 뱉고 다른 사람에게 1천 5백 냥을 받고 팔아치운 뒤 서둘러 완시에서 달아났다.

072 귀신과 귀신 논쟁을 벌인 사람

만약 귀신을 부정하는 사람이 귀신과 만나 논쟁을 벌이면 어떤 일이 벌어질까? 이런 코미디 같은 상황이 《수신기》에 실려 있어 소개한다.

동진 시대에 살았던 완첨은 뛰어난 학자였다. 그는 평소 주변 사람들이 귀신에 대해 떠드는 것을 무척 못마땅하게 여겼다. 그래서 틈만 나면 귀신은 있지도 않은 허상이라고 떠들고 다녔다. 간혹 귀신이 있다고 말하는 사람을 만나면 그 자리에서 치열한 논쟁을 벌였다. 완첨의 논리가 얼마나 굳건한지 누구도 귀신의 존재를 따지는 토론에서 완첨을 당해낼 수 없었다. 그러다 보니 완첨은 오만함에 한껏 부풀었고 주위 사람들도 완첨이 지나치게 거만하다고 고개를 저었다.

어느 날, 멀리서 손님이 완첨을 방문했다. 완첨이 책을 덮고 맞으러 나가 보니, 그는 완첨이 귀신의 존재를 부정하는 토론에 능하다는 말을 듣고 일부러 찾아왔다고 했다. 자신은 귀신이 있다고 믿으며, 완첨의 잘못된 생각을 일깨워주려 한다는 것이었다.

완첨은 이 논쟁에 늘 자부심을 갖고 즐겼기에 여유 있는 마음으로 손님을 자신의 방으로 맞아 인사를 나누고 차를 대접했다. 이윽고 귀신 문제를 두고 토론이 시작되었다. 둘의 논쟁은 밤이 깊도록 치열하게 이어졌다. 하지만 오랫동안 다져온 완첨의 논리가 정교하긴 했는지 손님이 점점 논쟁에서 밀리는 분위기가 되었고, 마침내 손님이 완첨에게 "공자나 맹자 같은 성인들도 귀신이 있다고 말했는데, 왜 당신은 귀신이 없다고 단정 짓는 것이오?"라고 물었다. 이에 완첨은 "내 눈앞에 당장 귀신이 나타난다면, 내 말이 틀렸다고 인정하겠소. 그거야말로 귀신이 있다는 확실한 증거일 테니 말이오." 하고 대답했다.

그러자 손님은 완첨을 바라보더니, "내가 당장 선생에게 귀신을 보여주면 귀신을 믿겠다는 말이오?"라고 되물었다. 이 말에 완첨이 갸우뚱하자, 손님은 자리에서 일어서서 완첨을 보며 고함을 질렀다.

"잘 봐라. 내가 바로 네가 궤변으로 부정했던 귀신이다! 이래도 귀신이 없다고 할 테냐?"

손님은 말을 마치고서 곧 풀어헤친 머리에 핏발 가득한 눈과 창백한 얼굴을 한, 새하얀 옷을 입은 귀신으로 변한 다음, 그 자리에서 사라져버렸다. 자신이 진짜 귀신과 논쟁을 하고 있었다는 사실을 깨달은 완첨은 너무나 충격을 받아서 그날 이후로 앓아누웠고, 공포와 정신착란에 시달리다가 일 년 후에 죽었다.

073 사람을 끈질기게 쫓는 귀신

귀신에 얽힌 민담을 보면, 귀신이 사람을 끈질기게 따라오거나 그 사람이 아는 다른 사람으로 둔갑하는 내용이 많다. 《수신기》에서도 이런 이야기를 찾아볼 수 있다.

먼저 오나라 구장현에 살았던 양도라는 사람이 겪은 일이다. 어느 날 양도가 어두운 밤에 수레를 타고 길을 가고 있었는데, 청년 하나가 악기 비파를 손에 들고서 "저를 수레에 태워주십시오."라고 부탁했다. 양도는 그 정도야 어려운 일이 아니라서 "그러십시오."라고 승낙했다. 청년은 수레에 올라탄 후 "감사의 표시로 제가 비파를 들려드리겠습니다."라고 말하고는 연주를 시작했다. 청년의 비파 타는 솜씨는 꽤나 훌륭해서 양도는 그가 악사일지 모르겠다고 생각했다.

하지만 비파 연주를 마친 청년은 갑자기 두 눈이 찢어진 귀신의 얼굴로 양도를 향해 혀를 길게 내밀더니, 깜짝 놀란 양도를 그냥 두고 수레에서 내려 사라졌다.

귀신이 사라지고서도 한동안 멍해 있던 양도는 다시 정신을 차리고 수레를 몰아 20리(8킬로미터)를 갔는데, 길에서 노인이 나타나 "나는 왕계라고 합니다. 급히 길을 가야 하니, 부디 태워주시오."라고 부탁했다. 양도는 '마침 귀신이 나타나서 밤길이 무서웠는데 잘되었구나.' 하고 허락했다.

양도는 무서움을 달래려고 왕계와 이런저런 이야기를 나누다가 방금 전 자신이 겪은 일을 들려주며 "그 귀신은 비파를 무척 잘 탔습니다."라고 했는데, 왕계가 이렇게 대꾸했다.

"나도 비파를 잘 탑니다."

그러더니 갑자기 양도를 향해 혀를 길게 내밀고 두 눈을 찢어서 귀신의 얼굴이 되었다. 왕계의 정체는 바로 양도가 수레에 태워준 청년 모습의 귀신이었던 것이다. 양도는 하룻밤 사이에 같은 귀신에게 두 번이나 농락을 당했다.

또 다른 이야기는 삼국시대 위나라에서 있었던 일이다. 지금의 허난성 지역의 돈구현에서 어떤 사람이 밤중에 말을 타고 길을 가고 있었다. 그런데 갑자기 괴물체가 길을 막아섰다.

'저게 도대체 무엇일까?' 하는 궁금증에 가까이 가보니 괴물체는 토끼만 한 크기에 두 눈이 거울처럼 생겼는데, 볼수록 혐오감과 두려움이 들었다. 그래서 서둘러 자리를 뜨려는 순간, 갑자기 물체가 위로 솟구쳐 올랐다. 그 사람은 깜짝 놀라 말에서 떨어졌고 괴물체는 그에게 다가오더니 딱 달라붙었다. 그는 악몽을 꾸거나 가위에 눌린 것처럼 너무나 놀라고 무서워서 그만 정신을 잃어버렸다.

한참이 지나서 정신을 차리고 보니, 다행히 괴물체는 보이지 않았다. 그 사람은 안도의 한숨을 쉬고서 말에 올라 밤길을 재촉했다. 그렇게 몇 리쯤 가다보니 사람이 한 명 나타났다. 그는 말을 탄 사람에게 "혼자 밤길을 가느라 두려웠는데, 당신을 만나 다행이오. 우리 함께 가면서 길동무가 됩시다."라고 제안했다. 말을 탄 사람은 방금 전에 괴물체를 만나서 무척 두려웠던 터라 동행을 허락했다.

그래서 말을 탄 사람과 낯선 사람은 함께 길을 갔는데 밤길이 어둡고 지루하여 서로 겪은 일을 나누었다. 말을 탄 사람은 좀 전에 만난 괴물체 이야기를 들려주면서 여전히 두려워 벌벌 떨린다고 말했다. 그러자 낯선 사람은 "그 괴물체가 그렇게 두려웠습니까?"라고 물었고, 말을 탄 사람은 "그렇습니다. 내가 그것 때문에 거의 정신이 나가서 죽을 지경이었습니다."라고 대답했다.

갑자기 낯선 사람이 "그렇다면 지금 고개를 돌려 나를 보십시오."라고 말했고, 말을 탄 사람은 아무 생각 없이 고개를 돌렸다가 그만 소스라치게 놀랐다. 낯선 사람은 아까 만난 괴물체였다. 말을 탄 사람은 그대로 말에서 떨어져 정신을 잃었다. 주인을 잃은 말은 혼자 집으로 돌아갔고 가족들이 하루 동안 주위를 뒤지며 찾아 나선 끝에 그를 집으로 데려왔다고 한다.

074 죽음을 알리는 메신저, 백두공

《삼국지》를 비롯한 중국 고전 소설을 보면 큰 재앙은 징조를 보인다. 가령 후한의 동탁이 죽기 전에는 그가 타던 수레바퀴가 부서지고 말들이 놀라서 고삐를 끊는 일이 있었고, 위나라의 조조가 죽기 전에는 불길하게 배나무의 귀신이 궁궐에 나타났다. 《수신기》에도 죽음을 알리는 징조에 관한 무서운 이야기가 나온다.

지금의 산둥성 지역인 동래군에 진 씨라는 부자가 살았다. 그의 집은 가족과 친척, 일하는 종을 합해서 1백 명이 넘을 정도로 규모가 있었다.

그런데 하루는 진 씨의 집에서 일하는 하녀가 괴상한 일을 겪었다. 그녀는 밥을 지으려고 커다란 솥에 쌀과 물을 넣고 아궁이에 올린 다음 장작에 불을 붙였다. 그런데 어찌된 영문인지 아무리 기다려도 솥은 뜨거워지지 않고 차가웠다. 하녀는 이 집에서 일하기 시작한 뒤로 매일 아침밥을 지었지만 이런 일은 처음이었다.

'혹시 솥에 무슨 이상한 것이 들어가서 그런 건 아닐까?' 하고 의문이 든 하녀가 솥뚜껑을 열어보았다. 순간 그녀는 소스라치게 놀라 거의 기절할 뻔했다. 솥 안에서 백두공, 즉 머리카락이 하얗게 새고 키가 작은 노인 하나가 튀어나와 집 밖으로 사라져버린 것이다.

기겁을 한 하녀는 집안 식구들에게 달려가 자신이 본 광경을 말했다. 하지만 그 누구도 어찌된 일인지 분명히 설명할 수 없었는데 누군가가 "우리끼리 고민해봐야 그 괴상한 노인의 정체를 알 수 없습니다. 아마 귀신과 관련된 일인 듯하니, 점쟁이를 찾아가서 물어보아야 합니다."라고 의견을 내놓았다. 이에 집안 식구들은 뛰어나다고 소문난 점쟁이를 찾아가서 하녀가 보고 겪은 일을 설명하고 "이 사건이 어떤 징조입니까?"라고 물어보았다.

점쟁이는 점을 쳐보더니 얼굴이 새하얗게 질려서 떨리는 목소리로 말했다.

"당신네 하녀가 본 광경은 무척이나 불길한 징조입니다. 머리가 하얗게 샌 노인 백두공이 나타난 집에는 머지않아 크나큰 재앙이 닥쳐서 집안 식구들이 모두 죽고 맙니다."

점쟁이의 말을 들은 집안 식구들은 모두 어쩔 줄을 몰라 하다가 "그러면 어떻게 해야 저희가 살 수 있겠습니까? 부디 저희 식구들을 불쌍하게 생각하셔서 방법을 알려주십시오."라고 애걸복걸했다. 그 말에 점쟁이는 이렇게 대답했다.

"집에 가서 곧바로 나무로 여러 무기를 만들고, 그것들을 대문 안에 갖다놓으십시오. 잠시 후에 말을 탄 병사들이 와서 대문을 열라고 소리를 칠 겁니다. 하지만 절대 대문을 열면 안 됩니다. 당신들은 병사들이 모두 떠날 때까지 대문을 잠근 채 집 안에 숨어 있으십시오. 그러면 죽음을 피할 수 있을 것입니다."

진 씨네 식구들은 점쟁이가 말한 대로 서둘러 집에 가서는 나무로 칼과 창과 도끼 같은 무기를 잔뜩 만들어서 대문 안쪽에 가져다 놓았다. 그리고 모두 집 안에 꼭꼭 숨어 있었다.

그러자 잠시 후, 말발굽 소리가 울려 퍼지더니 곧 말을 탄 병사들이 나타나 "문을 여시오!"라고 고함을 질렀다. 하지만 집 안에 있던 식구들은 아무도 밖으로 나가거나 대문을 열어주지 않았다.

아무도 대문을 열어주지 않자, 병사들은 대문 안쪽을 들여다보았는데, 거기에는 무기들이 가득 있었다. 이에 병사들은 "이대로 돌아가면 처벌을 받을 것이다. 하지만 이곳에서 80리 북쪽에 있는 또 다른 진 씨의 집에 103명이 살고 있으니 그들을 잡아가자."라고 말하고는 떠났다. 그리고 열흘 후, 북쪽 진 씨네 식구들이 모두 죽었다는 소식이 전해졌다.

솥에서 뛰쳐나온 백두공은 죽음을 알리는 메신저 같은 존재였다. 예로부터 중국인들은 하얀색을 죽음을 상징하는 불길한 색깔로 여긴다. 진 씨네 식구들을 잡으러 온 병사들은 아마 저승사자였을 것이다. 진 씨네 식구들을 데려갈 수 없으면 염라대왕의 처벌을 피하기 어려웠을 테니 진 씨 성을 쓰는 다른 집 식구들을 저승으로 데려간 것이다.

075 원혼이 되어 복수를 한 귀신들

고대 중국을 비롯한 동양에서 사람이 죽으면 그 영혼은 귀신이 되어 저승으로 떠난다고 알려져 있다. 그러나 억울하게 죽은 사람의 영혼은 이승에 대한 집착과 원한이 강해서, 저승으로 가지 않고 자신을 죽인 사람에게 복수를 하기도 한다. 《태평광기》에는 복수에 얽힌 무서운 이야기가 많이 있다.

먼저 동진의 명황제 때 있었던 일이다. 힘이 센 장사 김현은 황제의 노여움을 사서 죽게 되었다. 처형장에서 김현은 망나니에게 "내 목을 한 번에 고통 없이 베어주시오. 만약 여러 번 베어 나를 고통스럽게 한다면, 반드시 당신에게 복수하겠소."라고 말했다.

하지만 망나니는 김현의 부탁을 무시하고 칼을 여러 번 내리쳐서 김현을 고통스럽게 한 후에야 죽였다. 그러자 얼마 후, 진홍색 관(冠)을 머리에 쓰고 붉은 옷을 입은 김현의 귀신이 붉은 활에 붉은 화살로 망나니를 쏘아 죽이고 말았다.

또 다른 이야기도 동진 시대에 일어났다. 장추와 경광 두 병사는 친구 사이였다. 그런데 동진의 태원 13년(389) 5월 5일, 둘이 산에 올라가서 술을 마시다가 취한 장추가 갑자기 화를 내며 칼로 경광을 죽여 버렸다. 장추는 경광의 시체에서 옷을 벗겨 계곡에 던져버리고는 부대로 돌아갔다.

경광이 돌아오지 않자 부대에서는 경광의 어머니에게 연락을 했지만 어머니 역시 아들의 행방을 알지 못해 애만 태웠다. 그런데 어머니의 꿈에 죽은 경광의 귀신이 나타나 "저는 산에서 장추한테 살해당했습니다. 제가 옷을 날려 보내서 죽은 자리를 알릴 테니, 어서 와주십시오."라고 말했다. 꿈에서 깬 어머니는 경광이 말한 대로 산에 올랐고 경광의 귀신이 날려 보낸 옷을 따라가서 아들의 시체를 발견한 뒤 이 사실을 부대에 알렸다.

들통이 난 장추는 겁을 먹고 부대에서 탈영하여 도망쳤는데, 갑자기 나타난 경광의 귀신이 두 손에 쥔 쌍칼을 장추의 얼굴에 겨누자, 장추는 도주를 포기하고 순순히 관아에 가서 자신의 죄를 인정하고 체포되었다.

이번에는 송나라 시대의 이야기를 보자. 지금의 난징시는 옛날에 말릉이라고 불렸는데, 이룡이라는 도적이 밤마다 나타나 노략질을 일삼았다. 이에 말릉의 현령 도계지는 이룡 일당을 생포했는데, 이때 태악이라는 기녀도 함께 잡았다. 태악은 음악을 연주하고 노래를 부르며 사는 여성으로, 이룡 일당과는 아무런 상관도 없었다. 그래서 그녀가 머물던 기방의 주인과 손님들이 "태악은 억울합니다."라고 호소했다.

도계지는 태악의 억울함을 알았지만 이미 그녀가 이룡 일당이라고 보고했기에 자신의 실수를 드러내고 싶지 않았다. 그래서 결국 태악은 이룡 일당 10명과 함께 참수형에 처해졌다. 그녀는 죽기 전에 비파를 연주하고 노래를 부른 후, "내가 만일 귀신이 된다면 반드시 원한을 갚을 것이다."라는 유언을 남겼다. 태악이 죽자 다들 불쌍해하면서 슬퍼했다.

한 달 후, 도계지의 꿈에 태악의 귀신이 나타나 "내 억울함을 하늘에 호소하였다. 나는 너를 잡아갈 것이다."라고 말하더니, 도계지의 입속으로 들어갔다. 그날로 도계지는 간질병에 걸려 시도 때도 없이 발작을 하며 고통을 겪었고, 불과 나흘 후에 죽었다. 게다가 도계지의 집안은 갑자기 가난해졌고, 두 아들과 손자는 죽거나 거지가 되어 비참한 삶을 살았다.

마지막으로 공기와 공창이라는 사람들의 이야기이다. 공창은 친척인 공기에게 두 아들을 맡겨 교육을 부탁했다. 하지만 공창의 두 아들은 오만방자하고 사나워서 공기의 가르침을 전혀 따르지 않았다. 공기가 공창에게 자신들의 잘못을 알려 꾸지람을 듣자 두 아들은 공기에게 원한을 품었고, 아버지 공창이 죽어서 문상을 하러 온 공기에게 노비를 보내 죽였다.

그러자 곧바로 공기의 귀신이 두 아들에게 나타나 "이 은혜를 원수로 갚는 짐승 같은 놈들아! 너희 집안의 대를 내가 끊어버리겠다!"라고 저주를 내렸다. 며칠 후, 공창의 큰아들은 화장실을 가다가 갑자기 쓰러져 죽고, 작은아들은 등에 종기를 앓다가 죽어서 공창의 집안은 대가 끊어졌다.

076 가래나무에서 튀어나온 파란 소

중국 동진 시대에 간보가 쓴 《수신기》를 보면 나무에 붙은 귀신 이야기가 한 편 실려 있다.

춘추전국시대에 진나라에서 있었던 일이다. 진나라 동쪽의 노특사라는 사당의 마당에 가래나무가 솟아 있었다.

기원전 739년, 진나라의 군주 문공이 병사들과 나무꾼들을 노특사에 보내 가래나무를 베어 오라고 명령을 내렸다. 오래된 나무에 귀신이 깃든다는 전설이 불길하게 여겨져서, 가래나무로 건물을 지으려 했던 것이다.

노특사에 도착한 병사들과 나무꾼들은 가져온 도끼를 꺼내서 가래나무를 내리찍었다. 그런데 어찌된 일인지 도끼가 가래나무에 닿자, 갑자기 사방이 어두워지면서 거센 비바람이 불어 닥쳤다. 또 도끼에 베어서 떨어져나간 나뭇조각은 다시 나무의 몸체로 돌아와 붙는 괴이한 일이 벌어졌다.

병사들과 나무꾼들은 참으로 귀신이 곡할 노릇이라고 생각했지만, 군주의 명령을 받은지라 계속 도끼질을 했다. 하지만 아무리 도끼로 나무를 찍어봤자, 나무가 원래 상태로 돌아가니 아무 소용이 없는 일이었다.

결국 사람들은 지칠 대로 지쳐서 벌목을 포기하고 돌아가 버렸다. 그런데 이들 중 도끼질을 하다가 다리를 다친 사람이 다른 사람들과 함께 돌아

248

가지 않고 나무 그늘에 쉬면서 의원을 기다리게 되었다. 힘들게 벌목을 하다가 휴식을 취하자니 긴장이 풀리고 저절로 졸음이 와서 그는 두 눈을 서서히 감으며 잠을 청하고 있었다.

그런데 갑자기 그의 귀에 이상한 소리가 들려왔다. 마치 바람이 속삭이는 듯했는데, 사람의 목소리와 비슷했지만 분명히 사람은 아니었다. 그의 주변에는 아무도 없었기 때문이다. 나뭇잎들의 부스럭거리는 소리와 함께 허공에 음산한 목소리가 울려 퍼졌고, 그는 두 귀로 또렷이 들을 수 있었다.

"진문공이 갑자기 사람들을 보내서 당신이 살고 있는 나무를 베려고 했소. 하루 종일 그들을 방해하느라 당신도 무척 힘들었을 거요."

곧바로 또 다른 목소리가 들려왔다.

"진문공은 고집이 무척 센 사람이오. 그는 앞으로 더 많은 사람을 보내서 나무를 베려고 할 것이오."

두 목소리에 강하게 반발하는 새로운 목소리가 울려 퍼졌다.

"나는 진문공이 무슨 일을 하든지 그를 두려워하지 않소. 진문공이 아무리 많은 사람을 보내 내가 사는 나무를 베려고 해도, 몰아내면 그뿐이오."

그 말에 다른 목소리가 반박했다.

"그렇지 않소. 당신은 진문공을 너무 우습게 생각하고 있소. 진문공이 머리카락을 풀어헤치고 붉은 옷을 입은 3백 명의 사람을 보내 당신이 사는 나무를 붉은색 명주실로 감싸고 도끼로 내리찍은 부위에 하얀 횟가루를 뿌린다면 어떻게 할 것이오? 아무리 당신이라도 상황이 그 지경에 이르면 도저히 방법이 없을 것이오."

이 말에 진문공을 비웃던 목소리는 침묵을 지켰다. 나무 그늘에서 쉬고 있던 사람은 깨달았다. 허공에 울려 퍼진 목소리의 주인공은 사람이 아니라 나무에 깃든 귀신들이었던 것이다.

얼마 후, 다른 사람들이 의원을 데리고 나타나자, 다리를 다친 사람은 자신이 나무에게서 들은 이야기를 전했고 사람들은 이 사실을 진문공에게 보고했다. 이에 진문공은 부상자가 들려준 대로 머리카락을 풀어헤치고 붉은 옷을 입은 3백 명의 사람들을 보내 벌목을 시작했다. 도끼를 찍은 부위에 하얀 횟가루를 뿌리자, 더 이상 가래나무가 원래대로 돌아가는 괴상한 일은 일어나지 않았다.

이윽고 가래나무가 모조리 베어져서 쓰러졌다. 그러자 나무 안에서 갑자기 몸이 온통 파란 소 한 마리가 튀어나왔다. 소는 사람들을 보자 겁에 질린 듯이 크게 울부짖더니, 풍수라는 연못을 향해 정신없이 달아났다. 병사들이 쫓아갔지만 파란 소가 워낙 빨라서 도저히 잡을 수 없었는데, 풍수 속으로 들어간 소는 두 번 다시 모습을 드러내지 않았다. 파란 소는 아마도 가래나무 안에 살면서 자신의 집을 베는 것을 방해한 귀신이나 정령이었을 것이다.

077 오래된 인형이 요괴가 되다

사람의 모습대로 만든 인형은 생김새가 사람과 너무나 흡사해서 섬뜩한 느낌을 주기도 한다. 그래서인지 사람 인형은 세계 각지의 전설과 민담에서 종종 흉악한 괴물로 등장한다. 북송 시대에 편찬된 《태평광기》에도 사람 인형에 붙은 이매망량의 이야기가 세 편 실려 있다.

첫 번째 이야기는 북제의 고위 황제 때 일어난 일이다. 식휴라는 선비가 나무를 깎아 어린아이처럼 생긴 인형 하나를 만들어서는 항상 옷 속에 넣고 다녔다. 식사 시간이 되면 인형한테 밥을 주면서 "너도 먹거라." 하고 말을 한 후에야 밥을 먹었다.

그런데 어느 날부터 식휴는 몸이 아파서 앓아누웠다. 어떤 의원이나 약도 소용이 없었다. 식휴의 형은 동생이 병든 원인을 알 수가 없어 고민하던 중, 그가 평소에 작은 인형을 가지고 다녔다는 사실을 떠올리고는 '혹시 그 인형에 요망한 귀신이 붙어서 동생한테 병이 걸리게 한 것은 아닐까?' 하는 의심이 들어서 식휴의 인형을 몰래 가져가서 불에 태웠다.

하지만 인형을 태워 없애자 식휴의 병은 더 나빠졌다. 식휴는 나무를 깎는 기술자를 불러다가 새로운 나무 인형을 만들어서는 제사를 지내는 의자 밑에다가 놓아두었다. 그런데 갑자기 "나를 이미 불태워 없애놓고서, 내 몸을 다시 만들어줘야 무슨 소용인가?"라는 음침한 목소리가 들렸다. 그리고 일 년 후에 식휴는 정신이 나가서 고생을 하다가 그만 죽어버렸다.

식휴의 나무 인형은 아마 요괴의 일종인 정괴(精怪)였을 것이다. 중국에는 물건이 오래되면 거기에 정(精)이라 불리는 자연의 신비한 힘이 붙어 정괴가 된다는 믿음이 있다. 식휴가 만든 나무 인형도 마치 사람처럼 대하는 주인의 집념이 강해서 정괴가 되었던 것으로 보인다.

두 번째 이야기도 나무 인형에 관한 것이다. 당나라 태종 때, 병주의 북쪽 70리에 오래된 무덤이 있었다. 무덤 주위를 매일 밤마다 1만여 명의 귀신 군사들이 맴돌았는데, 그러면 무덤 속에서 수천 명의 귀신 군사들이 나와서 서로 싸움을 벌이다가 아침이 되면 사라졌다.

그렇게 귀신 군사들끼리 밤마다 벌이는 싸움이 한 달 동안 계속되던 중, 농부 하나가 그 장면을 보고 달아나다가 귀신 장수에게 붙잡혀갔다. 귀신 장수는 농부에게 이렇게 말했다.

"나는 한해(瀚海)의 신이고, 저 무덤은 장공이라는 자가 묻힌 곳이오. 내 부하 장수가 내 애첩을 빼앗아 장공의 무덤으로 도망쳤는데, 장공이 그를 보호해주고 군사까지 빌려주어 나한테 맞서 싸우게 하고 있소. 당신이 장공에게 가서 배신한 내 부하를 보내주지 않으면 죽이겠다고 전하시오."

농부가 장공의 무덤에 가서 한해의 신이 말한 내용을 그대로 외치자, 무덤 속에서 말을 탄 장수가 수많은 군사를 거느리고 뛰쳐나와 한해의 신에게 이렇게 말했다.

"나를 따르는 군사가 5천 명이고 네 부하도 내게 항복했는데, 왜 그를 보내달라고 하는가? 네가 나와 끝까지 싸우겠다면 너를 죽일 테니, 어서 떠나라."

그 말에 분노한 한해의 신은 자신의 병사들에게 "저 무덤을 없애지 못하면 우리 모두 죽어버리자!"라고 외치며 장공의 군대와 전투를 벌였다. 결국 한해의 신이 지휘한 군대가 전투에서 승리했고, 한해의 신을 배신한 부하 장수와 장공은 모두 목이 잘려 죽었다. 한해의 신은 무덤을 불태워버리고 농부한테 황금 허리띠를 선물로 주고는 애첩과 병사들을 데리고 떠났다.

다음 날 날이 밝아오자, 농부는 다시 무덤으로 가보았다. 거기에는 사람의 뼈와 무수히 많은 나무 인형이 널려 있었다. 사람의 뼈는 장공의 뼈였고, 나무 인형은 그가 거느린 병사들이었다. 이 또한 나무 인형들이 변한 정괴들이었다.

세 번째 이야기에는 나무 인형이 아니라 구리 인형이 등장한다. 강릉에 장진이라는 사람이 살았는데, 아내가 죽어 첩을 하나 맞아들였다. 그런데 첩을 맞이한 지 열흘이 채 되지 않아서 부엌에서 일하던 하녀가 구리 인형 하나를 발견했다. 그 인형은 키가 1촌(3센티미터) 정도였는데 순식간에 1장(3미터)으로 커지더니, 장진의 방으로 달려가서 첩을 머리카락 하나 남기지 않고 모조리 잡아먹고는 다시 원래 크기로 작아져서 부엌 아궁이 밑으로 사라져버렸다.

078 사람을 해치는 무서운 허수아비

허수아비는 논이나 밭에 세워 곡식을 쪼는 새들을 겁주어 쫓아내려고 만든 것이다. 그러나 인형과 마찬가지로 사람과 비슷하게 생겼다는 점에서 종종 전설이나 민담에서 두려운 대상으로 등장하기도 한다. 《수신기》에도 사람을 해치는 무서운 허수아비 이야기가 있다.

지금의 산둥성 주청시는 옛날에 낭야라고 불렸다. 낭야에는 진거백이라는 60세 노인이 살고 있었다. 어느 밤에 진거백은 술에 취해 봉산묘라는 사당 앞을 지나가고 있었는데, 느닷없이 진거백의 손자 둘이 나타나 "저희가 할아버님을 집까지 안전하게 모셔다 드리겠습니다."라고 말했다. 진거백은 기쁜 마음에 "그렇게 하자."라고 반겼고 손자들의 부축과 안내를 받아 길을 갔다.

그런데 1백 보 정도 걷다가 갑자기 손자들은 부축과 안내를 그만두더니, 진거백을 땅바닥에 쓰러뜨리고 그의 목을 힘껏 조르면서 이렇게 욕설을 퍼부었다.

"이 망할 늙은이야! 예전에 우리가 너한테 매를 맞았지? 그래서 지금 너한테 복수를 하려고 한다. 어디 한번 죽어봐라!"

진거백은 평소에 효도를 다하고 착실하던 손자들이 도대체 왜 갑자기 자기를 죽이겠다고 덤벼드는지 이유를 알 수 없었지만, 두려운 마음에 일단 눈을 감고 죽은 것처럼 꾸몄다. 그러자 그들은 진거백의 목에서 손을 떼더니 어둠 속으로 달아나버렸다.

간신히 목숨을 건진 진거백은 힘들게 집으로 돌아와서 두 손자를 불러서 "너희는 무슨 이유에서 그랬느냐?"라고 물었다. 그러자 손자들은 깜짝 놀라며 이렇게 말했다.

"저희가 어찌 할아버님께 그런 불효와 패륜을 저지를 수 있겠습니까? 그건 결코 저희가 저지른 짓이 아닙니다. 분명히 귀신이나 매(魅)가 저희로 둔갑해서 벌인 못된 짓일 테니, 할아버님께서 그 둘을 붙잡으시면 아실 것입니다."

여기서 매는 이매망량을 줄여 부른 것이다. 이매망량은 산과 숲, 들판과 나무, 모래와 돌 같은 무생물에서 비롯된 괴물인데 우리나라의 도깨비와 비슷한 존재를 가리킨다.

진거백이 얼마 후에 다시 봉산묘 앞을 지나가는데, 이번에는 술을 마시지 않았지만 일부러 이매망량 둘을 끌어내려고 술을 마신 척 몸을 비틀거리며 걸었다.

그러자 잠시 후 두 손자가 모습을 보이더니 예전처럼 진거백을 부축해주었다. 이에 진거백은 재빨리 둘을 붙잡아 서둘러 집으로 가서 그들을 자세히 살펴보았다. 놀랍게도 두 손자는 짚으로 만든 허수아비였다. 신을 섬기는 사당 봉산묘에서 나온 정(精)이 허수아비에 붙어서 사람의 모습으로 둔갑했던 것이다.

진거백은 두 번 다시 허수아비들이 못된 짓을 저지르지 못하게 하려고 마당에서 불을 붙였다. 하지만 허수아비들은 완전히 타기 전에 밤을 틈타 달아나버렸다. 허수아비들을 놓친 진거백은 안타까워하면서 "다음에 내가 그것들을 만나면 반드시 죽여버릴 테다."라고 결심하고 옷 속에 칼을 품고 다녔다.

한 달이 지나서 밤길을 걷던 진거백은 마침내 자신에게 다가오는 두 손자를 발견하고는 "오늘이야말로 저 못된 것들을 없애버리고 말리라."라고 다짐하고는 재빨리 칼을 꺼내서 그들을 찔러 죽였다. 하지만 집으로 돌아온 진거백은 뜻밖의 사실에 충격을 받았다. 자신이 찌른 것은 손자로 둔갑한 허수아비들이 아니라 자신이 걱정되어 배웅을 나간 진짜 손자들이었던 것이다.

079 장기알 병사들에 넋을 놓은 사람

장기 놀이는 초나라와 한나라의 전쟁에서 유래했다. 한마디로 장기판은 전쟁터를 축소한 무대인 셈인데, 이런 장기알들에 생명이 붙어서 벌어지는 재미있는 이야기가 《태평광기》에 실려 있다.

지금의 허난성 루난시에 잠순이라는 사람이 살았다. 그는 책 읽기를 좋아하고 글도 잘 썼지만, 불행히도 벼슬을 하지 못하고 가난하게 살았다. 그러다가 외가 친척 여 씨가 자신의 산장을 부숴버리려고 하여, 잠순이 "제가 그곳에 들어가서 살겠습니다."라고 말하고 산장으로 거처를 옮겼다.

잠순이 여 씨의 산장에서 산 지 일 년 정도 된 어느 날 밤, 집 밖에서 계속 군대의 북소리가 울려 퍼졌다. 놀란 잠순이 밖으로 나가보면 북소리가 들리지 않는데, 집 안으로 들어오면 다시 북소리가 들렸다. 잠순은 "저승의 군대가 나를 도와주려는 행운의 징조인가 보다."라고 기뻐했다.

며칠 후 잠순의 꿈에 병사 하나가 나타나서는 "금상장군이 저를 나리에게 보내셨습니다. 지금 우리나라가 적의 침입을 받고 있는데, 나리 같이 지혜로우신 선생을 모셔다가 군대의 지휘를 맡기고자 합니다."라고 말했다. 그 말을 듣고 잠순은 "저한테 이렇게 기쁜 소식을 알려주시니 지극정성으로 장군을 돕겠습니다."라고 대답했다. 이에 병사는 사라졌고, 잠순은 꿈에서 깨어났다.

그리고 잠시 후, 집 밖에서 요란한 북소리와 뿔피리소리가 울려 퍼졌다. 잠순은 그 소리가 군대에서 사용하는 악기라고 여겨서 잠자리에서 일어나 옷을 제대로 갖춰 입고, 사람이 오기를 기다렸다. 갑자기 창문으로 거센 바람이 불어오더니, 방에 피워놓은 등불 아래에서 사람과 말이 모두 쇠로 만든 갑옷을 입은 철기병 수백 명이 몰려나왔다. 그들은 모두 키가 몇 촌에 불과했으나, 갑옷과 무기는 단단하고 날카로웠으며 잘 훈련된 병사라서 기세가 대단했다. 그들 중 병사 하나가 나와서 잠순에게 편지를 전달했다.

잠순이 편지를 보니, "우리는 늘 전쟁터에서 살아서 잠시도 쉬지 못했습니다. 선생께서는 학문이 높으시고 지혜로우셔서 우리 군대의 지휘를 맡기고 싶습니다. 하지만 선생은 산 사람이기 때문에 우리나라에서는 아직 선생을 모셔올 수가 없습니다. 오늘 우리나라 군대는 천나국의 군대와 싸울 것입니다."라고 적혀 있었다.

그리고 나서 산장 동쪽의 벽 아래쪽 쥐구멍이 성문으로 변했고, 징소리와 북소리가 세 번 울려 퍼지더니, 병사들이 그 문에서 나왔다. 1만 개가 넘는 군기들이 펄럭였고 다시 한 번 북소리와 뿔피리소리가 사방에서 크게 울려 퍼졌다. 산장 서쪽의 벽 아래쪽 쥐구멍도 마찬가지로 성문으로 변했고, 거기서 수많은 병사가 나왔다. 동쪽 벽 아래에는 천나국의 군대가 진을 쳤고, 서쪽 벽 아래에는 금상국의 군대가 진을 치며 대치했다.

두 군대는 서로 투석기와 활로 돌과 화살을 퍼부으며 치열하게 싸웠다. 그러다가 결국 천나군이 크게 패배해서 천나군을 이끌던 왕 혼자서 말을 타고 간신히 남쪽으로 달아나다가 서남쪽의 절구 속으로 몸을 숨겼다. 바닥에는 수많은 병사가 죽고 다친 채로 누워 있었다.

전투 장면을 면밀히 관찰하고 있던 잠순에게 금상군의 기마병 하나가 "선생께서는 이 전쟁을 어떻게 평가하십니까?"라고 물었고, 잠순은 "금상

장군의 지휘가 매우 훌륭하여 제가 더 말할 것이 없습니다."라고 칭찬했다. 그러자 금상국왕은 매우 기뻐하여 잠순을 초대해 큰 잔치를 베풀어주고 야광주와 주옥 등 값비싼 보물을 잔뜩 주었다.

잠순이 도무지 산장 밖으로 나오지 않자, 걱정이 된 친척들이 산장으로 가보니 잠순은 눈이 퀭하여 마치 귀신에 홀린 것 같았다. 친척들이 독한 술을 잠순에게 마시게 하며 그동안 무슨 일이 있었느냐고 묻자, 잠순은 자기가 보고 겪은 일을 말했다. 친척들이 산장의 여기저기를 9척(2.7미터) 정도 파보니 오래된 무덤 하나가 나왔는데, 무덤 안에는 황금으로 만든 책상과 쇠와 구리로 만든 장기알이 가득 있었다.

친척들이 장기알들을 불태워버리자 잠순은 다시 건강을 되찾았고 더 이상 천나국이나 금상국의 군사들도 보이지 않았다. 그리고 옛 무덤에서 나온 많은 보물로 풍족하게 살았다. 잠순이 보았던 군사들은 바로 오래된 장기알에 정(精)이 붙어서 살아 움직인 것이었다.

080 서커스 묘기를 부린 가죽주머니

인형과 허수아비뿐만 아니라 사람처럼 생긴 가죽주머니의 정령에 얽힌 이야기도 있다. 《태평광기》에는 이런 가죽주머니에 관한 으스스한 이야기가 실려 있다.

북주 시대에 북방 민족 거연부족은 발도골저라는 족장이 다스리고 있었다. 그는 폭군으로, 무척 성질이 사나운 데다 사치를 부렸으며 노는 것을 좋아했다.

어느 날 발도골저에게 수십 명의 사람들이 찾아왔는데, 그들 중 한 명이 자기 이름이 적힌 명함을 건네면서 "나는 성명부족(省名部族)을 이끄는 지도자 성다수(成多受)라고 합니다."라고 자기소개를 했다. 발도골저는 그들을 자기 집으로 불러들인 다음, "당신은 왜 부족 이름을 성명이라고 지었소?"라고 물어보았다. 이에 성다수는 이렇게 답변했다.

"우리들은 성이 마 씨(馬氏), 피 씨(皮氏), 녹 씨(鹿氏), 웅 씨(雄氏), 장 씨(麞氏), 위 씨(衛氏), 반 씨(班氏) 등이지만, 이름은 모두 똑같이 수(受)라고 지어서 성명이라고 합니다. 단, 지도자인 나만 이름이 다수(多受)이지요."

"당신들은 무슨 재주를 부릴 수 있소?"

"우리들은 농완주(弄椀珠, 지금의 서커스 묘기)에 뛰어납니다."

신기한 묘기를 잘한다는 말에 발도골저는 즐거워하면서 "그러면 나한테 보여줄 수 있겠소?"라고 물었고, 이에 성명부족 중 한 명이 "배가 고파서 지금은 안 되고, 음식을 배불리 먹여주면 저희가 힘이 나서 한껏 재주를 보여드리겠습니다."라고 말했다. 이에 발도골저는 음식을 잔뜩 가져다주었고, 실컷 포식한 성명부족은 발도골저를 향해 "감사의 뜻으로 이제 저희가 대소상성과 종시상생이라는 재주를 보여드리겠습니다!"라고 외쳤다.

그들이 말한 대소상성은 키가 크고 뚱뚱한 사람이 작고 마른 사람을 입속에 넣고 삼키는 재주였으며, 종시상생은 삼킨 사람들을 다시 뱉어내는 재주였다. 그렇게 했는데도 아무도 죽거나 다친 사람이 없이 모두가 멀쩡한 모습을 보자, 발도골저는 무척 신기하면서도 즐거워 그들에게 상을 잔뜩 주었다. 상을 받은 성명부족들은 발도골저에게 인사를 하고 떠났다.

그런데 다음 날, 성명부족이 다시 와서 발도골저한테 자기들이 했던 묘기를 똑같이 보여주고 음식을 달라고 요구했다. 처음에는 요구에 응했던 발도골저도 시간이 지나자 그들의 묘기가 점차 식상하고 따분해졌고, 더 이상 음식을 푸짐하게 차려주기도 귀찮아졌다.

발도골저가 자기들을 푸대접한다고 여긴 성명부족은 화가 나서 "이번에는 당신의 가족들로 묘기를 부리겠소!"라고 외치고는 그의 아내와 아들딸, 동생, 조카 들을 모조리 입속에 넣고 삼켜버렸다. 그들이 성명부족의 몸속에서 살려달라고 애원하는 목소리가 울려 퍼지자, 발도골저는 두려워서 성명부족에게 머리를 숙이고 "내 가족을 제발 해치지 마시오!"라고 애걸했다. 성명부족은 웃으면서 "당신의 가족은 무사할 것이오."라고 말하며 그들을 모두 멀쩡한 모습으로 도로 토해내고는 집 밖으로 나가버렸다.

성명부족에 대한 분노와 증오로, 발도골저는 하인을 시켜서 이들을 몰래 미행하도록 했다. 그랬더니 성명부족은 오래된 집터로 들어가더니 없어져버렸다. 이 사실을 듣고 발도골저는 하인들을 거느리고 달려와서 집터를 파헤쳤고 나무상자 안에 든 가죽주머니들을 발견했다. 발도골저는 가죽주머니들을 불태우려고 했는데, 놀랍게도 가죽주머니들이 사람의 목소리로 이렇게 말했다.

"우리는 옛날 전한 시대에 이릉 장군이 식량을 넣고 다니던 가죽주머니였소. 이릉 장군이 남긴 수은으로 인해 우리는 생명이 붙어서 사람처럼 행세했고, 지금은 거연산의 신께서 우리에게 묘기를 부리는 일을 맡기셨소. 그래서 우리는 성명부족이라 칭하고 당신을 찾아갔소. 부디 우리를 살려주시오." 하지만 발도골저는 값비싼 수은이 탐나서 가죽주머니들을 불태워버렸다. 그러자 가죽주머니들은 "당신은 반드시 후회할 것이다!"라고 저주하면서 피를 뿌렸다. 발도골저가 집으로 돌아온 후에도 집 곳곳에서 가죽주머니들이 외친 목소리가 한 달 동안 계속 들리더니, 그해에 발도골저와 가족 모두가 병을 앓다가 죽고 말았다.

성명부족은 각각의 성씨에서 보듯이 말과 사슴, 곰과 노루 등 짐승의 가죽으로 만든 주머니들이었다. 본래 무생물이었다가 이릉이 남긴 수은의 신비한 힘으로 이매망량이 된 것이다.

081 제 발로 걸어 들어온 금과 은

황금과 은은 재물과 부유함의 상징이다. 금과 은으로 만든 사람의 조각상에 신비한 힘 정괴가 붙어서 사람처럼 움직였다는 흥미로운 이야기가 있는데 모두 재물과 관련이 있다. 《태평광기》에는 이런 이야기기가 두 편 실려 있다.

지금의 후난성과 후베이성 지역인 협중에 공파라는 소금 장수가 살았다. 옛날에 소금은 바닷가나 내륙의 광물에서만 얻을 수 있는 매우 귀한 물건이라, 소금 장수들은 돈을 많이 벌었다. 하지만 공파는 소금 장수 치고는 운이 나빴는지 매우 가난했다. 그래서 공파는 소금 이외에 채소나 과일을 팔아서 겨우 먹고살았다. 그는 강가에 지은 초가집에서 살았는데, 어느 날 갑자기 심한 비바람이 불어 닥쳐 사방이 온통 어두워졌다.

그때 강의 남쪽에서 불빛이 보이더니 어떤 사람이 "강을 건너야 하는데 배가 없소! 제발 나를 배에 태워주시오!"라고 큰 소리로 외쳤다. 공파의 이웃들도 그 소리를 들었으나, 비바람이 부는 날씨에 굳이 위험을 무릅쓰고 나가기가 싫어서 집에 있었다.

그러나 공파는 정의롭고 자비로웠는지, 집에서 나와 혼자서 강가에 놓인 배 위에 올라타고 강 반대편으로 갔다. 강기슭을 보니 손에 다 꺼진 횃불을 쥔 사람이 쓰러져 있었다. 공파는 그 사람이 자기를 배에 태워달라고 외친 목소리의 주인공이라고 여기고, 배에서 내려 그에게로 다가갔다.

그런데 자세히 보니, 그는 사람이 아니라 황금 인간이었다. 황금 인간의 키는 4척(120센티미터) 정도였는데, 공파가 손을 대어 만져도 전혀 움직이거나 숨을 쉬지 않았다. 공파는 황금 인간을 배에 싣고 집으로 돌아왔는데, 다음 날부터 장사가 잘되어서 많은 돈을 벌었고, 10년 뒤에는 촉 지방에서 으뜸가는 부자가 되었다.

두 번째 이야기의 주인공은 의춘군에 살았던 장 씨이다. 장 씨는 공파와는 달리 가난하지 않았고 집에 연못과 대나무 숲, 정자와 누대까지 있을 만큼 살림이 넉넉했다.

어느 날 한 여자가 장 씨의 집을 찾아왔다. 그녀는 하녀 한 명과 함께 왔는데, 옷차림이 무척 곱고 단정하여 아름다웠다. 그녀는 장 씨에게 "하룻밤을 묵어가고자 합니다. 부디 허락해주십시오."라고 부탁했다. 장 씨는 흔쾌히 허락했고, 그녀를 위해 산해진미와 맛있는 술을 대접했다.

장 씨의 집에는 친척인 장생이 살았다. 젊은 선비 장생은 여자와 하녀를 무척이나 아름답다고 여겨 마음속에 사모하는 마음이 싹텄다. 그는 자기를 키워준 유모에게 부탁하여 빈 방 하나를 깨끗이 치우고 여자와 하녀를 그 방에서 재우라고 말했다. 이윽고 밤이 깊어지자 장생은 다른 식구들이 자고 있는 틈을 타서 몰래 그 방으로 향했다. 방문을 열고 안으로 들어간 장생은 여자가 누워있는 침대로 다가갔는데, 이상하게도 여자는 전혀 숨을 쉬지 않았다.

장생은 여자를 향해 얼굴을 가까이 들이밀고, 그녀의 손을 살짝 잡아 보았지만 따뜻한 기운이 전혀 없었고 얼음처럼 차디찬 기운만 감돌았다. 놀란 장생이 불을 켜고 자세히 보니, 그녀는 살아 있는 사람이 아니라 은으로 만든 사람이었다. 여자를 따라온 하녀도 마찬가지였다. 장생은 방을 뛰쳐나가 다른 식구들에게 이 사실을 알렸다. 은으로 만든 두 여자의 무게는 무려 10만 근이나 나갔다.

그 일이 있고서 장 씨 집안은 어마어마한 돈을 벌었고, 인근에서 으뜸가는 거부가 되었다. 함께 사는 가족과 친척은 5백 명까지 늘어났다.

082 스님과 도사로 변한 요괴들의 논쟁

인도에서 중국에 불교가 전해진 것은 후한 말기이다. 하지만 불교는 처음부터 중국의 전통신앙 도교와 치열하게 부딪쳤고 그 다툼은 꽤나 오랫동안 지속되어 5호16국과 당나라 시대에도 도교를 지원하는 황실이 불교를 탄압하기도 했다. 이러한 역사적 배경에서 《태평광기》에는 불교 승려와 도교 도사가 벌인 논쟁이 실려 있다.

지금의 허난성 왕옥산에 늙은 승려가 살았다. 승려는 띠풀을 엮어 만든 암자에 혼자 살았는데, 어느 날 낡은 옷을 입은 도사가 암자를 찾아와서 "하룻밤만 재워주십시오."라고 부탁했다.

그러나 승려는 원래 성격이 매우 편협한 데다 도교 믿는 사람들을 무척 싫어해서 "여기에는 당신을 재워줄 곳이 없으니, 다른 곳으로 가보시오!"라고 거절하였다. 그 말을 듣고 도사는 "불교와 도교는 서로 깨달음을 찾는 집단인데, 왜 스님께서는 저를 내쫓으려 하십니까?"라고 항의하였다.

도사의 말에 승려는 "과연 도교의 가르침 중에서 불교와 비교할 만한 것이 있기나 하오?"라면서 도교를 철저히 무시하는 오만한 태도를 보였다. 그러자 자기가 믿는 종교를 업신여기는 승려에게 도사도 화가 났는지, 태도를 바꾸어서 도교에 대해 설명하기 시작했다.

"자고로 도(道)는 아득히 먼 옛날부터 있었고, 이 도가 하늘과 사람을 포함한 세상 모든 존재를 만들어냈습니다. 따라서 이 도는 세상 모든 사람이 다 알고 섬겨온 것인데, 스님께서는 도를 모르시다니 사람도 아니십니까?"

도사의 공격에 승려도 화가 나서 자신이 배운 불교 교리로 반박했다.

"이보시오. 당신네 도사들이 말하는 그 도가 있기 전에도 우리 불교의 시조 석가모니 부처님께서는 이미 홀로 계셨소. 부처님은 원래 나라의 왕자이셨는데, 왕위를 버리고 산으로 들어가 수행을 하신 끝에 세상을 꿰뚫는 진리인 천상천하 유아독존을 깨달으셨소. 그런 후에 부처님께서는 모든 마귀와 다른 종교를 굴복시키시고 불교를 여신 거요."

이어서 승려는 도교의 창시자 노자를 석가모니와 비교하면서 비난했다.

"당신네 도사들이 믿는 노자는 도대체 누구의 아들이었소? 또 노자가 어디서 어떻게 수행했는지 들어본 적이 없소. 또 도교의 가르침이 백성들에게 도대체 얼마나 도움을 주었소? 그런 도교 따위가 어찌 감히 우리 불교와 비교나 될 수 있겠소?"

이제 도사는 얼굴이 붉어져서 잔뜩 화가 난 상태로 반박했다.

"우리 도교의 시조 노자, 즉 태상노군께서는 원래 하늘에서 태어나셨고 땅으로 오실 때 자주색 구름을 밟은 하얀 사슴을 타셨는데, 어떻게 그 사실을 모를 수가 있습니까? 또 도교에서 말하는 봉래와 방장, 영주 등 신선들이 사는 섬이나 그 밖에 신선들의 이야기는 어린아이들도 다 알고 있습니다. 그런데 어찌하여 스님께서는 하찮은 생각으로 태상노군을 멸시하십니까? 부처는 자기 부모를 버리고 도망친 사람인데, 입에 담을 가치나 있습니까? 애초에 이 세상은 불교에서 시작된 것이 아닙니다. 지금 불교와 승려들이 다 없어져도 세상에는 아무런 피해도 없습니다."

그러자 승려는 얼굴이 굳어지더니, 도사를 향해 "너희 같은 사람들도 있어야 하겠지. 너희 같은 사람들이 없어진다면 지옥은 비어버릴 테니 말이다."라고 폭언을 퍼부었다.

이처럼 승려와 도사가 상대 종교를 모욕하면서 격렬한 말싸움을 벌일 때, 지나가던 나무꾼 하나가 이 광경을 보고는 화가 나서 달려와 호통을 쳤다.

"너희는 부모를 모시지도 않고, 땀 흘려 일하지도 않으면서 먹기만 하는 좀벌레들이다. 그러면서 서로가 잘났다고 하찮은 싸움이나 벌이고 있느냐?"

그러면서 나무꾼이 도끼를 휘둘러 승려와 도사를 내리치려고 하자, 승려는 징으로 변해버렸고 도사는 거북이 등껍질로 변했다. 그들은 각각 징과 거북이 등껍질에 정괴가 붙어 탄생한 정령이자 요괴였던 것이다. 인간도 아니면서 인간의 종교를 내세워 서로를 모욕하다가 도망쳤으니, 참으로 우스꽝스러운 일이었다.

083 술병과 술 단지가 사람 행세를 하다

중국 속담에는 "술은 인생을 망치지만, 세상 모든 문제를 해결할 수도 있다."라는 말이 있다. 세상 모든 물체에는 자연의 신비한 힘 정(精)이 깃들어 사람처럼 살아 움직일 수 있다고 믿었던 고대 중국인들은 술에도 정령이 깃들어서 사람처럼 행세한다는 이야기를 만들어냈다. 《태평광기》에는 술의 정령에 관한 이야기가 두 편 실려 있다.

첫 번째 이야기는 이렇다. 옛날에 도사 섭법선은 현진관에 머무르며 조정 대신들과 이야기 나누기를 좋아했는데, 마침 다들 목이 말라서 술을 한 잔 마시고 싶다는 생각이 간절했다. 그때 누군가가 현진관의 문을 두드리며 자신을 국수재라고 밝혔는데, 섭법선은 다른 사람을 시켜서 "지금은 나랏일 하시는 분들이 계시니, 나중에 와주십시오."라고 거절했다.

그러나 국수재는 끝내 문을 열고 들어왔다. 그는 스무 살 정도에 피부가 하얀 매우 잘생긴 선비였다. 국수재는 사람들에게 웃으며 인사한 후에, 맨 뒷자리에 앉아서 옛날 문헌을 인용하며 목소리를 높여 자신의 이론을 주장했다. 그가 말하는 내용은 논리가 굉장히 잘 들어맞고 막힘이 없어서 다들 그가 학식이 굉장히 높은 선비라며 칭찬했다.

하지만 뛰어난 도사 섭법선은 국수재를 가만히 노려보다가, 옷 속에서 단검을 꺼내 국수재를 찌르고 목도 잘라버렸다. 갑작스러운 행동에 다들 "이게 무슨 짓이오?"라며 놀라 소리쳤으나, 잠시 후 그들은 더욱 놀라서 입을 다물었다. 바닥에 떨어진 국수재의 머리는 병뚜껑으로, 국수재의 몸은 술병으로 변한 것이다. 사람들이 술병을 살펴보니, 잘 익은 술이 가득 담겨 있었다. 그제야 사람들은 국수재가 술의 정령이었음을 깨닫고 크게 웃음을 터뜨리고는 술병에 담긴 술을 나눠 마셨다. 술은 맛이 굉장히 좋았고, 사람들은 술병을 쓰다듬으면서 "이보시오, 국생(麴生). 당신의 맛과 멋은 도저히 잊지 못하겠소."라고 감탄했다.

다음 이야기는 어느 술꾼에 관한 내용이다. 지금의 산시성 타이위안 지역은 옛날에 병주라고 불렸다. 병주에는 강수라는 술꾼이 살았다. 강수는 술을 너무 즐겨 마셔서 항상 취한 상태였다. 사람들은 강수가 술에 중독이 되어서 죽을까 봐 술을 마시자는 그의 제안을 거절했다. 그래서 강수는 늘 혼자 술을 마시면서 외로움을 달래야 했다.

홀로 술에 찌들어 살던 강수에게 어느 날 검은색 모자와 옷을 걸친 사람이 찾아왔다. 그는 키가 겨우 3척(90센티미터)에 불과했으나 허리는 몇 사람이 끌어안아야 할 만큼 매우 넓었다. 강수를 방문한 그는 "평소에 당신이 알아주는 술꾼이라는 이야기를 듣고 이렇게 일부러 찾아왔소. 오늘 나와 함께 즐겁게 술을 마십시다."라고 말했다.

그렇지 않아도 혼자서 외롭게 술을 마시는 일에 지쳐 있던 강수는 환하게 웃으며 "어서 오시오. 나와 함께 밤새도록 즐겁게 마셔봅시다!"라고 말하면서 그와 술잔을 주거니 받거니 하며 술을 마셔댔다.

그런데 검은 옷을 입은 사람은 술을 무려 30말(540리터)이나 마셨는데도 도무지 취하지 않고 멀쩡했다. 그 모습을 보고 강수는 신기해하며 "당신은 도대체 어떻게 해서 그렇게 술을 잔뜩 마시고도 멀쩡한 거요?"라고 물어보았다.

그러자 검은 옷 입은 사람은 "나는 이름이 성덕기라고 하오. 나는 깨달음을 얻어서 술을 지금처럼 잘 마실 수 있는 거요. 술을 한번 마시면 50말(9백 리터)은 마셔야 하오."

그 말을 듣고 강수는 술을 더 가져와서 검은 옷 입은 사람에게 마시게 했다. 이윽고 검은 옷 입은 사람은 50말의 술을 마시고는 신이 나서 "참으로 즐겁구나!"라고 노래를 부르다가 쓰러져버렸다. 강수는 하인들을 시켜서 그를 자기 방으로 데려가게 했는데, 그가 갑자기 일어나 도망치다가 돌에 부딪치고는 어디론가 사라졌다.

다음 날 아침, 강수가 검은 옷 입은 사람을 찾다가 그가 쓰러진 자리에 자기가 일 년 동안 쓰던 술 단지가 깨진 채 있는 것을 보았다. 그제야 강수는 자기와 함께 술을 마신 검은 옷 입은 사람이 술 단지의 정령이라는 사실을 깨달았다. 주인이 술꾼이니 그 도구인 술 단지도 술을 좋아하는 정령이 된 것이다.

8

사후세계와 환생

084 고양이의 원한으로 지옥에 끌려가다

세계 어느 지역의 신화나 전설이든 사람에게 영혼이 있다는 믿음은 확고했다. 동물에게도 영혼이 있느냐 없느냐 하는 문제는 그리 간단하지 않았는데, 중국을 비롯한 동양권에서는 대체로 동물도 영혼을 갖고 있다는 믿음이 강했다. 《태평광기》에는 고양이들을 죽였다가 저승으로 끌려간 최소라는 사람에 관한 이야기가 실려 있다.

당나라 헌종 때, 단주군수를 지낸 최직의 아들 최소는 평소에 선량한 행실과 면학으로 주위의 칭찬이 자자했다. 그는 이욱이라는 이웃과 친구로 지냈는데, 이욱의 집에서 기르는 암고양이 한 마리가 어느 날 최소의 집에 들어와서 새끼 두 마리를 낳았다. 그런데 중국 남쪽에서는 남의 집 고양이가 자기 집에 들어와서 새끼를 낳는 일을 매우 불길하게 여겼기에, 최소는 하인에게 암고양이와 새끼 고양이들을 광주리에 넣고 새끼줄로 묶어서 강에 던져 죽이라고 지시했다.

몇 달이 지난 후, 최소는 중국 남부 뇌주반도의 여관에 머물다가 갑자기 심한 열병에 걸려 죽고 말았다. 그가 죽을 때, 노란 옷과 검은 옷을 입은 저승사자 둘이 나타나서 "당신은 살인을 저질렀기에 저승으로 데려가려고 왔소."라고 말했다.

깜짝 놀란 최소는 "나는 평생 사람을 죽인 일이 없습니다. 무언가 잘못된 일이 분명합니다."라고 하소연했다. 저승사자들은 "당신이 죽인 죄 없는 세 사람이 억울함을 하늘에 호소했고, 저승에서 하늘의 명을 받들어 당신의 죄를 밝혀내려는 것이니 여러 말 마시오!"라고 최소를 윽박질렀다.

그때 갑자기 신이 나타나서 저승사자들은 땅에 엎드려 큰절을 했다. 신은 최소에게 다가가더니 "나는 일자천왕일세. 그대가 오랫동안 나를 섬겼기에 내가 지금 그대를 도와주려고 왔다네."라고 말하면서 최소와 함께 저승사자들의 인도를 받아 저승으로 떠났다.

그렇게 최소가 일자천왕, 저승사자들과 함께 50리 길을 가자, 넓은 성문이 보였고 그 안으로 들어가니 많은 수레와 가마 들이 오고 가는 큰길이 나왔다. 그곳이 바로 저승이었다. 저승의 모습은 이승과 별로 다르지 않았는데, 다만 여자들이 입은 옷이 이승보다 더 화려하고 아름다웠다.

일자천왕은 최소를 데리고 재판장으로 들어갔다. 그곳에는 염라대왕과 왕판관 등 저승의 재판관들이 최소를 기다리고 있었다. 염라대왕이 일자천왕에게 "이곳에는 왜 왔습니까?"라고 묻자 일자천왕은 "나는 이 사람을 돕기 위해 왔습니다. 듣자 하니 이 사람이 죄 없는 사람 셋을 죽였다는데, 그 사람들이 누구입니까?"라고 물었다. 그러자 염라대왕은 그들을 데려와서 최소와 만나게 했는데, 놀랍게도 그들은 고양이의 머리에 사람의 몸을 하고 있었다. 바로 최소가 하인을 시켜 강에 빠뜨려 죽게 했던 세 마리 고양이였던 것이다.

고양이들은 슬피 울면서 자기들이 최소한테 억울하게 죽임을 당했다고 하소연했다. 그러자 일자천왕은 최소에게 "불경을 베껴 저들의 공덕을 쌓아주겠다고 말하면 될 것이네."라고 가르쳐주었고, 최소가 그렇게 하자 고양이들은 억울함이 풀렸는지 사라져버렸다. 이에 염라대왕은 최소에게 "이제 자네와 관련된 고소 건은 해결되었네. 더 이상 저승에 머무를 필요가 없으니, 곧바로 이승으로 돌아갈 수 있게 해주겠네."라고 말했다.

최소는 염라대왕과 저승 영혼들의 환송을 받고 일자천왕과 함께 각각 말과 코끼리를 타고 이승으로 돌아가는 길을 떠났다. 저승의 성문에 도착하니 구덩이 주위에 네 사람이 서 있었다. 그들은 물고기의 머리에 사람의 몸으로, 피가 묻은 녹색 옷을 걸치고 있었는데 최소를 향해 "저희들을 살려주십시오!"라고 간청했다.

최소는 "내가 어떻게 당신들을 살려준단 말이오?"라고 물었고, 이에 그들은 "《금광명경(金光明經)》을 한 부 베껴주십시오!"라고 말했다. 그들은 최소가 불쌍히 여겨 약속하자 사라졌다. 저승의 성문을 통과한 최소는 영혼이 몸으로 들어와서 다시 살아났다.

이승에 돌아온 최소는 여관 주위를 돌아다니다가 문득 계단 앞의 큰 나무통 안에 잉어 네 마리가 있는 것을 보고는 하인에게 "저 잉어들은 무엇인가?"라고 물었다. 하인은 "요리를 하려고 사놓았던 것들인데, 나리께서 갑자기 눈을 감으셔서 아직까지 살려두고 있었습니다."라고 대답했다. 최소는 잉어들이 저승에서 자신에게 살려달라고 간청한 사람들이라고 여겨서, 모두 연못에 풀어주고 약속대로 《금광명경》한 부를 베껴서 그들의 공덕을 쌓아주었다.

085 목이 잘렸다가 살아난 사람들

　사람은 목이 잘리면 죽기 마련이다. 그러나 세계 각 지역의 민담을 보면, 목이 잘려도 죽지 않고 기적적으로 살아난 사람들이 있다. 《태평광기》에도 그런 기적 같은 삶을 살았던 사람들의 이야기가 실려 있다.

　첫 번째 이야기는 당나라 시대에 주차가 반란을 일으켰을 때 벌어진 일이다. 반란을 진압하러 출동한 관군 중 하나가 전투에서 적의 칼에 목이 잘리고 말았다. 그런데 7일이 지나서 그는 죽지 않고 다시 살아서 일어났다. 다만 목이 잘리기 전보다 목구멍 부분이 딱딱해지고 칼에 베인 부분이 간지럽게 느껴졌다는 점만 달랐다. 그는 다른 사람들의 도움을 받아서 집으로 돌아왔고, 아내와 아이들한테 자신이 겪은 신기한 체험을 털어놓았다.

　"목이 잘렸을 때, 이상하게도 죽을 거라는 생각은 전혀 없었소. 잠시 후에 누군가가 나타나더니 나를 이미 전사한 수천 명의 병사들에게로 보내더군. 그 병사들과 한참을 걸어가니 큰 성문이 나와서 안으로 들어갔소. 성 안에는 녹색 옷을 입은 고위 관리가 있었는데, 그가 명단을 들고 호명하면 한 사람씩 앞으로 불려갔지. 드디어 내 이름이 불려서 '나는 아직 이곳에 올 때가 안 되었습니다.'라고 말하자 관리는 화를 내며 빨리 나가라고 소리 쳤소. 그리고 다른 관리 하나가 복숭아나무를 깎아 만든 못을 가져와서 잘린 내 목을 몸에 박아 넣고는 건물에서 쫓아냈소. 그래서 다시 눈을 뜨고 이렇게 살아나게 된 거요."

아내가 남편의 머리 정수리 부분을 들춰보니, 1촌(3센티미터) 정도 불룩 튀어나와 있었다. 병사는 그 뒤로 오랫동안 살았는데, 일흔이 넘어서도 젊은이와 힘을 겨룰 정도로 건강했다.

두 번째 이야기는 지금의 내몽골 자치구에 있었던 오원군의 장교가 겪은 일이다. 변방인 오원군을 지키던 그는 어느 날 병사 5백 명을 거느리고 순찰을 나갔다가 갑자기 들이닥친 수천 명의 오랑캐 기병에게 공격을 받았다.

장교가 거느린 순찰병들은 모두 단병, 즉 길이가 짧은 무기를 가진 병사들이어서 말을 타고 활을 쏘아대며 재빨리 움직이는 유목민 부대에게는 상대가 되지 않았다. 결국 장교와 부하들은 모조리 죽임을 당했다. 장교는 적의 칼에 목이 잘려서 죽었다.

죽고 보니 어느 하급관리가 나타나서, 장교와 다른 병사들의 영혼을 몸에서 꺼내어 어디론가 데려갔다. 장교와 병사들의 영혼은 아무런 반발심이 들지 않았고 하급관리가 인도하는 대로 계속 따라갔다. 이들은 저녁 무렵에야 어느 관아에 도착했다.

관아에는 고위 관리가 있었다. 그는 하급관리와 장교를 번갈아 보고는 "이 장교는 아직 죽을 운명이 아니다. 너는 왜 이 장교를 이곳에 데려왔느냐?"라고 꾸짖었다. 하급관리는 얼른 머리를 숙이며 용서를 빌었는데, 고위 관리가 "저 장교를 살려내지 못하면, 네가 책임을 지고 목숨을 내놓아야 한다!"라고 다시 꾸짖었다.

하급관리는 "제가 저 장교를 살릴 수 있습니다."라고 말하고는 장교를 데려가서 3척(90센티미터) 두께로 쌓인 나뭇잎 위에 눕게 하고는 죽 한 그릇을 주면서 "당신은 이 죽을 7일 동안 계속 먹어야 하오. 그러면 다시 살아

나서 이승으로 돌아갈 수 있을 것이오."라고 가르쳐주었다.

장교가 하급관리가 일러준 대로 7일 동안 죽을 먹자, 어느새 잘린 목이 몸에 붙었고, 다리에 힘이 생겨 걸을 수 있었다. 장교는 곧바로 자신이 죽은 장소로 돌아갔고, 그곳에서 자신이 살아났다는 사실을 깨달았다. 장교의 목둘레에는 칼에 베어 떨어졌다가 다시 붙은 흔적이 분명하게 남아 있었다.

086 다른 사람의 몸으로 환생한 사람들

　동양의 전설에는 아직 죽을 때가 아닌데 저승에서 실수로 데려간 사람의 영혼이 다시 이승으로 돌아갈 때, 그만 몸이 썩거나 없어져서 어쩔 수 없이 다른 사람의 몸을 빌려 환생한다는 웃지 못할 이야기가 있다. 《태평광기》를 보면 남의 몸에 들어간 영혼이 고생스럽게 살았다는 이야기가 실려 있다.

　첫 번째는 지금의 허난성 루난현인 채주 지역에 살았던 죽계정이라는 사람의 이야기다. 그는 어느 날 갑자기 죽었는데, 그로부터 11년 후에 같은 마을 사람 조자화도 죽었다.

　그런데 조자화는 죽고 나서 며칠 후에 다시 살아나더니, 벌떡 일어나 대문 쪽으로 달려갔다. 그 모습이 마치 집을 버리고 떠나려는 듯하여 조자화의 아내와 아이들이 서둘러 대문을 막아서고 "도대체 왜 집을 나가려고 합니까?"라고 물었다. 조자화는 놀랍게도 이렇게 대답했다.

　"이곳은 내 집이 아니다. 나는 어서 내 집으로 가야 한다."

　이에 식구들이 "여기가 당신 집인데, 그게 무슨 말입니까?"라고 물으니 조자화는 "나는 죽계정이다. 내가 왜 여기에 있어야 하는가? 나는 내 집으로 가야 한다."라고 대답했다. 식구들이 자세히 들어보니, 아무래도 살아

생전 조자화의 목소리는 아니었다.

우여곡절 끝에 조자화의 모습을 한 죽계정은 자신의 집으로 달려갔다. 그런데 이번에는 죽계정의 식구들이 "저 사람이 왜 여기에 들어오는가? 정신이 나갔나?"라고 괴상하게 쳐다보며 그를 집 밖으로 쫓아내려고 하였다. 그러자 숙계성은 버럭 화를 내면서 이렇게 말했다.

"죽고 나서 11년 만에 겨우 집에 왔는데, 왜 나를 쫓아내는가?"

그러고 나서 죽계정은 식구들에게 자신과 그들만 아는 일을 털어놓기 시작했다. 식구들이 들어보니 모두 맞는 말이었지만 그 모습이 영락없는 조자화여서 여전히 믿기가 어려웠다. 그래서 "당신이 죽은 죽계정이라면, 왜 조자화의 몸을 하고 있습니까?"라고 묻자, 죽계정은 사연을 털어놓았다.

"11년 전, 죽어서 곧바로 저승으로 갔지만 이승의 일을 잊지 못해서 언제나 식구들을 보고 싶은 마음이 가득했다. 저승에서는 30년마다 한 명을 골라서 심사를 하고, 다시 이승으로 돌려보냈는데 마침 내가 거기에 뽑혔다. 하지만 죽은 지 11년이나 되어서 내 몸이 이미 썩어 없어져버렸기에 저승의 관리가 일러주기를, 같은 마을에 살던 조자화라는 사람이 죽은 지 얼마 지나지 않았으니 그의 몸에 내 영혼이 들어가면 된다고 하였다."

그제야 죽계정의 식구들은 그의 말을 믿었다. 죽음을 겪고 돌아온 탓인지, 죽계정은 사방을 돌아다니며 가난한 사람들한테 돈을 나눠주고 무너진 절을 고치는 등 착한 일을 하며 살았다고 한다.

두 번째 이야기는 지금의 쑤저우시 위항으로 오군 지역에 살았던 육언이라는 사람이 주인공이다. 그는 무더운 여름에 갑자기 죽었고, 열흘이 지나 저승에서 염라대왕을 만났다. 염라대왕은 육언을 보자, "너는 아직 이승에서 살날이 남아 있으니 돌려보내겠다."라고 말했다. 그러자 저승 관리들이 "육언의 몸은 이미 썩어버렸습니다. 죄를 지은 이담이라는 사람이 있으니 그를 데려오시고 육언에게 그의 몸을 주십시오."라고 아뢰었다.

염라대왕은 저승 관리들의 의견에 따랐고, 육언의 영혼이 이담의 관 속으로 들어가서 다시 살아났다. 되살아난 육언은 오군 사람이라 그 지역 방언을 했는데, 이담은 창주 사람이라서 이담의 식구들은 육언이 하는 말을 전혀 알아듣지 못했다. 결국 육언은 이담의 집을 떠나서 자기가 살던 오군으로 갔다. 그리고 식구들을 만나서 자신이 겪은 일을 들려주니, 식구들은 죽은 육언이 살아서 돌아왔음을 믿었다.

087 저승을 제집처럼 드나든 여인

　사후세계를 체험한 사람의 이야기를 보면 대개 저승은 한 번만 다녀온다. 그런데 반드시 그런 것은 아닌지, 무려 수십 번이나 저승을 다녀온 사람도 있다. 《태평광기》를 보면 저승에 수십 번이나 다녀온 여인의 이야기가 있다.

　당나라 문종 때인 840년 4월, 수춘군에 살던 정결이라는 사람의 아내 이 씨는 심장이 아파서 앓아눕더니 허공을 향해 계속 "제가 잘못했으니, 제발 살려주세요."라고 빌다가 그만 죽어버렸다. 정결은 슬퍼하면서 장례 치를 준비를 하고 있었는데, 이른 새벽에 멀리서 닭이 울자 아내 이 씨가 다시 의식을 되찾고 살아났다. 이 씨는 정결과 식구들에게 사후체험담을 털어놓았다.

　이 씨는 저승사자 두 명에게 붙잡혀 저승으로 갔다. 두려운 기분이 들었으나 먼 길을 가는데도 전혀 힘들지 않았다. 저승사자들에 이끌려 성에 들어가니 재판관이 이 씨를 보고 "너는 전생에 유 씨 성을 가진 남자로, 마 씨라는 아내가 있었다. 그런데 마 씨의 성질이 하도 사납고 거칠어서 유 씨 너는 그녀를 죽이고 배를 갈라서 창자를 들어냈다. 이에 마 씨의 어머니가 너를 고소하여 이곳으로 데려오게 한 것이다."라고 설명했다.

자신의 죄명을 들은 이 씨는 "그러면 제가 마 씨를 위해 공덕을 쌓아서 그녀를 환생하도록 할 테니, 저를 이승으로 돌려 보내주십시오."라고 간청했다. 그러자 저승의 재판관은 저승 관리를 불러서 "이 씨에게 몇 년의 수명이 남아있는가?"라고 물었고, 관리는 "아직 18년이 남아 있습니다."라고 대답했다.

이에 재판관은 이 씨를 향해 "너는 이제부터 이승에서 마 씨를 위해 충분한 공덕을 쌓을 때까지, 매일 밤 저승으로 왔다가 닭이 우는 아침이 되면 이승으로 돌아가야 한다."라고 판결을 내렸고, 그렇게 이 씨는 되살아났다.

아내의 이야기를 들은 정결은 "그러면 당신을 데리러 매일 저승사자들이 올 테니, 내가 그들을 극진히 대접해야겠소."라면서 풍성한 음식을 마련해 밤마다 저승사자들에게 내놓았다. 하지만 저승사자들이 "그저 물이나 죽이면 됩니다. 굳이 호화로운 음식을 차리실 필요가 없습니다."라고 사양하여, 정결은 그들에게 매일 밤 물과 죽을 대접했다.

저승사자들에게 매일 저승으로 끌려가던 이 씨는 저승에서 사람들의 운명을 미리 기록한 내용을 보았고, 이승으로 돌아와 명단에 적혀 있던 사람들의 운명을 예언할 수 있었다. 그래서 정결은 자신이 만나는 사람이 장차 어떤 벼슬에 오를지 이 씨의 입을 통해 미리 알 수 있었다. 한편 이 씨는 자신이 마 씨를 위해 공덕을 쌓는 일에 대해서 이렇게 말했다.

"정말로 보시를 하려면, 구태여 절을 세울 필요가 없습니다. 절을 세우는 일보다 배고픔과 추위에 시달리는 친척을 도와주는 일이 더 큰 보시입니다. 그리고 가난한 사람들에게 재산을 나누어주고, 거리에서 배고픔에 고통스러워하는 사람들을 돕는 것이 복을 쌓는 가장 훌륭한 일입니다."

이 씨의 말은 양나라 무제와 관련된 일화에서 나온 듯하다. 무제는 불교를 독실하게 믿어서 크고 화려한 절을 수백 개나 지었다. 그리고 인도에서 온 달마대사를 만나 자신이 세운 절을 보여주며 "어떻소? 짐이 이토록 아름답고 화려한 절을 많이 지었으니, 참으로 큰 공덕을 쌓지 않았소?"라고 자랑스럽게 물어보았다. 그러나 달마대사는 절을 보고는 "아무런 공덕도 없습니다."라고 고개를 저었다. 당시 양나라는 빈부격차가 극심하여 굶주린 백성이 즐비했는데, 그런 상황에서 사치스럽게 절을 짓는 것이 덕이 될리 없다는 뼈아픈 일침을 날린 것이다.

자신의 깨달음대로 가난한 사람들을 열심히 도운 이 씨는 그 공덕 때문인지 저승으로 끌려가는 횟수가 열흘에 한 번으로 줄어들었고, 다음 해부터는 더 이상 저승으로 끌려가지 않고 이승에 남게 되었다.

9
UFO와 외계인

088 화성인이 나타나 미래를 예언하다

　동진 시대의 학자 간보가 쓴 《수신기》는 귀신과 괴물 등 각종 신기한 일을 다룬 소설이다. 《수신기》에는 흥미롭게도 화성에서 온 사람을 직접 만나 이야기까지 나누었다는 내용이 있다.

　화성인이 나타난 곳은 삼국시대의 오나라였다. 당시 오나라는 북으로 강력한 위나라와 대치하고 있었고, 동맹국인 서쪽의 촉나라는 매우 쇠약해서, 언제 전쟁이 일어날지 모르는 불안한 상황이었다. 그래서 오나라의 수도 건업에는 항상 유언비어가 감돌았고, 조정은 이런 분위기가 사회 혼란을 가져올까 봐, 유언비어 퍼뜨리는 자들을 엄격히 단속했다.

　오나라 영안(永安) 2년(259) 3월, 한 무리의 아이들이 놀고 있었는데, 괴이하게 생긴 소년 하나가 등장했다. 소년은 파란 옷을 입고 있었고 키는 1.2미터 정도로 작았는데, 특이하게도 두 눈이 마치 불타는 것처럼 번쩍이면서 빛을 냈다.

　아이들이 정체불명의 소년을 꺼려하며 "너는 어디에서 온 누구냐?"라고 묻자, 푸른 옷의 소년은 "나는 형혹에서 왔다! 앞으로 천하는 위나라 사마씨의 손에 들어간다!"라고 말했다. 당시 오나라는 위나라와 대치하고 있었기에, 소년의 말은 곧 오나라가 위나라에게 망한다는 뜻이었다.

푸른 옷의 소년에게서 무시무시한 말을 들은 아이들은 놀라서 집으로 달려가 어른들을 모셔왔는데, 그 모습을 지켜보던 소년은 놀랍게도 하늘로 뛰어오르더니 거짓말처럼 감쪽같이 사라졌다. 이를 멀리서 지켜보던 아이들과 어른들은 너무나 놀라서 멍하니 하늘만 바라보았다.

이 사실은 조정에 보고되었고, 푸른 옷 소년에 대한 수배령이 전국에 내려졌다. 그러나 오나라 방방곡곡을 샅샅이 뒤져도 소년의 자취는 찾을 수가 없었다.

푸른 옷을 입은 소년은 자신이 형혹에서 왔다고 했다. 형혹은 고대 중국에서 화성을 가리키는 말이었다. 즉, 푸른 옷의 소년은 자신의 정체를 화성인이라고 밝힌 것이다. 그리고 형혹에서 왔다는 소년의 말은 정확히 맞았다. 그가 아이들 앞에서 "사마씨가 천하를 차지한다!"라고 말한 지 불과 4년 후인 263년, 오나라의 동맹국 촉나라는 위나라에게 멸망했다. 그리고 위나라의 사마씨, 즉 강력한 신하이던 사마염은 265년 위나라를 빼앗아 진나라를 세우고 황제가 되었으며, 15년 후인 280년에는 마침내 오나라마저 정복하였다. 그리하여 삼국시대는 진나라의 통일로 막을 내리고, 천하는 사마씨 황족이 지배하게 되었다.

그런데 왜 푸른 옷을 입은 형혹의 소년이 오나라 사람들에게 나타나서 장차 나라가 망할 것이라는 예언을 한 것일까? 본래 화성은 동서양을 막론하고 전쟁과 혼란을 상징하는 별로 여겨졌다. 삼국시대의 끊임없는 전쟁에 썩 잘 어울리는 설정이다. 하지만 더욱 흥미로운 점은 지금으로부터 1천 5백 년 전에 살았던 중국인들이 화성에 생명체가 산다고 상상했던 것이 아닐까? 《수신기》의 화성인 목격담은 지금까지 기록된 전 세계의 외계인 관련 문헌 중 가장 오래된 것이다.

089 불타는 수레바퀴를 탄 어린아이

1898년 영국의 소설가 H. G 웰스는 화성에 사는 외계인들이 지구를 침공한다는 상상을 담은 소설 《우주전쟁》을 발표했다. 외계인의 지구 침공은 이후 수많은 SF와 판타지 작품에서 사람들이 좋아하는 소재가 되었다.

하지만 《우주전쟁》보다 훨씬 전에, 북송의 학자 왕질이 쓴 《묵기(默記)》를 보면 이미 하늘을 날아다니는 불타는 수레바퀴 이야기가 실려 있다.

이 책에 따르면 후주 세종의 신하 왕박이 어느 날 세종을 찾아왔다. 자신이 하늘의 별자리를 관찰하다가 이상한 현상을 보았으니 폐하께서도 꼭 보셔야 한다는 것이었다. 그 말에 호기심이 생긴 세종은 왕박을 따라 나섰는데, 왕박은 오장하(伍丈河)로 세종을 데려갔다.

오장하로부터 멀리 떨어진 곳에 고기잡이배에서 쓰는 등불 같은 것이 보였는데, 처음에는 작았다가 허공을 날아 점차 가까이 오더니 커다란 수레바퀴 정도로 커졌다. 그것은 불타는 수레바퀴처럼 생긴 기이한 비행체였고, 더욱 놀랍게도 그 안에는 세 살 정도 되는 어린아이가 앉아 있었다.

아이를 본 왕박은 세종에게 "폐하는 빨리 저 아이를 향해 엎드려서 머리와 허리를 숙이고 절을 하십시오!"라고 외쳤다. 세종은 얼떨결에 왕박이 시키는 대로 했는데, 절을 마치자 불타는 수레바퀴 안에 앉은 아이는 허공을 가르며 날아가 이윽고 보이지 않게 되었다.

그리고 얼마 후 왕박과 세종은 갑자기 죽고 말았다. 평소에 건강했던 그들이 왜 돌연 죽었는지는 어느 의원도 원인을 찾아내지 못했다.

그런가 하면 조선 중기의 학자 박동량이 지은 《기재잡기(寄齋雜記)》에도 다음과 같은 외계인 목격담이 실려 있다. 왕의 명령을 실행하는 중추원에서 지중추원사를 지낸 이순몽은 벼슬을 하기 전 지금의 경기도 여주와 이천 인근에서 농사를 짓고 살았다.

어느 날 이순몽이 텃밭을 일구고 있었던 중, 전혀 예상하지 못한 이변이 일어났다. 맑은 하늘이 갑자기 어두워지더니 비바람이 크게 불었고, 저 멀리서부터 웬 항아리처럼 생긴 커다란 불덩어리가 굴러 왔다. 불덩어리는 크고 요란한 소리를 냈는데, 이순몽이 키우던 말과 소 등 가축들은 그 소리를 듣고는 겁을 먹고 달아나 버렸다.

불덩어리의 정체가 궁금했던 이순몽은 밭을 갈던 호미로 그 불덩이를 살짝 건드렸다. 그러자 불덩어리 안에서 이상한 형체가 모습을 드러냈다. 노란색 털이 이마를 덮고, 파란색 눈동자가 반짝거리는 어린 아이 하나가 가운데가 구부려져 마치 짧은 낫처럼 생긴 칼을 손에 쥐고 앉아 있었다.

아이는 불덩어리에서 빠져 나오더니 땅 위에 쓰러져서 한참을 움직이지 않았다. 이순몽이 호미로 아이를 당겨서 일으키려고 하자, 아까처럼 또다시 하늘이 어두워지고 비바람이 불었다. 갑작스러운 날씨의 변화에 이순몽이 잠시 눈을 감았다가 떠보니, 불덩어리와 아이는 감쪽같이 사라진 후였다.

미확인비행물체(UFO)와 외계인이 정말로 있다고 과감하게 가정한다면, 큰 소리를 내며 굴러온 불덩어리는 하늘에서 떨어진 비행물체, 즉 UFO이고 그 안에 있었던 노란 머리털과 파란 눈을 가진 아이는 우주의 다른 별에서 지구를 방문한 외계인이 아니었을까? 혹시 왕박이 본 외계인이 이순몽을 찾아온 것은 아니었을까?

090 외계인에게 끌려간
사람들

외계인에 관한 이야기 중에는 UFO나 외계인이 가하는 신비한 힘에 의해 강제로 끌려가 정신을 잃고 먼 곳으로 갔다거나, 외계인들에게 신체의 장기 일부가 해부되는 생체 실험을 당했다는 무서운 내용도 있다. 이런 외계인 납치 이야기는 20세기 들어서 처음 생겨난 것이 아니다. 중국의 고전 문헌에는 외계인에 의한 납치를 다룬 기이한 이야기가 나온다.

먼저 청나라 때 문헌 《송자현지(松滋縣誌)》에 실린 외계인 납치 이야기다. 광서 황제가 다스리던 1880년 5월 8일, 호북성에 살던 담 씨가 새벽에 일어나 뒷산에 우거진 숲으로 산책을 나섰다가 숲에서 엷은 문처럼 생긴 이상한 물체를 보았다. 그 물체는 파란색과 하얀색, 붉은색, 노란색, 녹색 등 다섯 빛깔로 번쩍였다.

'저게 대체 무엇일까? 더 가까이 가서 봐야겠다.'

궁금증을 참지 못한 담 씨가 빛나는 물체에 다가가자, 갑자기 어디선가 불어온 회오리바람이 그의 몸을 감쌌다. 담 씨는 회오리바람에 휩싸여 하늘 위로 높이 치솟았고 구름 속을 이리저리 헤매고 다녔다. 담 씨는 어찌된 영문인지 알 수가 없어서 놀랍고도 두려웠다.

그렇게 마구잡이로 하늘과 구름을 떠다니던 담 씨는 갑자기 어느 높은 고개에 떨어졌다. 담 씨는 혹시 자신이 악몽을 꾼 것은 아닌지 정신을 가다듬으려고 애썼다. 그때 지나가던 나무꾼 하나가 담 씨를 보고는 "당신은 어디서 온 사람이오?" 하고 말을 걸었다. 담 씨는 "호북성에서 왔소."라고 대답했고, 이에 나무꾼은 "호북성은 여기 귀주성에서 동쪽으로 1천 리 떨어진 곳이 아니오." 하고 대꾸했다. 놀란 담 씨는 서둘러 집으로 돌아갔는데, 그동안 무려 18일이나 시간이 흘렀다고 한다.

두 번째로 소개할 내용은 중국의 문헌 《대리고일서초(大理古佚書抄)》에 실려 있다. 《송자현지》보다 훨씬 자세하면서 마찬가지로 외계인의 생체실험을 떠올리게 한다.

명나라 가정 황제가 7년째 다스리던 1528년 5월 3일, 하늘에 떠돌이별 하나가 보였다. 떠돌이별은 동남쪽으로 날아가다가 서북쪽으로 향했으며, 매우 밝은 빛을 뿜었는데 꼭 큰 수레바퀴처럼 생겼다. 떠돌이별은 높아졌다가 낮아지거나 가다가 멈추기를 반복했는데, 이를 본 사람이 1천 명이나 되었다.

떠돌이별은 자정 무렵에도 보였는데, 점창산의 녹도촌이라는 마을에 떨어졌다. 녹도촌에는 돌을 다루는 기술자로 화경이라는 사람이 살았는데, 갑자기 주위가 환해지는 것이 이상해서 빛을 따라 가보았더니 큰 집처럼 생긴 맷돌이 있었다. 맷돌은 파란색과 붉은색, 하얀색과 노란색, 그리고 녹색까지 다섯 가지 빛을 내뿜었다.

맷돌 가운데에는 두 개의 물체가 있었는데, 사람처럼 생겼으면서도 사람이 아닌 듯이 느껴졌다. 그것들은 화경을 잡아 맷돌 안으로 데려갔다. 맷돌 안은 눈이 부실 만큼 밝았으며, 두 물체는 갑자기 화경의 심장을 끄집어내 자세히 보았다. 그런데 신기하게도 화경은 자신의 눈앞에서 심장이 나오는데도 고통을 몰랐고 피도 흘리지 않았다. 두 물체가 말을 하자, 그 소리는 사람과 비슷했지만 무슨 뜻인지는 전혀 알아들을 수 없었다.

그때 갑자기 화경의 주변이 바뀌었다. 그곳에는 해와 달과 온갖 별들이 가득했고, 사방은 온통 붉은색이었으며, 얼음처럼 추웠다. 사람들의 얼굴은 둥글고 눈이 세 개나 달렸고, 누가 남자고 여자인지 구별할 수가 없었다. 그들은 화경이 평생 들어보지 못한 이상한 언어로 말했다.

그러다가 문득 정신을 차리고 보니 화경은 자신의 작업장에 있었다. 집으로 돌아가자 식구들은 화경에게 "네가 없어진 지 일 년이 지났는데, 도대체 어디에 있었던 거냐?"라고 물었지만 화경도 자신이 어디에 있었는지 알 수가 없어 대답을 못했다. 다만 사람들이 화경의 몸을 살펴보니 가슴에 붉은색 상처가 있었는데, 화경은 그것이 자기 심장을 꺼낸 흔적이라고 여겼다.

녹도촌에 나타났던 오색 빛을 내뿜던 맷돌 같은 물체는 UFO였고, 화경을 강제로 데려가 생체실험을 한 자들은 외계인이 아니었을까? 그들이 화경을 자신들이 사는 외계의 별로 데려가서 구경을 시켜주다가 일 년이 지난 다음에 지구로 돌려보내준 것은 아닐까?

091 역사책에 기록된 기이한 사고

　명나라의 역사를 기록한 책 《희종실록(熹宗實錄)》, 명나라 조정이 출간한 공식 문서 〈천변저초(天變邸抄)〉, 명나라 사람 황욱이 남긴 책 《벽혈록(碧血錄)》, 청나라의 고증학자 주이준이 쓴 《일하구문(日下舊聞)》 등을 보면 놀라운 사건 하나에 대해 공통적으로 기록하고 있다. 바로 1626년 5월 30일 명나라 수도 북경에서 땅이 크게 흔들리고 건물들이 쓰러지거나 불에 탄 사고가 일어났다는 것이다. 여러 기록을 종합해보면, 그 사고는 대략 이러했다.

　"그날 죽은 사람들의 시체가 층층이 쌓였고, 더러운 악취가 하늘 높이 퍼졌으며, 도시와 큰길 사이에서 기와와 자갈이 허공으로 치솟았다가 떨어졌다. 그 광경이 너무나 끔찍하고 비참해서 차마 글로 표현하기가 어려웠다. 번개가 치는 듯한 소리가 사방을 뒤흔들며 크게 울려 퍼졌다. 이 소동에서 피해를 입지 않은 사람이 없었고, 흔들리거나 갈라지지 않은 집이 없었다.

　코끼리를 키우는 선무문의 코끼리 우리가 무너졌고, 겁을 먹은 코끼리들이 사방으로 뛰쳐나가버렸다. 멀리서 바라보면 다섯 색깔(붉은색, 하얀색, 노란색, 파란색, 녹색)로 빛나는 구름이 어지럽게 일어났다. 그 구름은 마치 영지버섯과 같았고, 하늘 높이 치솟았다. 화약을 저장한 창고에서 불이 났으며, 하늘의 변화가 매우 두려웠다."

이처럼 이 사건은 얼핏 큰 지진으로 보인다. 하지만 '다섯 가지 색깔로 빛나고 영지버섯처럼 생긴 구름이 하늘 높이 치솟았다.'라는 구절은 단순한 지진이 아니었다는 것을 짐작케 한다. 현대인이라면 원자폭탄이 폭발했을 때 일어나는 버섯구름을 떠올릴 법한 모습이다. 물론 17세기에 원자폭탄이 존재했을 리는 없지만 말이다.

단순한 지진이 아니었을지도 모른다는 의문을 부추기는 다른 증거도 있다. 기록에 따르면 북경의 골목 석부마가에는 무게가 5천근(3톤)이나 나가는 돌로 만든 사자석상이 있었는데, 그날 사고가 일어나자 이 사자석상이 하늘을 가로지르며 북경 순성문 밖으로 날아가 버렸다. 지진이나 화재라면 도저히 벌어질 수 없는 일이다.

그럴 듯해 보이는 해석으로는, 거대한 화약 폭발이 일어났다는 것이다. 실제로 명나라 말기, 병사들이 굳어버린 화약을 깨뜨리려고 도끼로 힘껏 내리치다가 화약이 폭발하는 사고가 자주 있었다. 앞서 살펴본 기록에서 '더러운 악취'나 '화약을 저장한 창고에서 불이 났다.'라는 구절도 얼핏 보면 화약 폭발과의 연관성을 떠올리게 한다.

그렇다고 단순히 화약 폭발로만 볼 수 없는 내용도 마찬가지로 언급되어 있다. 그날, 북경에 세워진 사당 화신전을 지키는 관리가 건물 안에서 음악 소리가 들리는 것을 신기하게 여겨서 안으로 들어가 보았더니, 믿을 수 없게도 거기에는 붉은색으로 빛나는 둥그런 물체가 있었다. 붉은 물체는 저절로 허공에 떠오르더니, 이내 화신전 밖으로 날아가 사라졌다고 한다.

이와 비슷한 일이 또 있었다. 관리들의 비리를 감시하고 고발하는 도찰원의 관리가 건물 안으로 들어설 때, 빨간색 관(冠)에 빨간 머리를 하고 손에 칼을 쥔 사람이 생전 처음 보는 이상한 짐승 위에 올라탄 채 공중에 떠

있는 모습을 보았다. 관리는 너무나 놀라서 그만 기절해버렸다. 기절에서 깨어나니 공중에 떠 있던 사람은 이미 사라지고 없었다.

이런 사건들은 화약 폭발만으로는 이해할 수 없다. UFO와 외계인의 출현이라고 보는 것이 오히려 그럴싸해 보인다. 정말 그날 북경에는 붉은색으로 빛나는 원형물제인 UFO를 타고 외계인이 나타났던 것이 아닐까? 그리고 외계인과 UFO가 지구에서 무슨 사고를 일으켜서 저렇게 북경을 뒤흔든 난리가 벌어진 것이 아니었을까?

092 미확인 잠수 물체, 관월사

오늘날 목격되는 UFO는 그 종류가 대단히 다양하다. 그중에는 바다 속을 드나들며 세계 각국의 해군 함정에 목격되는 것도 있다. 이를 USO(Undefined Submerged Object)라고 부르는데, '미확인 잠수 물체'라는 뜻이다. 그런데 USO도 현대에 들어와서 처음 알려진 것이 아니다. 지금으로부터 약 1600년 전, 중국 5호16국 시대에 왕가가 쓴 《습유기》에는 다음과 같은 내용이 나온다.

고대 중국의 성군 요임금이 왕위에 오른 지 30년이 되던 해, 중국 서쪽 바다에 커다란 뗏목 한 척이 떠다녔다. 여기서 말하는 중국 서쪽 바다가 정확히 어디인지는 설명이 없다. 중국 서쪽은 끝없는 유라시아 대륙이다. 그러니 아마 카스피해, 아랄해, 발하시 호수, 청해 등 유라시아 대륙의 커다란 내해나 호수로 짐작된다.

아무튼 이 뗏목 위에는 빛이 감돌았는데, 낮에는 비치지 않다가 밤이 되면 매우 밝았다. 바닷가 사람들은 뗏목 위에 비치는 빛을 보고, "달과 별들이 빛나는 것 같았다."라고 했다. 그런데 재밌는 점은 이 빛나는 뗏목이 항상 서쪽 바다에만 있지 않고, 12년마다 한 번씩 동서남북 네 곳의 바다를 돌아다닌다는 것이다. 사람들은 이 뗏목을 관월사(貫月査)나 괘성사(挂星査)

라고 불렸다. 관월사에는 사람도 사는데 우인(羽人), 즉 날개가 달린 족속이
라고 한다.

사방 바다를 돌아다니면서 밤에는 별처럼 밝은 빛을 낸다는 관월사의 정
체는 무엇일까? 혹시 까마득한 태곳적에 목격된 USO가 아니었을까? 그리
고 관월사에 산다는 날개가 달린 사람은 외계인이 아니었을까?

이 이야기를 옛날 사람들이 지어낸 동화일 뿐이라고 단정 짓는 사람도 있
을 것이다. 하지만 UFO나 USO가 과연 그렇게 간단하게 판단할 문제일까?
영국의 탐사보도 전문기자 데이비드 사우스웰이 쓴 《세계를 속인 200가지
비밀과 거짓말》을 보면 놀라운 사실이 나온다. 그것은 NSA 같은 미국의
국가기관이 UFO에 관한 자료를 대규모로 갖고 있다는 내용이다.

NSA(National Security Agency)는 1952년에 창설된 정보수집기관으로 미
국 국방성 특별활동국에 소속되어 있으며, 그 위상은 미국의 대외첩보기관
CIA에 결코 떨어지지 않는다.

미국에서는 "NSA는 UFO에 관한 상당량의 비밀문서를 가지고 있다!"
라는 소문이 오랫동안 떠돌고 있다. 그래서 미국의 UFO 연구자들은 NSA
에 "국민들의 알 권리를 위해서 당신들이 가지고 있는 UFO 관련 자료를
모두 공개하라."라는 청원을 하기도 했다. 이에 대해 NSA는 "우리 기관은
UFO에 아무런 관심도 흥미도 없다."라고 딱 잘라 거부했다.

그런데 피터 거스튼이란 변호사가 정보공개법을 통해 UFO에 관련된
CIA 문서를 확인한 결과, NSA가 UFO 관련 자료를 가지고 있다는 사실
이 알려졌다. 피터 거스튼은 이 사실을 내세워 "당신네 NSA는 UFO에 관
심이 없다면서 왜 UFO 관련 자료를 다수 가지고 있는가? 당신들은 거짓
말을 하고 있다. 당장 공개하라!"라고 강력히 요구했다. 그러자 NSA는
"UFO 관련 자료는 국가 안보 문제이기 때문에 보여줄 수 없다."라고 거부
하다가, 대법원에서 공개하라는 명령이 나오자 중요한 대목을 검은 잉크로

지워버린 UFO 관련 문서 156개를 공개하였다.

또 2017년 12월 17일 〈뉴욕타임스〉가 보도한 바에 따르면 미국 국방부는 2007년부터 2012년까지 2천 2백만 달러의 예산을 들여 UFO 연구를 해왔음이 드러났다. 물론 이 연구는 일반에는 결코 공개하지 않고, 철저하게 비공개로 진행되었다.

이렇듯 현재 세계 최강대국 미국의 정보기관들이 비밀리에 UFO를 연구하고 관련 자료를 가지고 있었던 사실은 분명하게 밝혀졌다. 그러니 《습유기》에 나오는 관월사 이야기는 오늘날에도 그저 옛날이야기에 그치지 않는 호기심을 불러일으킨다.

10

신선과 도사
그리고 이인(異人)

093 초능력을 발휘한 가난한 농부

이따금 해외토픽에는 기적 같은 일들이 소개되기도 한다. 평범한 사람이 교통사고나 화재 같은 위급한 상황에서 자신도 모르게 아주 강력한 힘을 발휘하여 사고 현장을 무사히 빠져나왔다는 이야기처럼 말이다.

고대 중국에서도 해외토픽 같은 이야기가 벌어졌다. 기원전 4세기 무렵 쓰인 《열자》에는 상구개라는 농부의 일화가 소개되어 있는데, 평범한 인간이 믿음의 힘을 통해 초인적인 기적을 발휘할 수 있었다는 교훈을 전한다. 그 내용은 다음과 같다.

춘추전국시대 진나라에는 부와 권세가 막강한 범씨라는 귀족 가문이 있었다. 범씨 가문은 많은 추종자를 거느렸는데, 그들 중에는 화생과 자백이라는 사람도 있었다. 어느 날 두 사람은 시골을 여행하다가 해가 저물자 하룻밤 묵을 곳을 찾았고, 늙은 농부 상구개의 집을 발견하였다. 낯선 시골 농가에서 쉬이 잠이 오지 않던 두 사람은 자신들이 모시고 있는 범씨 가문의 부와 권세에 대해 이런저런 이야기를 주고받았다.

"우리가 섬기는 범씨 가문이 얼마나 대단한가? 가난한 사람을 하루아침에 부자로 만들 수 있고, 그 반대로 부자도 하루아침에 거지로 만들어버릴 수 있으니 말일세. 이런 범씨 가문을 모시는 우리는 정말 복을 타고난 거야."

상구개는 둘의 대화를 우연히 들었다. 그는 자신이 겪고 있는 가난이 지긋지긋해서, 범씨 가문이 누구든지 부자로 만들 수 있다는 말에 귀가 솔깃했다. 그래서 화생과 자백이 집을 떠나자, 짐 보따리를 싸고 며칠을 걸어 범 씨의 대저택을 찾아갔다.

상구개는 가난하고 나이 든 농부여서, 그를 본 범씨 가문 사람들은 모두 비웃으며 "대체 저런 형편없는 작자가 여기에는 무엇 하러 왔단 말인가?" 라고 업신여겼고, 상구개에게 주먹질과 발길질을 하며 횡포를 부렸다. 하지만 상구개는 아무런 화도 내지 않고 그저 묵묵히 참고만 있었다.

그러자 범씨 가문 사람들은 상구개를 다른 방법으로 골탕 먹이려고 "당신이 저기 있는 높은 누각에서 뛰어내린다면, 우리가 황금 1백 개를 주겠소."라고 제안했다. 그 말을 그대로 믿은 상구개는 누각에 올라가서 뛰어내렸다. 모두들 상구개가 죽거나 다칠 거라고 여겼으나, 상구개는 멀쩡했다.

범씨 가문 사람들은 놀랐지만 상구개를 더 골탕 먹이려고 "저기 있는 깊은 강 속에 보물 구슬이 있는데, 그걸 가지고 오시오."라고 말했다. 상구개는 그 말대로 강물 속으로 들어가서는 한참이나 나오지 않았다. 모두들 그가 강에 빠져 죽은 것이 틀림없다고 비웃었으나, 상구개는 마침내 구슬을 가지고 걸어 올라왔다.

두 번의 위험에도 무사한 상구개를 보고 범씨 가문 사람들은 다들 이상한 일이라고 수군거렸다. 그런데 갑자기 범씨 가문의 보물을 쌓아둔 창고에 화재가 발생했다. 범씨 가문의 후계자 자화가 상구개에게 "당신이 저불타는 창고 안에 들어가서 물건들을 가지고 나오면 내가 상을 주겠소."라고 제안했다.

상구개는 전혀 주저하거나 망설이지 않고 불타는 창고 안으로 달려갔다. 모두들 그가 불타 죽을 것이라고 여겼으나, 이윽고 상구개는 창고에 있던 비단과 다른 물건들을 두 팔 가득 안고 나와서는 자화의 발밑에 내려놓았다. 상구개는 몸에 전혀 다친 곳이 없이 멀쩡했다.

이 광경을 보고 자화와 범씨 가문 사람들은 모두 상구개에게 "당신은 사람이 아니라 신선이 틀림없습니다. 저희가 당신을 골탕 먹이려고 속인 일을 모두 용서해주십시오."라고 사과했다. 그러자 상구개가 말했다.

"나는 신선이 아니라 그저 평범한 농부입니다. 나는 당신들이 나한테 이렇게 저렇게 하면 상을 준다는 말을 그대로 믿고서 행동했을 뿐입니다. 그런데 전부 거짓말이었다면, 앞으로 두 번 다시 그렇게 하지 못할 것입니다."

세상에서 가장 큰 힘은 믿음이요, 가장 강력한 무기는 진실이다. 거짓된 믿음이 늙고 가난한 농부 상구개에게 온갖 시련을 무사히 견뎌낼 힘을 주었다면, 하물며 진실한 믿음의 힘은 얼마나 대단할까.

094 용을 불러
비를 내린 승려

농경시대에 비가 내리지 않고 가뭄이 계속되면 농사를 짓지 못하니 흉년과 기근에 시달려야 했다. 그래서 세계 각국의 오래된 문헌을 보면 하늘에서 비를 내리게 한다는 주술이 많이 소개되어 있는데 중국도 마찬가지였다. 《태평광기》에는 자신이 원하는 대로 언제든지 하늘에서 비가 오게 하는 능력을 가진 신비한 사람들이 나온다.

당나라 현종 황제 때, 지금의 허난성에 있던 도시 낙양이 심한 가뭄에 시달려서 황제와 대신들의 걱정이 컸다. 그런데 마침 낙양의 절 성선사에 인도에서 온 승려 무외가 머물고 있었다. 무외는 용을 불러서 비를 내리게 하는 신비한 도술로 소문이 자자했다. 그래서 현종 황제는 총애하는 환관 고력사를 보내 무외를 데려오게 했다.

무외와 만난 현종은 "지금 천하에 심한 가뭄이 들어서 백성들이 농사를 짓지 못하고 짐도 걱정이 크오. 그대가 비를 내리는 신비한 도술을 부린다고 하여 부른 것이니, 부디 천하 백성들과 짐의 근심을 풀어주기 바라오." 라고 부탁했다.

그러나 현종의 말을 들은 무외는 난처한 표정을 지으며 대답했다.

"아뢰옵기 황공하오나, 지금은 계절상 가뭄이 오는 시기입니다. 이러한 때에 일부러 비를 내리게 한다면, 그 비를 내리는 용이 화가 나서 평소보다 강한 바람과 천둥을 퍼부어 논밭에 피해가 클 것입니다."

하지만 현종은 고집을 꺾지 않았다.

"이미 심한 가뭄이 오랫동안 계속되었소. 그러니 바람과 천둥이 크게 불어 닥친다고 해도, 그만큼 비가 많이 올 테니 백성들은 오히려 기뻐할 것이오."

황제가 독촉하자, 무외는 "그러면 폐하께서 말씀하신 대로 하겠습니다."라고 대답했다. 현종은 기뻐하며 야외에 제단을 만들고 기우제를 지낼 때 쓰는 여러 깃발과 신들의 모습을 본뜬 조각상들을 차리게 했는데, 무외는 "이런 것들은 필요가 없습니다."라고 모두 치우게 했다.

무외는 시주를 받을 때 쓰는 바리때에 물을 채운 다음, 조그만 칼로 그 물을 휘휘 젓다가 산스크리트어로 주문을 외웠다. 그러자 바리때 안에서 엄지손가락 크기의 붉은 용이 나타났다가 사라졌고, 잠시 후 하얀색 기운이 바리때 안에서 일어나서는 하늘 위로 올라갔다. 이 모습을 본 무외는 자기 옆에 서 있던 고력사에게 "어서 여기서 떠나시오. 큰 비가 내릴 것이오."라고 말했다.

그 말을 듣고 고력사가 말을 타고 떠났는데, 뒤를 돌아보니 하얀색 기운이 하늘을 비단처럼 둘러쌌고, 곧바로 먹구름이 몰려오더니 심한 바람이 불고 천둥이 치면서 비가 내리기 시작했다. 비바람이 어찌나 셌던지, 큰길에 심은 나무들이 모두 바람에 뽑혀나갔고, 고력사의 옷이 죄다 비에 젖었다.

《태평광기》에는 이와 비슷한 이야기가 두 편 더 실려 있다. 당나라 현종 황제 때 서역 출신 승려 불공이 중국에 왔다. 마침 가뭄이 심해서 현종은 불공에게 비를 내려달라고 부탁했다. 그러자 불공은 "지금은 때가 안 좋습니다. 오히려 비가 너무 많이 내려서 피해가 클 것입니다."라고 거절했다.

하지만 현종은 거듭 부탁을 했고, 이에 불공은 제단을 설치하고 기우제를 지냈다. 그러자 비가 끊임없이 퍼붓는 바람에 물이 불어나서 사람들이 떠내려가 죽고 말았다. 비 피해가 속출한다는 말에 당혹한 현종은 불공에게 "이제 비가 내렸으니, 그만 그치게 해주시오!"라고 간청했다. 현종의 말을 듣고 불공은 진흙으로 여섯 마리 용을 만들고 물을 뿌린 다음, 자기 나라 말로 용들을 야단치자 곧 비가 멈추었다.

이번에는 5대10국 시대에 있었던 일이다. 전촉 시대에 양주에 심한 가뭄이 들었다. 양주를 방문한 자랑이라는 승려가 "내가 비를 내리게 할 수 있소."라고 말했다. 자랑은 10섬의 곡식이 들어갈 큰 항아리에 물을 채우고 그 안에 들어가 온 몸을 담그고 사흘 동안 있었는데, 비가 넉넉히 내려 가뭄이 해결되었다.

나중에 자랑을 만난 다른 승려 영애가 "대체 어떻게 비를 내리게 했습니까?"라고 묻자 자랑은 "내가 한 방법은 폐기술이라는 술법인데, 한 달을 배우면 할 수 있습니다. 깊은 연못에 사는 용과 마음이 통해야 하는데, 용이 놀라서 비가 내리는 것입니다."라고 알려주었다.

095 조조를 골탕 먹인 신선 좌자

소설 《삼국지》로 잘 알려진 중국의 삼국시대에, 가장 강력한 세력을 가진 영웅은 단연 조조였다. 조조가 이룩한 세력을 기반으로 삼은 위나라는 다른 두 나라 오나라와 촉나라를 압도하였고, 위나라를 계승한 서진이 삼국을 통일했으니 결국 최후의 승리자는 조조라고 볼 수 있다.

그런데 이렇게 강력한 영웅 조조를 골탕 먹이는 전설이 오래전부터 널리 퍼져 있었다. 아마도 조조의 오만함과 포악함에 대한 반발심 때문이었을 것이다. 중국 고대 문헌 《신선전》과 《수신기》에는 조조를 농락하는 신선 좌자에 관한 이야기가 실려 있다.

《신선전》에서는 좌자가 지금의 안후이성에 있는 여강 출신이라고 나온다. 좌자는 후한이 쇠약해지고 세상이 어지러워지자 "천하가 혼란스러운 마당에 부귀영화를 누리는 것은 위험하다."라고 말하고 도술을 공부하다가 신선이 되었다고 한다.

좌자에 대한 소문을 들은 조조는 그를 불러서 방에 가두고 일 년 동안 하루에 물 두 그릇만 주었다. 그가 정말로 신선인지 시험해본 것이었다. 과연 일 년이 지나도 좌자는 굶어죽거나 쇠약해지지 않고 건강하게 살아 있었다. 놀란 조조는 좌자가 신선임을 깨닫고, "나도 당신처럼 신선이 되고 싶습니다."라고 부탁했다. 그러나 좌자는 "신선이 되려면 욕심이 없고 마음이 깨끗해야 하는데, 당신은 그렇지 못하니 결코 신선이 될 수 없습니다."라며 거절했다.

자신을 무시한 좌자에게 화가 난 조조는 그를 죽이려 하였다. 그러자 좌자는 얼른 달아나서 들판의 양떼 속으로 숨어버렸다. 조조가 보낸 관리가 좌자를 색출하려고 "해치지 않을 테니, 좌 신선께서는 어서 나오십시오!"라고 말하자, 양들이 모두 사람처럼 무릎을 꿇었다. 결국 관리는 좌자가 어디에 숨었는지 알 수 없어 그냥 돌아가야 했다.

훗날 좌자는 누군가의 밀고로 다시 조조에게 잡혀 와서 감옥에 갇혔다. 그런데 기절초풍할 일이 벌어졌다. 분명히 좌자는 감옥에 있는데, 감옥 밖에 좌자가 한 명 더 나타난 것이다. 화가 난 조조는 감옥에 갇힌 좌자를 처형장으로 끌고 가서 죽였는데, 죽은 좌자는 잠시 후에 일곱 명의 좌자가 되어 시장으로 달아났다. 조조가 일곱 명의 좌자를 잡으려고 사람들을 보냈는데, 누군가가 좌자의 머리를 베어왔다고 해서 보니 곧바로 풀 다발로 변했다. 좌자는 끝까지 조조를 상대로 장난을 친 것이다.

이번에는 《수신기》에 나오는 좌자 이야기이다. 조조가 잔치를 베풀고 "이 자리에 산해진미가 풍성하게 차려졌지만, 농어로 뜬 생선회가 없어서 아쉽습니다."라고 말하자 좌자가 "제가 농어회를 만들겠습니다."라고 말하고는 구리로 만든 세숫대야에 물을 붓고 낚싯대를 담그자 곧바로 농어가 퍼덕거리며 올라왔다. 아무것도 없는 세숫대야에서 농어를 만들어낸 좌자의 신기한 도술에 사람들은 놀라워하며 진심으로 감탄했다.

하지만 시기심이 많은 조조는 마음속으로 은근히 좌자를 미워하고 있었다. 저렇게 신기한 도술을 부리는 좌자가 자칫 자기를 죽이려 든다면, 막을 수도 피할 수도 없겠다는 두려움 때문이었다.

그러던 어느 날, 조조는 수백 명을 거느리고 야외로 나가 잔치를 열었다.

사람들이 술과 음식을 먹기 시작했는데, 술 한 동이와 육포 한 조각만 가지고 있던 좌자가 "여기에 있는 분들 모두 배부르게 해드리겠습니다."라고 말하고는 술과 고기 육포를 수백 명의 사람들에게 넉넉하게 나눠주었다.

이 일을 보고 있던 조조는 의심이 들어서 근처 술집들에 사람들을 보내 "혹시 없어진 술과 육포가 있소?"라고 알아보았는데, 술집 주인들은 "어젯밤 누가 훔쳐갔는지 술과 육포가 모조리 없어졌습니다."라고 대답했다. 그래서 조조는 좌자를 도둑으로 몰아 죽이려고 했지만 좌자는 갑자기 모습을 감추었다. 누군가가 시장에서 좌자를 보았다고 알려서 조조가 시장으로 사람들을 보내 잡으려 했으나, 이번에는 시장 사람들이 전부 좌자의 모습을 하고 있어서 실패하고 말았다.

《신선전》에 따르면 이처럼 조조를 실컷 골려주던 좌자는 곽산으로 가서 구전단이라는 신선들의 약을 만들고는 사라졌다고 한다.

096 중국최고의인기스타 팔선

　중국인들에게 가장 잘 알려지고 인기가 많은 신선은 팔선(八仙), 즉 여덟 명의 신선이다. 팔선의 이름은 명나라의 오원태라는 사람이 쓴 《팔선출처동유기(八仙出處東遊記)》에 나오는데, 남채화, 장과로, 종리권, 한상자, 하선고, 여동빈, 이철괴, 조국구이다.

　명나라 작가 왕세정이 쓴 《제팔선상후(題八仙象後)》에 따르면, 장과로는 노인이고 남채화와 한상자는 청년이며, 종리권은 장군이고, 여동빈은 선비이다. 또 조국구는 귀족이고, 이철괴는 병에 걸린 환자 같으며, 하선고는 팔선 중 유일하게 여자이다.

　팔선들의 활약은 명나라 시대의 연극 〈쟁옥판팔선과해(爭玉板八仙過海)〉에 잘 나타나 있는데 내용은 다음과 같다.

　어느 날 팔선들은 봉래섬에 들러 잔치를 벌인 후에 동해(우리나라의 서해) 위를 날아가고 있었는데, 갑자기 동해 용왕의 아들 둘이 남채화의 보물 옥판을 빼앗아서 바다 속으로 도망갔다. 화가 난 남채화를 비롯한 팔선들은 도술을 부려서 동해의 바닷물을 모두 말려버린 다음, 도둑질을 한 동해 용왕의 두 아들을 죽였다. 그러자 아들의 복수를 하려고 동해 용왕은 다른 세 바다의 용왕, 즉 북해와 서해와 남해의 용왕들을 불러서 팔선들과 싸웠다.

하지만 네 용왕이 힘을 합쳐 싸워도 팔선들의 힘과 도술은 당해내지 못했다. 결국 두 아들이 먼저 잘못을 저지른 동해 용왕이 팔선들에게 사과를 하고, 불교의 여신 관음보살이 나타나 팔선과 용왕들에게 화해를 권유한 다음, 말라버린 동해의 바닷물을 다시 원래대로 돌려놓으면서 연극은 막을 내린다.

그런가 하면 팔선에 관련된 민담 중에는 동해 용왕이 하선고를 강제로 끌고 가서 첩실로 삼으려다가, 다른 팔선들의 개입으로 실패했다는 내용도 있다.

이제 팔선들을 각각 살펴보자. 종리권은 팔선의 지도자이다. 그는 황신씨(黃神氏)가 사람의 몸으로 다시 태어난 것이라고 하는데, 군대를 이끌고 싸우는 장군이었다가 세상의 허무함을 깨닫고 산으로 들어가 도를 닦고 신선이 되었다고 한다.

이철괴는 종리권 다음으로 팔선들 사이에서 존경받는다. 그는 얼굴이 못생기고 쇠로 만든 지팡이를 짚고 다니는 절름발이로 묘사된다. 또 이철괴는 호리병 하나를 등에 메고 다니는데, 그 병에는 모든 병을 치료할 수 있는 약이 들어 있다.

장과로는 《신당서》〈방기전〉에 이름이 실려 있는데, 스스로 "나는 고대 중국의 성군 요임금 시대에 태어났다."라고 말했다. 또 당나라 현종 황제 때 활동한 엽법선이라는 도사는 "장과로는 태초의 혼돈 시절에 하얀 박쥐의 모습을 한 정령이었다."라고 했다.

여동빈은 욕정과 재물, 죽음 등 열 가지 유혹을 물리치고 신선이 되었다. 그는 자웅검 두 자루를 가지고 다니는데, 이 칼을 날려 사악한 화룡을 죽였기에 검선(劍仙)으로도 불린다. 그를 섬기는 사원 여조묘와 여조사가 중국 대륙에 즐비할 정도로 그는 팔선 중 가장 유명한 신선이다.

하선고는 두부 장수의 딸로 태어났다. 돌의 일종인 운모의 가루를 먹다가 몸이 빨라져서 당나라 중종 황제 때 하늘로 올라가 신선이 되었다. 북송의 장군 적청이 그녀를 숭배했는데, 하선고는 적청에게 남만과의 전쟁에서 승리할 것을 예언하기도 했다.

남채화는 떠돌이 가수로 그려진다. 특히 세상을 풍자한 노래를 즐겨 부른다. 그를 본 사람들이 훗날 나이가 들어서 다시 만났는데도 그는 얼굴이 전혀 늙지 않았다고 전해진다.

한상자는 당나라 때의 선비 한상이라고 알려져 있다. 그는 글공부를 게을리하고 진리를 깨달으려 이리저리 노력했는데, 양자강과 회수 지역을 떠돌다가 신선이 되었다.

조국구는 북송 인종 황제의 아내 조황후의 남동생이었다. 그래서 황제의 외가 인척임을 뜻하는 '국구'로 불린다. 그는 사치와 호화로 얼룩진 세상에 싫증을 느끼고 산속으로 들어갔다가, 그곳에서 종리권과 여동빈을 만나 진리에 대해 대화하던 중 깨달음을 얻고 신선이 되었다.

097 선녀처럼 노래하는 광연국 무용수

5호16국 시대의 왕가가 쓴 《습유기》를 보면, 광연국에서 연나라로 온 무용수에 대한 재미있는 이야기가 실려 있다. 연나라 소왕이 왕위에 오른 지 2년이 되었을 때, 광연국에서 두 명의 여자 무용수를 소왕에게 보냈다. 아름다운 춤과 노래를 즐기시라는 선물이었다.

광연국은 연나라에서 동쪽으로 7만 리나 떨어진 나라인데, 날씨가 굉장히 추워서 여름에도 1장(3미터)이나 얼음이 언다. 거기에 항상 비 또는 파란색 눈이 내려서 광연국의 얼음과 서리는 검은빛을 띤 푸른색이나 푸른 옥돌과 같다고 한다. 비현실적으로 들리지만 실제로 러시아의 바이칼 호수에는 파란색 얼음과 서리가 생긴다고도 한다.

두 무용수의 이름은 선연과 제모였다. 그들의 피부는 옥처럼 하얗고 맑았으며, 몸은 가벼우면서 향기가 풍겼다. 또 그들은 연나라의 어느 여자보다 매우 점잖고 품위가 있었다. 그들은 걸어도 발자국이 남지 않았고, 햇빛을 받아도 그림자가 생기지 않았으며, 음식을 한동안 먹지 않아도 배고픔을 몰랐다. 소왕은 그들에게 옥의 즙과 조를 음식으로 내주었다.

한번은 소왕이 선연과 제모를 거느리고 숭하대라는 전망대에 올랐다. 갑자기 사방에서 향기 나는 바람이 불어왔고, 그 바람에 따라 선연과 제모가 춤을 추었는데, 그 모습이 너무나 황홀하고 아름다웠다. 또 왕이 머리에 쓰고 있는 관(冠)의 끈을 흔들 때마다 선연과 제모는 그에 맞춰 춤을 추었다. 그들의 춤은 요염하면서도 화려했으며, 거기에 난새가 우는 것처럼 아름다운 노래까지 불렀다.

소왕은 선연과 제모의 노래가 마음에 들어서 여자 악공들에게 따라 부르라고 지시했다. 이들이 부르는 노랫소리는 전망대의 대들보를 흔들 만큼 힘이 있었다. 그러면서도 선연과 제모는 계속 춤을 추었는데, 그들의 몸은 마치 깃털처럼 가벼워서 바람을 따라 이리저리 흩날렸다.

두 무용수가 추는 춤의 흥을 돋우려고, 소왕은 전무의 향을 전망대에 뿌렸다. 전무는 파익국이라는 멀리 떨어진 나라에서 나는 풀인데, 전무의 향을 땅에 뿌리면 흙과 돌에 향기가 배어들고, 썩은 나무나 풀에 뿌리면 다시 생명을 얻어 자라난다. 또 말라비틀어진 뼈다귀에 뿌리면 살점이 다시 생겨난다.

전무의 향을 뿌린 위에서 선연과 제모는 하루 종일 소왕을 위해 춤을 추었다. 그들은 아무리 춤을 추어도 지치지 않았다. 하루해가 저물 무렵에야 소왕은 옷소매를 흔들며 "이제 그대들도 지쳤을 터이니, 그만 춤을 추시오."라고 만류했다. 그러자 왕의 명령에 따라 그들은 춤을 멈추었다.

숭하대에서 선연과 제모의 춤과 노래가 주는 황홀한 맛에 흠뻑 빠진 소왕은 그곳에 그들의 잠자리를 마련해주고 시녀들을 보내 시중들게 하였다. 소왕은 "광연국에서 온 여인들은 분명히 사람이 아니라, 신녀(神女)가 사람의 모습을 한 것이다."라고 말했다.

그런데 소왕 말엽, 선연과 제모는 갑자기 궁궐에서 자취를 감춰버렸다. 놀란 소왕이 사람들을 보내 그들을 찾게 했지만, 어느 곳에서도 흔적은 발견할 수 없었다.

머릿속 구슬로
부를 가져온 아들

중국 북송 시대에 편찬된 《태평광기》를 보면, 머리에 구슬이 박힌 채로 태어난 신기한 아이를 다룬 이야기가 실려 있다.

지금의 장시성에 속하는 홍주에 호 씨 집안이 살았다. 무척 가난한 살림에 아들이 넷이었는데, 어느 날 다섯 번째 아들이 태어났다. 다섯째의 머리는 둥그런 공처럼 약간 튀어나와 있었는데, 부모가 이상하게 여기긴 했지만 대수롭지 않게 여기고 그냥 넘어갔다.

그리고 어찌된 일인지 다섯째 아들이 태어난 뒤로 그렇게 가난하던 집안 살림이 점차 나아지기 시작했다. 본업인 농사일은 물론, 누에를 길러 비단을 짜서 시장에 내다 파는 양잠일도 순조롭게 잘 진행되면서 호 씨 집안은 서서히 돈을 벌어들이기 시작했고 곧 어느 정도 잘사는 수준에 이르렀다. 이웃 사람들은 이상하게 생각해서 수군거렸다.

"호 씨 집안에 갑자기 돈벼락이라도 떨어졌나? 그렇게도 가난하던 사람들이 잘살게 되다니? 참으로 신기한 일일세."

어느덧 다섯째 아들은 무럭무럭 자라서 시장에 나가 장사를 해도 될 만한 나이에 이르렀다. 그래서 부모는 다섯째에게 "우리가 밭에서 수확한 보리를 배에 싣고 강을 따라 올라가거라. 그리고 시장에다 내다 팔고 돌아오

너라."라고 일을 시켰다. 다섯째는 부모의 말대로 배를 몰고 강을 따라 올라가다가 도중에 폭포처럼 높고 가파른 곳을 만났다.

다섯째는 고민 끝에 강을 가로질러가려고 했는데, 갑자기 배가 강 언덕에 부딪치는 바람에 강둑이 무너져버렸고, 부모가 맡긴 소중한 보리를 망쳤다는 생각에 어쩔 줄을 몰랐다. 그때 무너진 강둑 아래로 작은 동굴 하나가 나타났다. 호기심이 든 다섯째가 그곳으로 가 보니, 동굴 안에는 누가 버리고 갔는지 자그마치 수백만 냥이나 되는 엄청난 돈이 가득 쌓여 있었다.

졸지에 횡재를 한 다섯째는 보리를 내다버리고 돈을 몽땅 배에 싣고는 서둘러 집으로 돌아왔다. 아들이 가져온 돈을 본 집안 식구들은 무척이나 기뻐하였고, 그 돈으로 더 넓은 집과 땅을 장만하고 하인과 가축을 늘이며 재산을 키웠다. 호 씨 집안은 이제 홍주에서 으뜸가는 대부호가 되어 한껏 부귀영화를 누렸다.

이 믿기지 않는 일을 지켜본 이웃들은 "아무래도 저 집 다섯째 아들이 재물복을 가져온 모양이야. 그러니까 저렇게 하루아침에 떼돈을 벌지."라며 부러워했다.

이웃들의 말이 맞았는지, 다섯째 아들은 또 한 번 횡재를 했다. 바깥세상을 좀 더 알고 싶어서 호주성으로 가던 중에 그가 탄 말이 갑자기 어느 곳에 이르러 무릎을 꿇더니 꿈쩍도 하지 않았다. 그 모습을 이상하게 여긴 다섯째는 하인들에게 "혹시 모르니, 말이 무릎 꿇은 곳을 파보거라."라고 지시했다. 하인들이 땅을 파보니, 그곳에서 5백 냥의 황금이 나왔다.

그렇게 영원히 계속될 것 같았던 호 씨 집안의 부귀영화는 그러나 뜻하지 않은 일로 끝장이 났다. 어느 날 호주성을 방문한 다섯째를 본 호인(胡人) 장사꾼은 깜짝 놀라더니, 그에게 다가가 친근하게 굴면서 술을 대접했다. 그리고 다섯째가 취해서 정신을 잃자, 호인 장사꾼은 작은 칼로 다섯째

의 머리 위에 튀어나온 살을 조심스럽게 자르더니 그 안에 들어있던 구슬
을 꺼내 품에 넣고는 재빨리 달아났다.

뒤늦게 술에서 깨어난 다섯째는 집으로 돌아와서 호인 장사꾼이 자기에
게 저지른 일을 어렴풋이 떠올리고는 "내가 태어날 때 머릿속에 구슬이 있
었나 봅니다."라고 말했다. 그러자 집안 식구들은 "아무래도 네 머릿속 구
슬 때문에 우리가 여태까지 복을 누려온 모양이다. 이제 우린 어쩌나."라
고 한탄했다.

그들의 한탄이 맞았던지, 다섯째는 구슬을 빼앗긴 이후로 몸이 쇠약해지
더니 죽고 말았다. 그리고 호 씨 집안의 살림도 계속 어려워져서, 결국 그
동안 누려오던 재산을 몽땅 잃어버리고 다시 예전처럼 가난해졌다.

099 시장에서 약을 파는
신선

　중국 전설에서 신선들은 단약 또는 선약이라 불리는 약을 만든다. 선약을 먹으면 수명이 태양이나 달만큼 늘어나는 불로장생의 능력을 얻을 수 있다. 그런데 신선 중에는 자기가 만든 선약을 사람들에게 돈을 받고 파는 신선도 있었던 모양이다. 《태평광기》에는 선약을 시장에서 팔았던 신선에 관한 이야기가 실려 있다.

　옛날 중국 어느 도시의 시장에서 약을 파는 노인이 있었다. 아무도 그 이름을 알지 못했고 누군가가 "노인장의 이름은 무엇이오?"라고 물으면, "나는 그저 '약 파는 늙은이일 뿐이외다."라고 대답했다. 그런데 그냥 시중의 흔해빠진 약장수 노인에 불과할 뿐일 그를 두고 누군가가 놀라운 소문을 내고 돌아다녔다.

　"저 노인은 평범한 사람이 아니라 사람으로 변장한 신선이 틀림없네! 어렸을 때 저 노인을 만난 적이 있어. 벌써 수십 년도 더 지난 일이지. 내가 이렇게 나이가 들었는데 저 노인은 어릴 때 본 얼굴과 전혀 달라지지 않았어. 분명 나이가 1백 살도 넘었을 것이고 불로장생의 능력이 있는 것이 분명해!"

　어떤 사람들은 놀랍다며 웅성거리기도 했지만 "설마 그럴 리가 있겠나?

아무래도 자네가 사람을 잘못 본 걸세."라고 믿지 않는 사람들도 있었다.

사람들이 그러거나 말거나 노인은 커다란 호리병 하나를 가지고 다니면서 약을 팔았다. 그를 찾아온 사람들이 "저는 이러이러한 병에 걸렸으니, 이 병을 치료할 약을 주십시오."라고 말하면 노인은 호리병 속에서 약을 꺼내어 "이 약을 먹으면 병이 나을 것이오."라며 주었다. 노인이 준 약을 먹은 사람은 신기하게도 병이 깨끗이 나았다. 게다가 큰 병이 걸려 찾아온 사람들이 "저는 돈이 없는데, 약을 구할 수 없겠습니까?"라고 조심스럽게 물으면, 노인은 "그러면 내가 약을 줄 테니, 그냥 가져가시오."라고 공짜로 내주었다.

하지만 노인이 언제나 친절한 것은 아니었다. 그는 자신을 놀리거나 무시하는 사람들에게는 자비를 베풀지 않았다. 이따금 아무런 병도 없는 사람이 노인을 놀리려고 "제가 병에 걸렸는데, 돈이 없으니 그냥 공짜로 약을 주십시오."라고 말하고 약을 받아갔지만, 집으로 돌아가서 약을 꺼내려고 보면 어디로 갔는지 없어져버렸다. 그래서 노인을 잘 아는 사람들은 병이 걸렸을 때만 노인을 찾아갔고, 결코 그에게 못된 장난을 저지르지 않은 것은 물론이고 노인을 존경으로 대했다.

노인은 술을 좋아해서 항상 술을 마시고 즐겁게 취해 있었다. 그리고 약을 팔아 번 돈은 가난한 사람들에게 나눠주었다. 하루는 노인을 잘 모르는 사람이 찾아와서 노인에게 이런 말을 걸었다.

"듣자 하니 어르신은 온갖 약을 다 가지고 계신다고요. 그래서 혹시나 하는 마음에 궁금한 걸 하나 여쭙고 싶습니다. 어르신께서는 신선들이 9단계의 제련 과정을 거쳐서 만든다는 선약 대환단도 파십니까?"

분명 노인을 놀리려는 말이었을 텐데 노인은 태연하게 "당연히 대환단도 판다네. 하지만 값이 비싸. 사려면 대환단 한 알에 동전 한 관(貫. 동전 1천 개를 꿴 꾸러미)을 내게."라고 대답했다.

이 말에 사람들은 "저 노인장이 술을 마시고 취해서 저러나?"라며 믿지 않았고, 누구 하나 대환단에 관심을 기울이지 않았다. 그러자 노인은 "내가 1백 년 동안이나 시장에서 대환단을 팔려고 내놓았는데 아무도 사지 않다니, 참으로 슬프구나! 그러니 대환단은 내가 먹어야겠다!"라고 한탄하더니, 호리병에서 대환단을 꺼내 입속에 털어 넣었다.

그러자 놀라운 일이 벌어졌다. 노인의 발아래에서 파란색과 붉은색, 하얀색과 녹색, 그리고 노란색의 오색구름이 일어나더니 갑자기 큰 회오리바람이 불어 닥쳐 노인의 몸을 감쌌고, 노인은 회오리바람에 휩싸여 하늘로 날아가 버렸다. 노인은 정말로 대환단을 만드는 신선이었던 것이다.

100 부여왕의 사신이 된 신선 하구중

부여를 기억하는 사람은 많지 않다. 하지만 부여는 한국의 고대 역사에서 중요한 나라였다. 고구려와 백제가 부여에서 비롯되었고 백제는 한때 국호를 남부여로 바꾸기도 했다. 고구려를 계승한 발해도 부여의 뒤를 잇는다고 선언했을 정도였다.

고대 중국의 문헌에는 부여에 대한 기록이 많다. 그중에는 본래 중국에서 도를 닦다가 부여왕의 사신이 되어 중국으로 다시 돌아온 하구중이라는 사람의 이야기도 있다. 전한 시대 학자 유향이 쓴 《열선전》의 기록이다.

이 책에 따르면 하구중은 지금의 허난성에 속한 영(甯) 출신으로, 1백 년이나 약을 만들고 파는 일을 해왔다. 사람들은 모두 그를 신기하게 여겼지만, 신선이라 생각지는 않고 그저 운이 좋아서 오랫동안 살아온 노인으로 여겼다.

그런데 어느 날, 갑작스러운 재앙이 발생했다. 지진이 일어나서 수많은 건물이 무너지고 사람들이 건물에 깔리거나 땅속으로 떨어져 죽었다. 하구중과 그가 살던 집도 마찬가지였다. 하구중의 시체가 발견되자 마을 사람들은 이렇게 비웃었다.

"백 년이나 살아도 별 수 없군. 저렇게 다른 사람들과 함께 죽어버렸으니. 평소에 고고한 척하더니, 결국 아무런 힘도 없는 늙은이에 불과했어. 이제 죽었으니 노인의 약이나 챙겨서 한 밑천 단단히 챙기자!"

그러고서 사람들은 하구중의 시체를 강물에 처넣고는 그의 약을 모두 훔쳐서 시장에 내다 팔았다. 그리고 그 돈으로 술과 안주를 사서 잔치를 벌였다. 그런데 놀라운 일이 벌어졌다. 분명히 지진으로 죽어 강물에 빠진 하구중이 버젓이 살아서 나타나서는, "내가 만든 약을 너희가 훔쳤으니 다시 내놓아라!"라고 말한 것이다. 사람들은 큰 충격을 받았다.

"하구중은 보통 사람이 아니라 신선이 분명하다! 그러니 죽은 후에도 저렇게 멀쩡히 살아서 움직일 수 있는 것일 테지. 우리가 신선의 물건을 훔쳤으니, 곧 천벌을 받겠구나!"

그러면서 모두 하구중을 향해 엎드려 큰 절을 하면서 "제발 우리를 용서해주십시오!"라고 자비를 구했다. 하지만 하구중은 사람들을 벌하지 않고 "너희가 한 일이 참으로 가련하구나. 나는 그만 가보겠다."라는 말만 남긴 채 사라져버렸다. 아무도 그가 간 곳을 알지 못했다.

행방을 감춘 하구중은 세월이 흐른 뒤 다시 영에 모습을 나타냈다. 그런데 예전과는 전혀 다른 모습이었다. 부여의 국왕이 중국에 보낸 사신이 되어서 고향에 돌아온 것이다. 하구중은 고향 사람들에게 "부여 같은 북쪽에서는 나를 가리켜 적선인이라고 부른다네!"라고 말했다.

적선인은 귀양을 온 신선을 뜻한다. 아마도 하구중은 부여 땅으로 가서 자신의 도술을 보여주고 부여 사람들로부터 "저 사람은 하늘에서 인간 세상으로 귀양을 온 신선이 틀림없다! 그러니 적선인이라고 부르자!"라는 말을 들었던 모양이다.

중국 허난성 출신의 도인이 오늘날 만주 송화강 유역의 먼 나라 부여에까지 가서 국왕의 사신이 되어 중국을 다시 찾아왔다는 이야기는 어떻게 만들어졌을까? 아마도 부여가 대대로 중국 왕조와 좋은 사이를 유지했고

중국인들에게 잘 알려진 외국이었기에 나온 이야기가 아닐까. 실제로 중
국의 역사서 《삼국지위지동이전》에는 부여인들이 키가 크고 용맹스러우나
인자하여 다른 나라를 침범하지 않았다고 우호적으로 기록되어 있다.

정신없이 옛 문헌들을 뒤져가며 이건 넣을까? 이건 뺄까? 하고 고민하던 시간이 훌쩍 지나가고 마감을 해야 할 때가 왔다.

처음에는 쉽게 생각했던 일이 시간이 갈수록 어려워졌다. 중국의 판타지 세계관을 형성한 문헌이 너무나 많았고, 한정된 지면상 내용을 추려내기가 쉽지 않았다. 그래서 아쉽지만 어쩔 수 없이 남겨둔 자료도 많다.

이 책을 쓰면서 정한 원칙이 있다. 사람들에게 널리 알려진 내용은 가급적 넣지 않고, 잘 알려지지 않은 내용을 중점으로 넣는 것이다. 그래서 각 항목을 작성하기 전에 인터넷 검색으로 관련 자료가 올라와 있는지 찾아보았다.

어떤 항목은 상세히 소개된 자료가 많아서 아쉬움을 달래며 포기해야 했다(반드시 필요한 항목은 인터넷에 비슷한 내용이 올라와 있더라도 포함시켰다). 반면 인터넷에 올라와 있지 않은 항목은 기쁜 마음으로 충실히 자료를 보완했다.

몇몇 항목은 중국 인터넷을 검색해서 변변치 않은 한문 실력으로 번역을 해서 작성하기도 했다. 힘든 작업이었지만 그만큼 독자에게 도움이 되리라고 믿는다.

이 책에 들어간 항목은 전작인 《한국의 판타지 백과사전》보다 적다. 그러나 내용과 깊이는 뒤떨어지지 않는다고 자신한다.

이 책을 통해 판타지 창작 지망생들과 독자 여러분이 중국 판타지 세계관의 이해를 조금이나마 넓혔으면 한다.

참고 자료

도서 자료

간보 지음, 전병구 옮김, 《수신기》, 자유문고, 1997.

갈홍치천 지음, 이민수 옮김, 《신선전》, 명문당, 1994.

김영지 지음, 《중국 환타지소설의 원조 습유기》, 한국출판협동조합, 2007.

김위현 지음, 《국역 요사》, 단국대학교출판부, 2012.

동북아역사재단 지음, 《구오대사 신오대사 외국전 역주》, 동북아역사재단, 2011.

_____, 《남제서 양서 남사 외국전 역주》, 동북아역사재단, 2010.

멍펑싱 지음, 《중국을 말한다 14》, 김순림 옮김, 신원문화사, 2008.

박광민 지음, 《오월춘추》, 경인문화사, 2004.

시노다 고이치 지음, 이송은 옮김, 《중국 환상세계》, 들녘, 2000.

양성민 지음, 심규호 옮김, 《한무제 평전》, 민음사, 2012.

열자 지음, 유평수 옮김, 《열자》, 자유문고, 1995.

오승은 지음, 서울대학교 서유기 번역 연구회 옮김, 《서유기 8》, 솔출판사, 2003.

원강 지음, 임동석 옮김, 《월절서 2》, 동서문화사, 2015.

유재주 지음, 《평설 열국지 9~10》, 김영사, 2001.

유향 지음, 《열선전》, 예문서원, 1996.

_____, 김장환 옮김, 《서경잡기》, 예문서원, 1998.

이방 외 엮음, 김장환·이민숙·이주해·정민경 옮김, 《태평광기》 1~20, 학고방, 2004.

이성규·박원길·윤승준·류병재 옮김, 《국역 금사》, 단국대학교출판부, 2016.

장화 지음, 김영식 옮김, 《박물지》, 홍익출판사, 1998.

정재서 지음, 《산해경》, 민음사, 2004.

조엽 지음, 박광민 옮김, 《오월춘추》, 경인문화사, 2004.

진기환 지음, 《중국의 토속신과 그 신화》, 지영사, 1996.

진순신 지음, 윤소영 옮김, 《천하의 명장》, 솔, 2002.

타카시마 토시오 지음, 신준수 옮김, 《중국 도적 황제의 역사》, 역사넷, 2007.

풍몽룡 지음, 김구용 옮김, 《동주 열국지 1~12》, 솔, 2001.
허청웨이 지음, 《중국을 말한다 9》, 김동휘 옮김, 신원문화사, 2008.
후민 지음, 《중국을 말한다 13》, 이원길 옮김, 신원문화사, 2008.

인터넷 사이트 자료

국역 조선왕조실록, http://sillok.history.go.kr/main/main.do
위키문헌 '默記' 항목, https://zh.wikisource.org/wiki/%E9%BB%98%E8%A8%98
每日頭條, https://kknews.cc/history/oyaop3q.html
世界華人UFO聯合會, http://www.ufo.org.tw/?pn=vw&id=t0nt9toe1lc9